AF558198

TUULI TIETZE

Reiten
mit inneren Bildern

LEKTIONEN VERBESSERN
MIT MENTALER STÄRKE

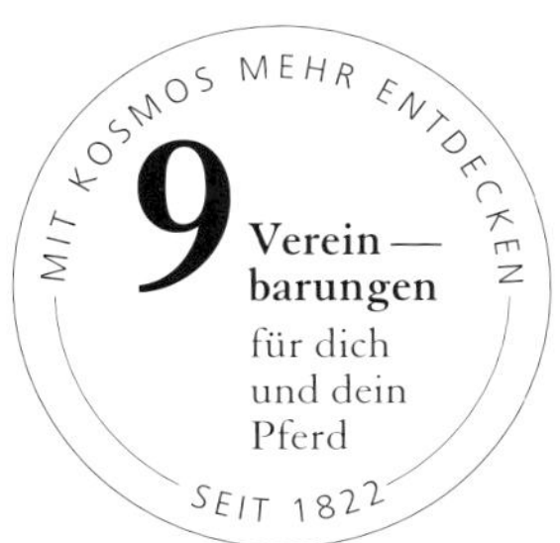

KOSMOS

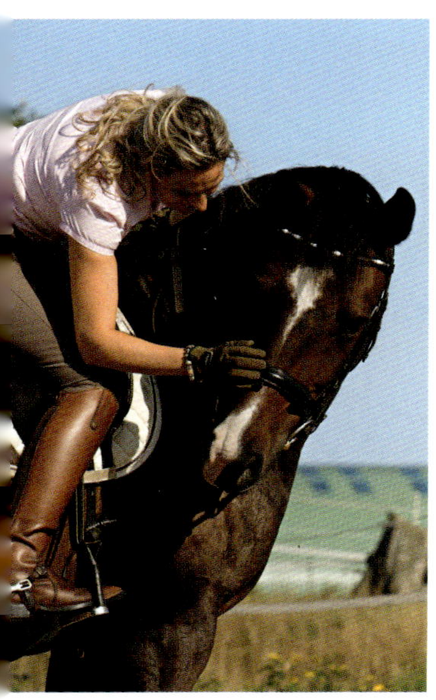

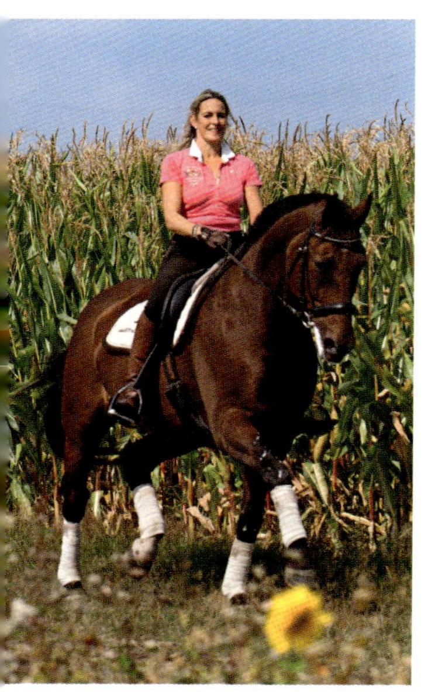

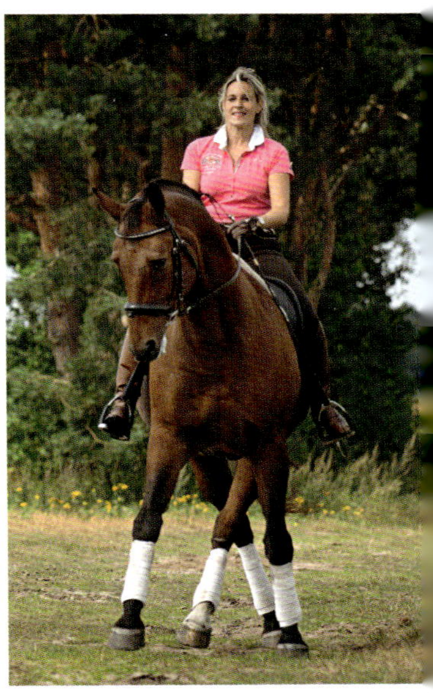

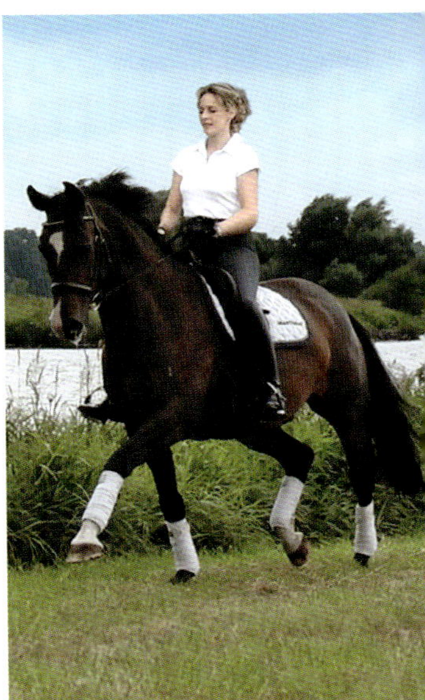

Das Kopfkino für mehr Bauchgefühl

Als ich Tuuli, Fiete und Harry im Sommer 2013 zum ersten Mal besuchte, war ich neugierig: Lebt diese Frau mit ihren zwei Pferden das, was sie so begeistert als „SMARTreiten" beschreibt? Mein Optimismus überwog wohl die journalistische Skepsis, und so fuhr ich nach Celle. Dort traf ich Tuuli. Intelligent, herzlich zu Menschen und zärtlich zu Pferden, ohne diese zu verzärteln. Eine leidenschaftliche Dressurreiterin, die auf der Wiese piaffierte, weil sie es einfach liebt, mit ihren Pferden draußen zu sein. Mit einer so inspirierenden Ausstrahlung, dass dieser Tag mit Tuuli und ihren Jungs zu den schönsten Genuss-Momenten gehört, die ich in 17 Jahren als Textchefin und Chefredakteurin beim Pferdemagazin CAVALLO erlebt habe.

Christine Felsinger mit ihrer Stute Maya. Christines „Foodblog für Pferd und Reiter" findest du im Internet unter www.freundpferd.de

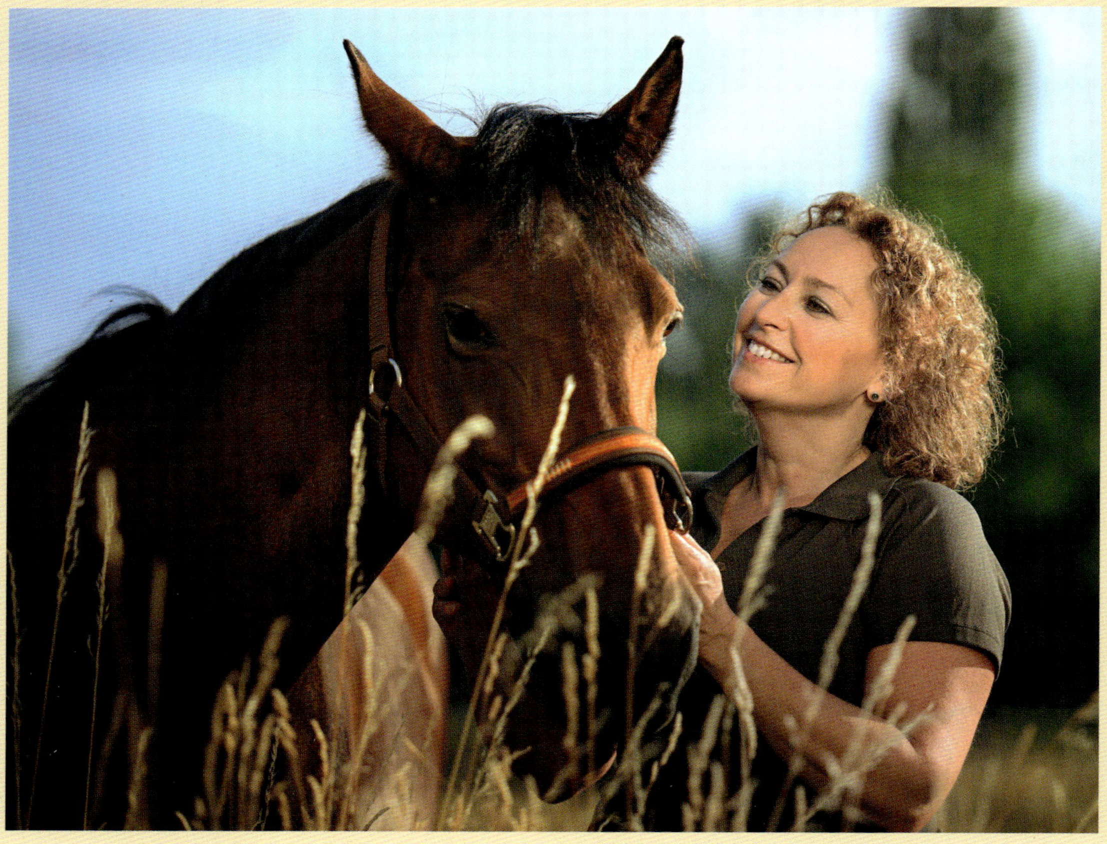

An Tuuli ist anders, dass ihre Pferde für jeden sichtbar spiegeln, was sie ihnen an Vertrauensvorschuss gibt. Zwischen den dreien spüre ich tiefe Verbundenheit und höre fortwährendes Flüstern: „Hey, was stellen wir jetzt noch zusammen an? Lass uns was machen! Ach, das willst du von mir? Mach ich doch gern ..." Das ist echte Motivation (die Mode-Worthülse wird ja viel zu oft bemüht, um fadenscheinige Leistungen zu fordern, denen es an innerer Überzeugung fehlt).
Es zeugt von mentaler Stärke und sicherem Bauchgefühl. Diese Trainerin kann ihr Pferd begeistern. Und sie zeigt uns, wie wir die Intuition auch in uns wecken!

Mir hat Tuuli an jenem Tag im Sommer 2013 klargemacht: Pferde sind gerne höflich, wenn wir sie höflich behandeln. Es ist okay, wenn ein Pferd fragt, ob es dieses oder jenes darf: Wäre schade, das im Keim zu ersticken, denn wie viele schöne Dinge lassen sich aus solchen Fragen entwickeln! Und wie viele brillante Dressur-Lektionen entwickeln sich aus dem Spiel zwischen Pferd und Mensch, das beim Satteln anfängt und beim Spaziergang zur Koppel aufhört.

Die „Inneren Bilder", die Tuuli in ihrem Erstlings-Buch beschreibt, sind das Kopfkino, in dem wir fühlen lernen. Wer dasselbe kecke Jungs-Gesicht wie bei Fiete und Harry und dieselbe spielerische Bewegungsfreude auch bei seinem Pferd erleben möchte, dem lege ich Tuulis Weg zum Reiten aus dem Bauch heraus ans Herz. Dass ihr eurem Ziel jeden Tag näher kommt, werdet ihr in den Augen eurer Pferde sehen.

Christine Felsinger
Biologin, Journalistin und Bloggerin (www.freundpferd.de)

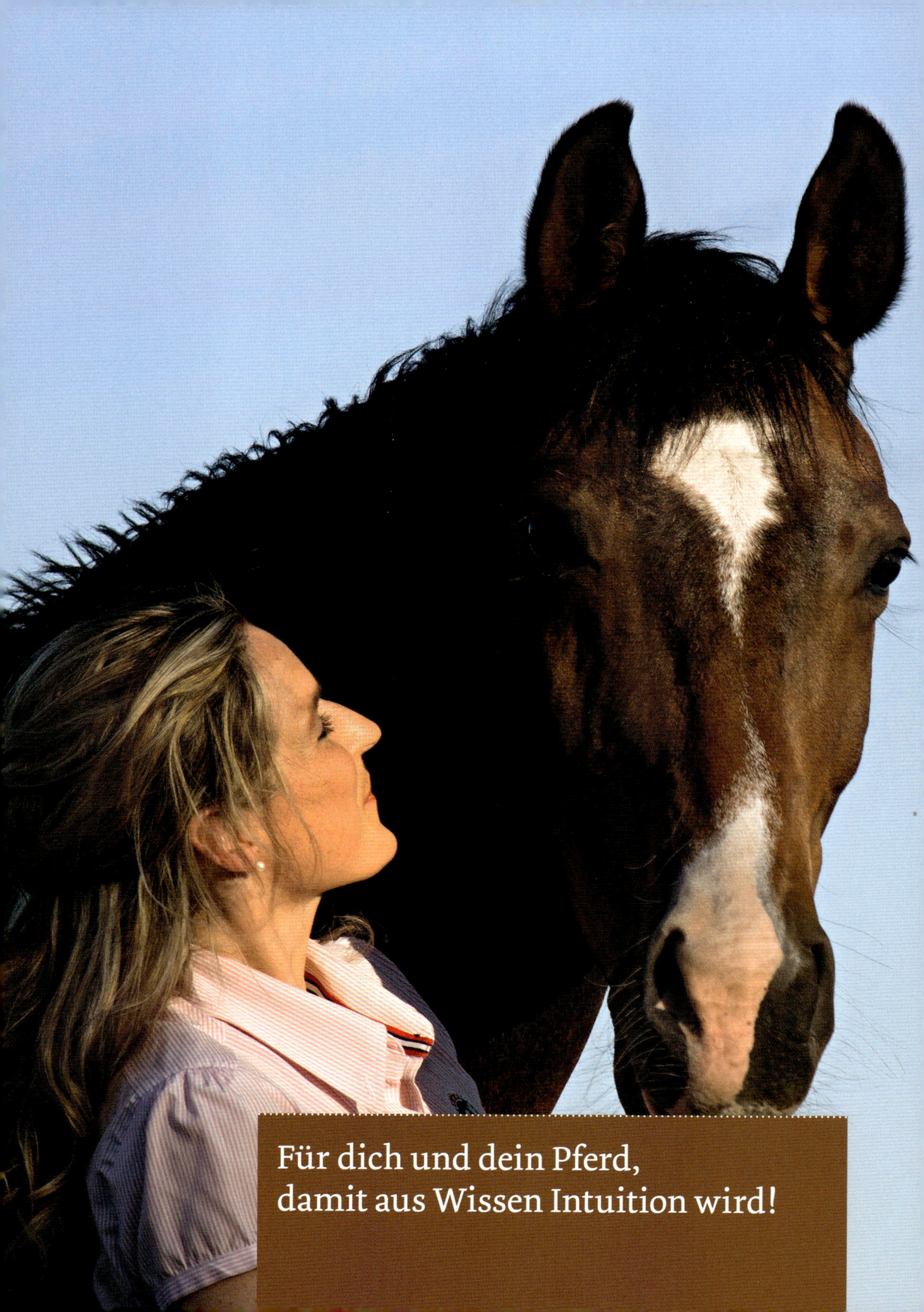
Für dich und dein Pferd,
damit aus Wissen Intuition wird!

Stimmen – **SMART** reiten mit inneren Bildern

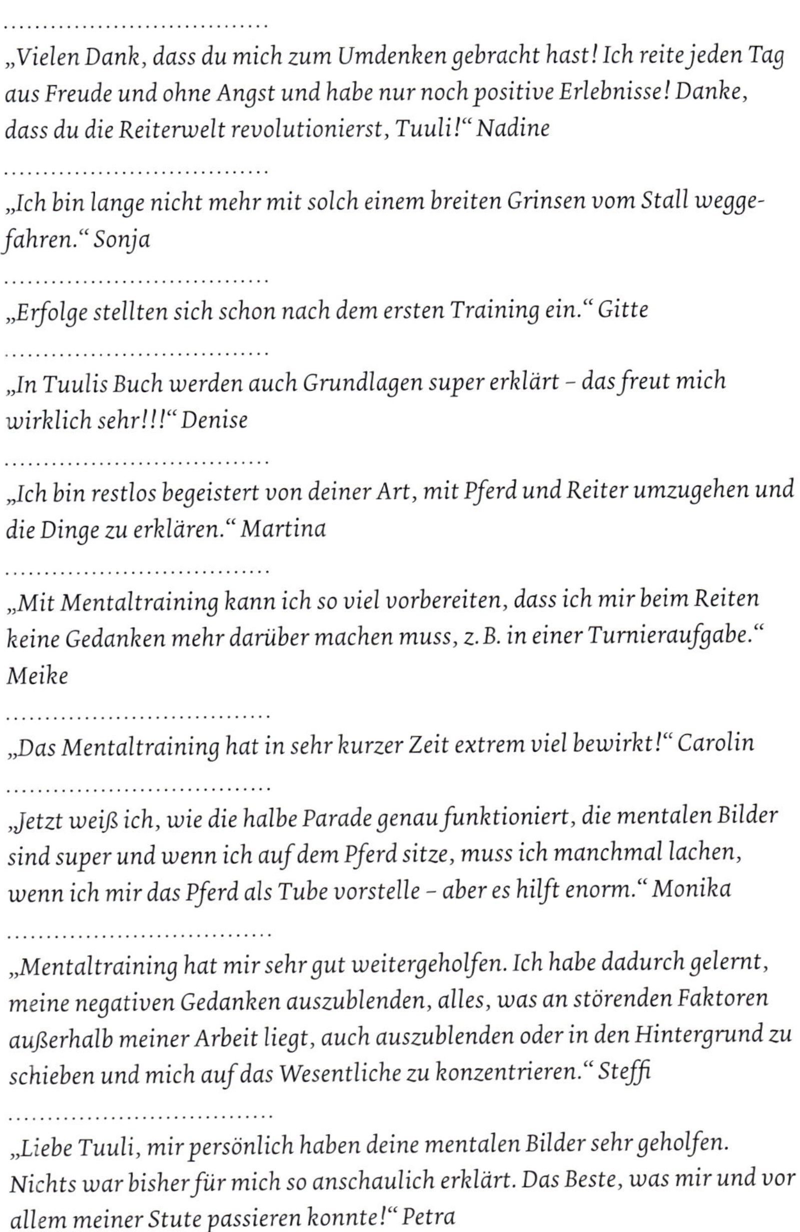

„Vielen Dank, dass du mich zum Umdenken gebracht hast! Ich reite jeden Tag aus Freude und ohne Angst und habe nur noch positive Erlebnisse! Danke, dass du die Reiterwelt revolutionierst, Tuuli!“ Nadine

„Ich bin lange nicht mehr mit solch einem breiten Grinsen vom Stall weggefahren.“ Sonja

„Erfolge stellten sich schon nach dem ersten Training ein.“ Gitte

„In Tuulis Buch werden auch Grundlagen super erklärt – das freut mich wirklich sehr!!!“ Denise

„Ich bin restlos begeistert von deiner Art, mit Pferd und Reiter umzugehen und die Dinge zu erklären.“ Martina

„Mit Mentaltraining kann ich so viel vorbereiten, dass ich mir beim Reiten keine Gedanken mehr darüber machen muss, z. B. in einer Turnieraufgabe.“ Meike

„Das Mentaltraining hat in sehr kurzer Zeit extrem viel bewirkt!“ Carolin

„Jetzt weiß ich, wie die halbe Parade genau funktioniert, die mentalen Bilder sind super und wenn ich auf dem Pferd sitze, muss ich manchmal lachen, wenn ich mir das Pferd als Tube vorstelle – aber es hilft enorm.“ Monika

„Mentaltraining hat mir sehr gut weitergeholfen. Ich habe dadurch gelernt, meine negativen Gedanken auszublenden, alles, was an störenden Faktoren außerhalb meiner Arbeit liegt, auch auszublenden oder in den Hintergrund zu schieben und mich auf das Wesentliche zu konzentrieren.“ Steffi

„Liebe Tuuli, mir persönlich haben deine mentalen Bilder sehr geholfen. Nichts war bisher für mich so anschaulich erklärt. Das Beste, was mir und vor allem meiner Stute passieren konnte!“ Petra

Ein SMARTer Trainingsbegleiter für dich

Liebe Reiterin, lieber Reiter,

möglicherweise kennst du mich und mein Trainingsprogramm **SMART*reiten***® bereits aus dem Internet (SMARTreiten.de und DressurCoach.de). Vielleicht liest du hier auch zum ersten Mal von mir: So oder so, ich bin Tuuli und freue mich sehr, dass du dich für diese Lektüre über das Lektionenreiten entschieden hast. Mit diesem Buch hältst du ein wertvolles Instrument in der Hand, um dein reiterliches Können zu vertiefen, neue Lektionen zu erlernen, die korrekten Reiterhilfen zu verinnerlichen und so mit deinem Pferd zu einer Einheit zu verschmelzen. Denn deine bewusst gewählten inneren Bilder sind es, die dich im Tanz mit deinem Pferd verbinden.

Stell dir vor, du bräuchtest nur an eine Traversale zu denken und würdest dich ganz automatisch erhaben im Sattel aufrichten wie eine Königin, dein Pferd wie eine Banane um deinen inneren Schenkel wickeln und es wie einen Gummiball vorwärts-seitwärts abschnellen lassen – und dein Pferd würde leichtfüßig seitwärts tanzen, wie von Zauberhand geführt.

Das ist es, was dieses Buch für dich leisten kann, wenn du es aktiv zu deinem täglichen Trainingsbegleiter machst, zu deinem **SMART**en „Regieassistenten" für deine inneren Zielfilme. Denn diese inneren Bilder sind es, die deine Bewegungen im Sattel steuern und damit auch die Bewegungen deines Pferdes.

Über ihren bewegungssteuernden Effekt hinaus leisten klare innere Bilder noch weit mehr für dich: Sie machen dich innerlich stark. Mentale Stärke wiederum ist die Voraussetzung dafür, dass innere Bilder ihre positive Wirkung für dich im Sattel entfalten können. Denn Pferde sind von Natur aus Empathen mit einem feinen Gespür für die Gefühlswelt ihres Gegenübers. Wer zögerlich und unentschlossen wirkt, weil er mit inneren Zweifeln, Ängsten oder Blockaden ringt, muss in den Augen seines Pferdes erst seine Führungsfähigkeit unter Beweis stellen, um von ihm akzeptiert zu werden. Dem Souveränen, Gelassenen hingegen, der – dank bewusst gewählter innerer Bilder – Zielklarheit ausstrahlt und Sicherheit vermittelt, dem schließen sie sich gern freiwillig an.

Du kannst dir das dreiteilige Videotraining zum Buch hier abholen: www.reiten-mit-inneren-bildern.de

Freue dich auf die Themen:
- Die drei teuersten Fehler, die feines Reiten verhindern, und wie du sie vermeidest.
- Die I.F.I.-Formel für smartes Reiten
- K.R.E.I.E.R.E. deinen Ritt
- Das ABC im Sattel: 9 Vereinbarungen mit deinem Pferd

Innere Bilder freilich müssen, damit sie ihre volle Kraft entfalten, maßgeschneidert für dich sein. Deshalb sei dir bitte bewusst, dass sie mehr sind als rein visuelle Vorstellungen. Vielmehr sind alle fünf Sinne (sehen, hören, fühlen, riechen, schmecken) an ihnen beteiligt – wie in einem Film, in dem du selbst die Hauptrolle spielst. Mit diesem Buch möchte ich dir einen Assistenten an die Hand geben, der dir zur Seite steht, wenn du selbst in diesem Film deines Reiterlebens die Regie übernimmst.

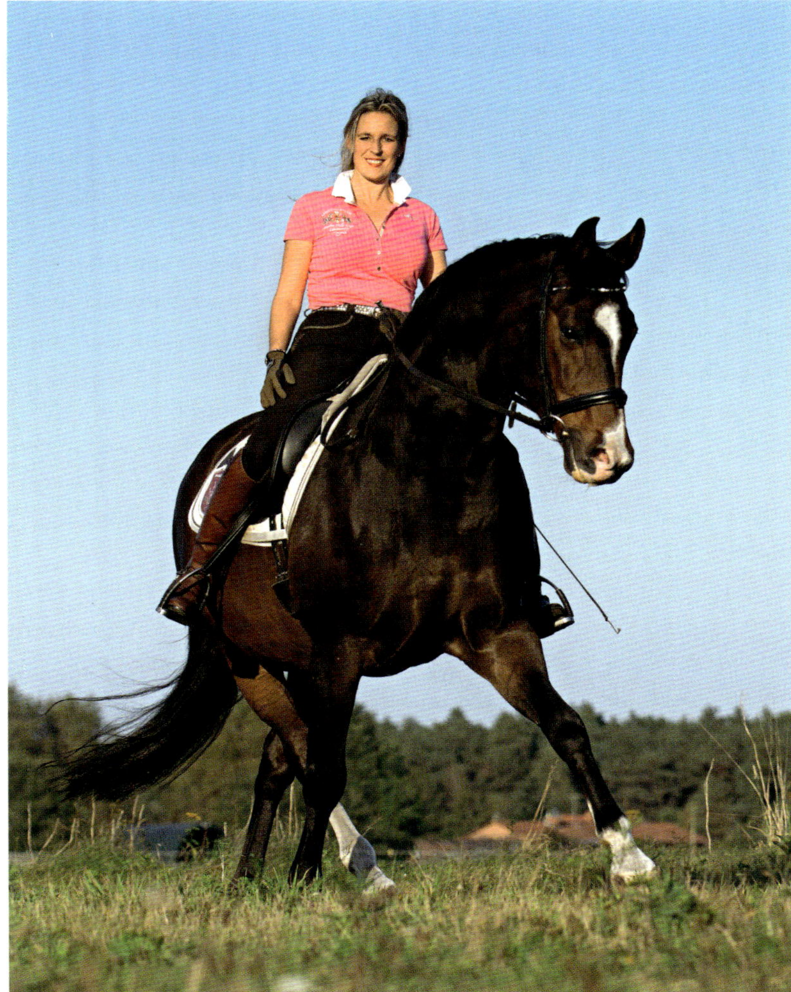

Darf ich bitten?

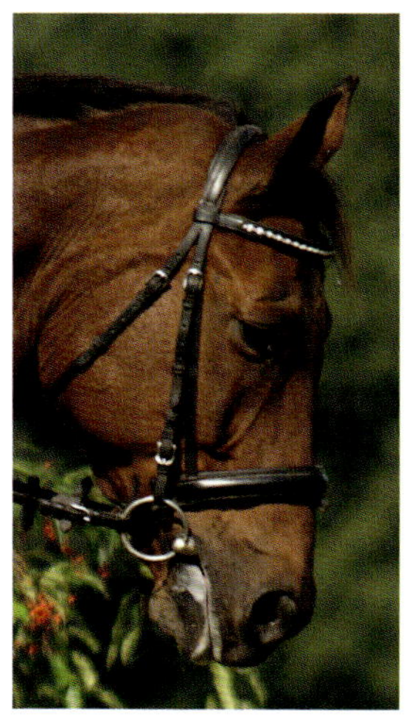

Die Hauptakteure in diesem Buch sind meine „Jungs“: Good Fella (1995), *alias Fiete: der Professor. Fiete geht seit 1998 mit mir durch dick und dünn, nimmt alles sehr genau und ist ein wahrer Gentleman.*

Um deine inneren Zielfilme mit größtmöglicher Wirkkraft für dich auszustatten, nutzen wir in diesem Buch die vier Zugänge der reiterlichen „Lernpyramide“:

- visuell,
- auditiv,
- kinästhetisch-motorisch,
- kognitiv.

Das gibt dir Input und Ideen für alle Sinneskanäle und damit die Möglichkeit, deine reiterlichen Zielfilme mit Special Effects auszustatten, die dir dauerhaft in Erinnerung bleiben.

Sicherlich entlocken die hier vorgestellten Ideen dir manchmal ein Schmunzeln: Wir zupfen beispielsweise an Marionettenfäden, mimen Kartoffelsäcke, lassen Luftballons fliegen und Silhouetten tanzen … Was leicht anmutet wie ein fröhlicher Rummel, ist tatsächlich höchst effektives Reittraining – und macht obendrein viel Spaß!

Die Bilder, Ideen und Analogien, die wir hier für uns einspannen, lassen die richtigen Bewegungsgefühle für die Lektionen in dir entstehen und prägen sich nachhaltig ein. Einmal verinnerlicht, brauchst du nur noch an die Lektion zu denken und dein Körper spult die korrekten Hilfen ganz automatisch ab. Dein Pferd spürt die kleinsten Veränderungen in deiner Intention und fühlt sich von deinen klaren Hilfen sanft geführt. Prompt folgt es dem Gefühl, das du ihm vermittelst, und setzt es in die gewünschte Bewegung um – in einen leichtfüßigen Tanz zur Melodie der Idee in deinem Kopf: deinem bewusst gewählten inneren Zielfilm.

Die Regie im eigenen Kopfkino zu übernehmen ist ein sehr persönliches Thema. Deshalb habe ich mich für das vertraute „du“ entschieden und meine es keineswegs respektlos, sondern als Zeichen der

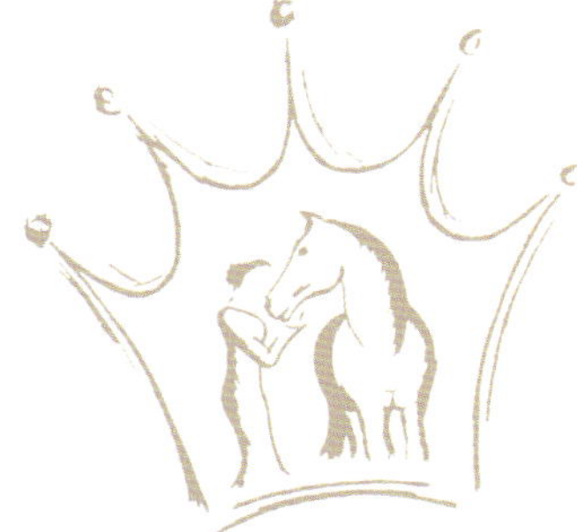

Darf ich bitten?

„Ein leichtfüßiger Tanz entsteht, wenn zwei Wesen ihre Träume verbinden. Zwei Körper bewegen sich zum Takt dieser einen Idee.“ Dies ist die Essenz meiner **SMART*reiten***®-Philosophie. Denn nur, wenn Körper und Geist beider Wesen in Einklang sind, kann zwischen den beiden Tanzpartnern wirklich Harmonie und Einheit entstehen.

Deshalb gehören für mich in das Lehren und Verwirklichen der Kunst der feinen Dressur unbedingt auch deren Grundlagen: höfliches Pferd und mental starker Reiter.

So ist das Ziel jedes **SMART*reiten***®-Trainings, wie auch dieses Buchs, eben jener harmonische Tanz zweier Wesen oder kurz gesagt: eins sein mit dem Pferd!

Verbundenheit – wie mit unserem Pferd. In diesem Sinne wünsche ich dir und deinem Pferd viel Freude dabei, mithilfe dieses **SMART**en Trainingsbegleiters wirkungsvolle innere Bilder zu kreieren und so zu einem immer feineren Tanz miteinander zu gelangen!

Herzlichst,

Deine Imke

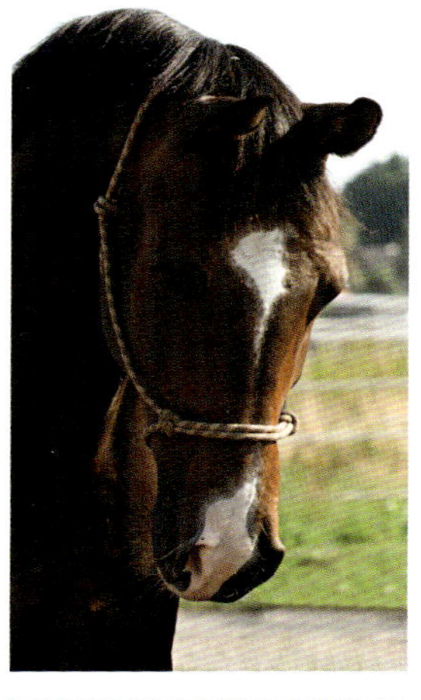

Der Magier (2005), *alias Harry (Potter): der Meisterschüler. Harry weicht seit 2007 nicht von meiner Seite und ist so charmant wie selbstbewusst.*

Die Sache mit der Kappe …

Jeder Reiter ist für seine eigene Sicherheit verantwortlich. Ich rate ausdrücklich dazu, dieses Thema ernst zu nehmen und sich aktiv um die eigene Sicherheit zu kümmern. Dazu gehört, eine Kappe zu tragen, in einigen Fällen auch eine Sicherheitsweste oder einen Rückenprotektor – ganz nach Situation, eigenem Empfinden und Vorhaben mit dem Pferd. Das Tragen einer Kappe ist in vielen Fällen sogar gesetzlich vorgeschrieben.

Die beste Sicherheitsvorkehrung ist allerdings, ein inniges Band zum Pferd zu knüpfen. Das geht nicht von heute auf morgen und geschieht zunächst ausschließlich auf Augenhöhe am Boden. Im Reitsport ist es jedoch gängig, eine Abkürzung nehmen und möglichst schnell in den Sattel steigen zu wollen. Wer so agiert, wäre leichtsinnig, seinen Kopf und Körper nicht zu schützen. Dem empfehle ich unbedingt, zumindest eine Kappe zu tragen.

Für mich persönlich steht in puncto Sicherheit an erster Stelle, mir das Vertrauen meines Pferdes zuerst zu Fuß zu verdienen. Im Gegenzug fordere ich den Beweis, dass auch ich meinem Pferd vertrauen kann, BEVOR ich in seinen Sattel steige. Mit anderen Worten: Entweder ich vertraue meinem Pferd zutiefst und weiß, dass es sich in jeder Situation an mir als Anführer unserer Zweierherde orientiert, oder ich steige gar nicht erst auf – niemals! PUNKT.

Deshalb erlaube ich es mir selbst, ohne Kappe zu reiten, und möchte das nicht als Ausdruck mangelnder Vorsicht verstanden wissen, sondern als Zeichen tiefster Verbundenheit mit meinen beiden „Jungs“ Fiete und Harry.

Mental stark im Sattel

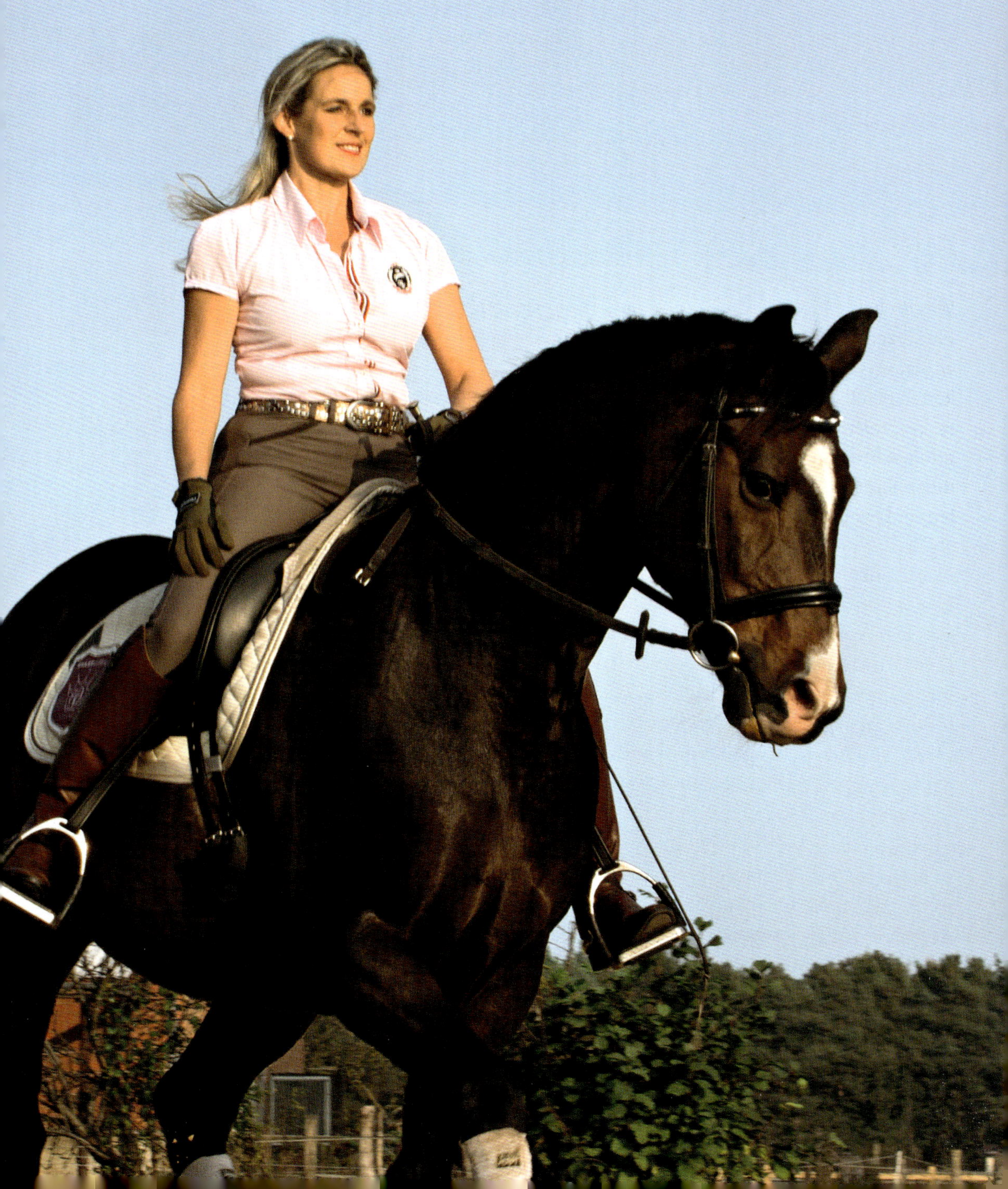

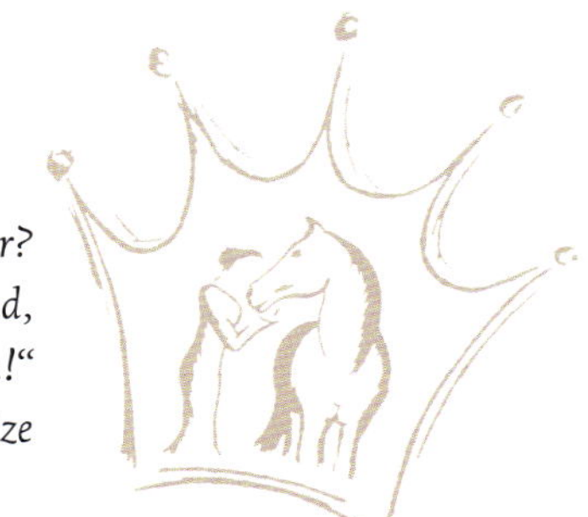

„Warum also Gedankenbilder?
Weil sie die Ideen sind,
die dich und dein Pferd im Tanz verbinden!"
Tuuli Tietze

Alles beginnt mit einem inneren Bild

Was du heute bist, wie du heute reitest, die Beziehung zu deinem Pferd, zeigt nicht, was und wie du tatsächlich bist, sondern es spiegelt wider, was du tief im Inneren über dich und deine reiterlichen Fähigkeiten glaubst. Im Laufe deines (Reiter-)Lebens hast du durch Erlebnisse, Gedanken und auch durch Gespräche mit anderen innere Überzeugungen über dich, dein Pferd und dein Reiten gewonnen. Sie prägen die inneren Bilder, die du mit dir umher trägst, die dein Denken, Fühlen und Handeln bestimmen und auf diese Weise deine Zukunft mitgestalten.

Schaust du dir heute an, wie es um dein Reiten bestellt ist, wird klar, dass du heute deine inneren Überzeugungen von gestern hautnah in Aktion erlebst. Die gute Nachricht dabei ist: Deine Gedanken von heute gestalten dein Reiten von morgen mit – und diese Gedanken von heute kannst du bewusst wählen!

Eine unglaubliche Aussage, meinst du? Dann lade ich dich zu einem gestalterischen Experiment ein, in dem du dir der schöpferischen Kraft deines Unterbewusstseins Gewahr werden wirst:

Innere Bilder lenken dein Denken, Fühlen und Handeln und gestalten so dein Erleben von heute und morgen mit. Ein inneres Bild ist mehr als eine rein visuelle Vorstellung. Es ist vielmehr eine in deinem Unterbewussten verankerte Darstellung (in Bildern, Tönen, Gefühlen, Gerüchen und Geschmäcken) von einer Situation, die du erlebt hast oder dir erträumst, von einer Überzeugung, die du über dich und deine Mitwelt gewonnen, von einer Schlussfolgerung, die du aus einem Erlebnis gezogen hast …

Zu Beginn das Ende vor Augen

Stell dir vor, du könntest dir wünschen, was die Arbeit mit diesem Buch für dein Reiten bewirken soll. Du kannst mir glauben, dass ich mich hier für dieses Werk zu 100 % engagiere. Ob dieses Buch dir einige hübsche AHA!-Effekte liefert und sich dann im Bücherregal wiederfindet oder ob es dir als effektiver Trainingsbegleiter dient und die Macht deines Unterbewusstseins für dich entfesselt, das liegt allein in deiner Hand.

„Ein Traum ist ein Traum, aber ein Ziel ist ein Traum mit Termin."
Harvey Mackay

Ich jedenfalls wünsche mir für dich, dass du hier den Initialfunken findest für mehr Freude, Harmonie und persönliche Erfolge mit deinem Pferd!

Blättere bitte jetzt auf Seite 147 und lege exakt fest, was du am Ende unserer gemeinsamen Reise gefunden haben möchtest: Wie soll er sich für dich anfühlen, dieser harmonische, leichtfüßige Tanz mit deinem Pferd, in dem ihr beide euch zur Melodie dieser einen Idee in deinem Kopf bewegt?

Welcher Traum, liebe Reiterin und lieber Reiter, verbindet dich mit deinem Pferd? Was macht euren Tanz aus?

Male dir jetzt – auf Seite 147 – deine reiterliche Zukunft mit allen Sinnen aus. Vergiss es wieder und arbeite dieses Buch durch. Ich bin sicher, du wirst erstaunt sein, wenn du im letzten Kapitel angekommen bist und wieder zu deinem Schriftstück gelangst.

Einer mag vom Stoppelfeld-Galopp träumen, ein anderer von höchsten Lektionen. Welcher Traum ist es, der dich und dein Pferd bewegt?

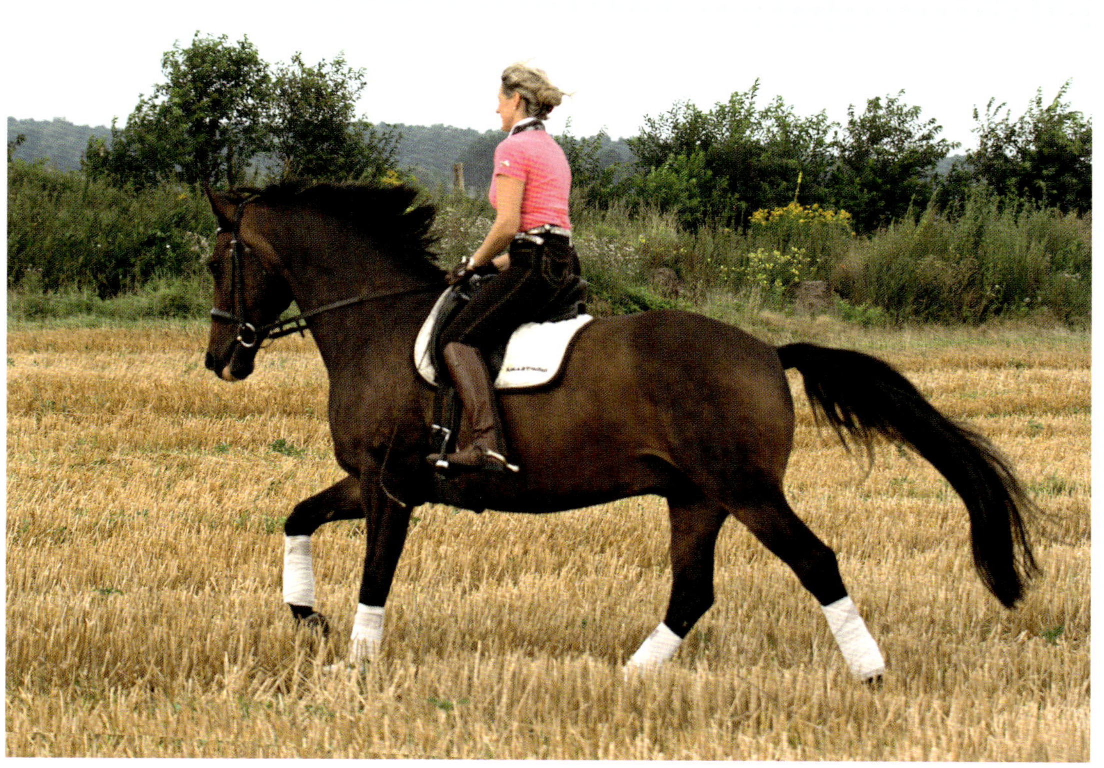

Erkläre deinen Traum zum Projekt!

Nun? Hast du deinen Part erfüllt und deinen Traum vom leichtfüßigen Tanz mit deinem Pferd schriftlich fixiert? (Falls nicht, hole es bitte nach – jetzt gleich auf Seite 147.) Erkläre ihn zum Ziel, zum Projekt, das du aktiv angehst, und er wird sich verwirklichen – sofern du bereit bist, den Preis zu zahlen, den die Verwirklichung dieses Traumes dich kostet. Der ist nicht unbedingt monetärer Art, sondern kann sich auch in anderen Lebensumständen auswirken oder in jenem persönlichen Einsatz, der zur Realisierung deines Traumes notwendig wird.

„Was immer du tun kannst oder erträumst zu können, beginne es. Kühnheit besitzt Genie, Macht und magische Kraft. Beginne es jetzt.“ Johann Wolfgang von Goethe

Bereit? Dann lass uns diesem Traum Beine verleihen, ihn zum Ziel erheben und uns auf eine Reise durch dein ganz persönliches Reit-Kopfkino begeben. Im Verlauf dieser Reise wirst du erfahren, welchen Einfluss innere Bilder auf deine reiterlichen Fähigkeiten nehmen und weshalb sie beim Zusammensein mit dem Pferd besonders gut und oft sehr direkt wirken. Du wirst hautnah erleben, wie du sie mit Freude sinnvoll für dich einsetzt, indem du dich zum Regisseur deines eigenen Reiterlebens aufschwingst. So holst du deinen Traum in die Wirklichkeit – dafür jedenfalls sprechen drei zentrale Argumente:

1. Indem du deine Vorstellungskraft aktiv nutzt, wirst du mental stärker und bringst dich selbst auf deinen reiterlichen Zielkurs.
2. Dein Pferd hat feine Antennen für deine Gedanken- und Gefühlswelt und spiegelt dir deinen Gemütszustand wider. Es orientiert sich an dir und deinem inneren Zustand. Der wiederum ist das Ergebnis deiner Gedanken. Also achte auf sie! Indem du innere Bilder aktiv einsetzt, steuerst du deine Gedanken sehr gezielt – und mit ihnen deine Wirkung auf deinen vierbeinigen Tanzpartner.
3. Unser Bewegungsgedächtnis arbeitet emotional. Wir erlernen und verinnerlichen neue Bewegungsmuster und verfeinern vorhandene über vier Hauptkanäle: visuell, auditiv, kinästhetisch-motorisch und kognitiv. Innere Bilder bieten dir Zugang zu allen vier Kanälen und koordinieren außerdem deine Bewegungen im Hier und Jetzt. Damit bestimmen sie über dein reiterliches Können.

Kurzum: Wählst du innere Bilder bewusst, wird es dir gelingen, deine Reiterhilfen bis zur Unsichtbarkeit zu verfeinern! Hast du dein Kopfkino im Griff, kannst du deinem Pferd gedanklich und somit automatisch auch körpersprachlich das mitteilen, was du wirklich möchtest. Es entsteht dieser leichtfüßige Tanz, dem einst dein Traum vorausging.

Zielfilme werden Wirklichkeit!

Träume, die wir immer wieder bewusst durchleben, als ob sie schon real wären, haben den Drang, sich tatsächlich in unserem Leben zu manifestieren. Das ist keine Magie, sondern diese oftmals wiederholten Zielvorstellungen beeinflussen unser Unterbewusstsein. Sie sorgen dafür, dass wir die Welt durch unsere ganz eigene „Brille" sehen und den Ereignissen, die uns das Leben bringt, unsere persönliche Bedeutung beimessen. Gemäß dieser Bedeutung reagieren wir wiederum auf diese Ereignisse, nehmen Chancen wahr und ergreifen sie beim Schopfe. So entsteht ein Kreislauf, der uns unserer erträumten Wirklichkeit immer näherbringt.

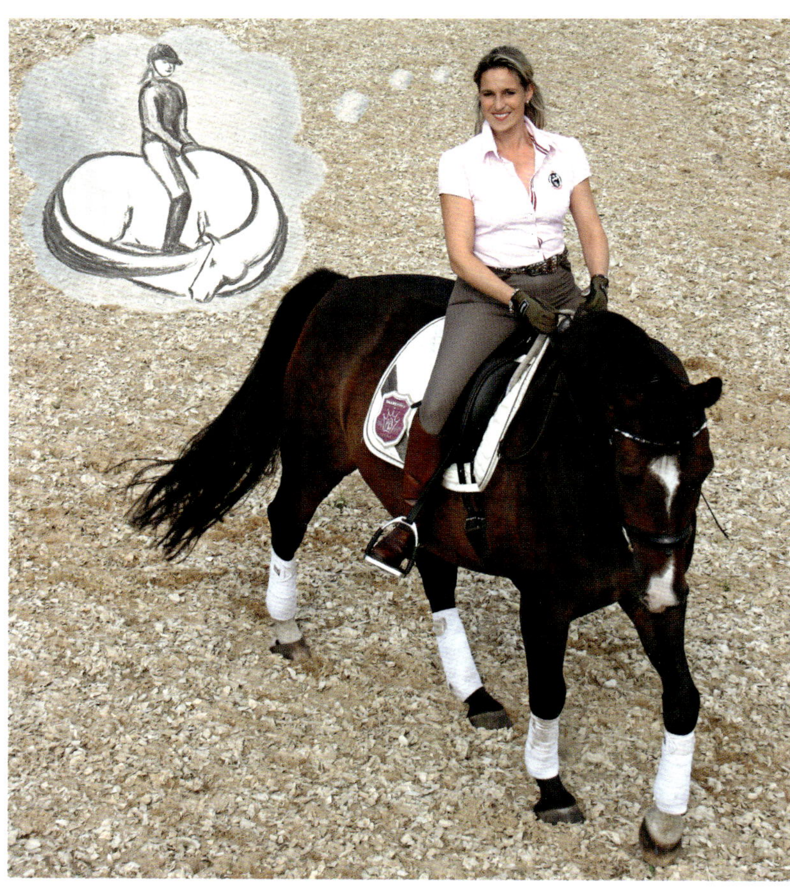

Konkrete innere Bilder, wie dein Pferd um den inneren Schenkel zu wickeln, fokussieren dich auf die korrekten Hilfen im Sattel und gehören zum Repertoire als Regisseur deines Kopfkinos.

Zwei zentrale Prinzipien unseres Gehirns bringen uns auf Kurs

Der Grund dafür liegt in der Arbeitsweise unseres Gehirns begründet, die zwei einfachen Prinzipien folgt: Wachstum und Energieeffizienz.

Jede neue Herausforderung, jede neue Frage und auch jedes neue Erlebnis stimuliert die Vernetzung unserer Gehirnzellen untereinander. Allerdings werden diese neuen – und unter Umständen auch bereits bestehende – Verknüpfungen wieder abgebaut, wenn sie nicht benutzt werden. Je öfter wir unsere Komfortzone verlassen, desto mehr neue Handlungsmöglichkeiten erschließen wir uns – und büßen sie wieder ein, wenn wir sie nicht weiterhin verwenden.

Das Prinzip der Energieeffizienz äußert sich zudem in der uns eigenen physiologischen Begrenzung. Wir nehmen lediglich einen Bruchteil der Welt über unsere fünf Sinne – sehen, hören, fühlen, riechen und schmecken – wahr. Denn die Vielzahl an Informationen, die sekündlich auf uns einströmt (Forscheraussagen schwanken zwischen elf Millionen und hundert Milliarden Informationseinheiten pro Sekunde, die auf uns einprasseln), würde uns schlicht lahmlegen. Aus dieser Flut an Reizen selektiert unser bewusster Verstand bis auf wenige Informationen (je nach Quelle zwei bis sechzig Informationseinheiten je Sekunde) nahezu alles aus.

Im Umkehrschluss bedeutet das: Von der Welt, die uns umgibt, bekommen wir verschwindend wenig wirklich bewusst mit. Wir erleben die Welt durch unsere subjektiven Wahrnehmungsfilter, eben durch unsere eigene Brille. Das wiederum können wir uns zunutze machen, indem wir unseren Traum zum Projekt erklären und dieses dann strategisch angehen: Indem wir uns das Projektziel immer wieder innerlich vor Augen führen, definieren wir unsere Brille neu.

Hat unser Unterbewusstsein einmal anerkannt, dass es sich bei unserem Traum um ein wichtiges Herzensziel handelt, verschiebt es seine Sinnesprioritäten dahingehend und lenkt unsere Wahrnehmung entsprechend – und mit ihr unser Denken, Fühlen und Handeln.

Mit Plan zum Ziel

Allerdings ist planvolles Träumen erforderlich, damit das Ziel real wird. Stell dir vor, du stehst am Beginn einer Reise und legst den Zielpunkt fest. Welchen Weg willst du nehmen, welche Stationen und Meilensteine auf diesem Weg passieren?

Hast du Start und Ende bestimmt, plane die wichtigsten Meilensteine. Welche (neuen) Fähigkeiten willst du am Ziel besitzen, welche davon fokussierst du bis zu welchem Meilenstein? Auf diese Weise entsteht eine persönliche Ziel-Schatzkarte. Indem du nun den Weg zum bevorstehenden Meilenstein mithilfe einer kurzfristigen To-do-Liste mit Leben füllst, wird aus dieser Schatzkarte dein „Massiver Aktions-Plan“ (MAP), dessen Fortschritt du täglich überprüfen kannst.

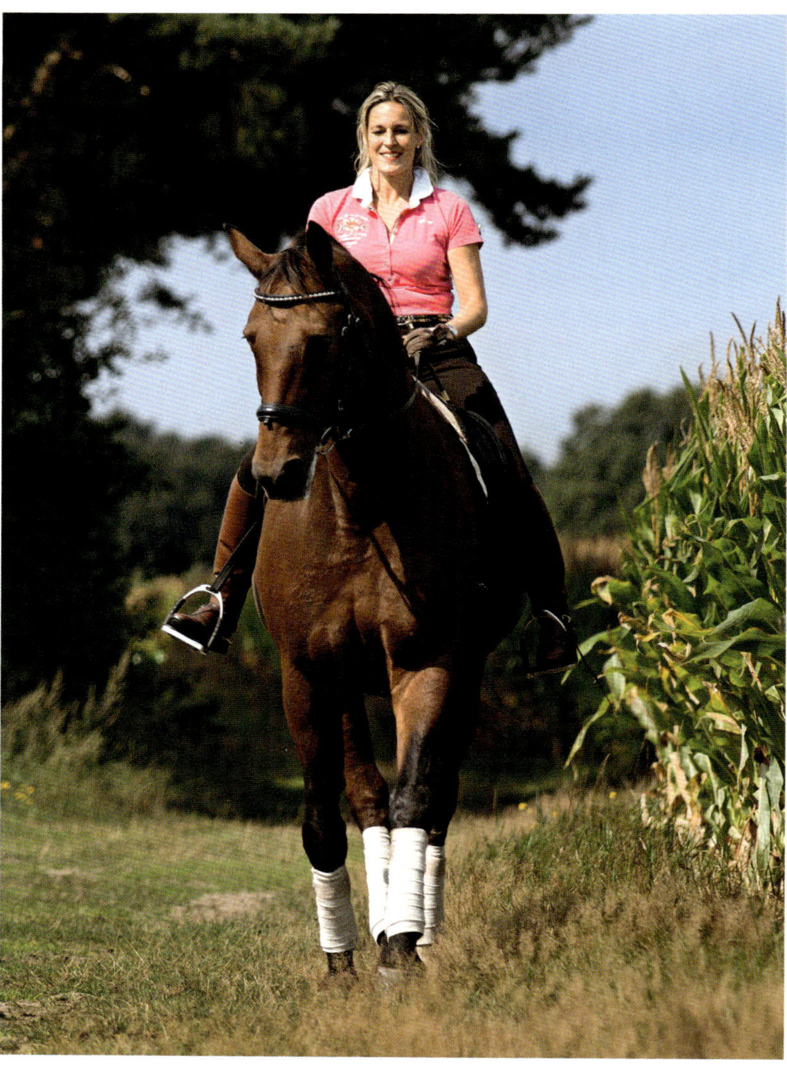

Dein MAP dient dir als Ziel-Schatzkarte und bringt dich Schritt für Schritt und Meilenstein für Meilenstein deinem Traum ein Stück näher und schließlich bis ins Ziel.

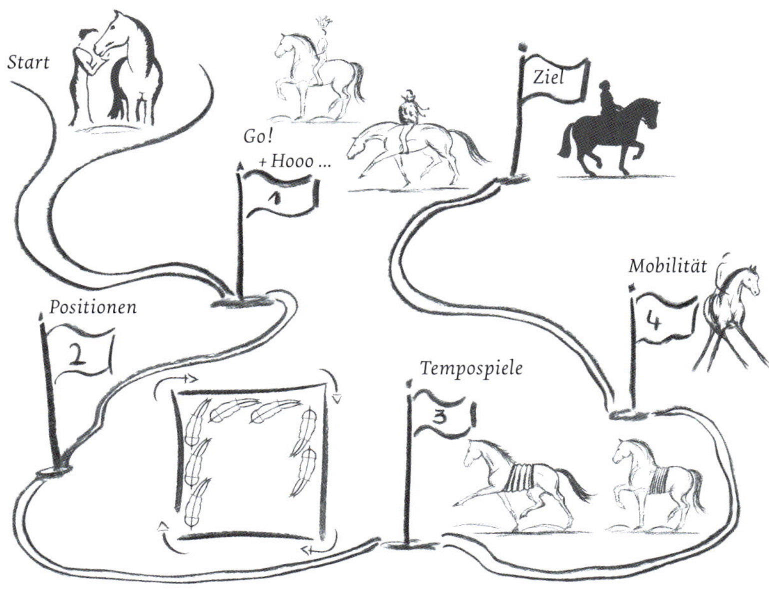

Wie sieht dein MAP aus? Beispiel mit einigen Themen unserer Reise: Starte mit einem gemeinsamen ABC, kläre Go! und Hooo ... (Meilenstein 1), spiele in Seitengängen mit den Vor- und Hinterhandpositionen (2), erarbeite kontrastreiche Übergänge (3), verbessere die Mobilität im Seitwärts (4) und gelange so zum Ziel, dem Einssein mit deinem Pferd.

Erkläre deinen Traum zum Projekt!

Dein Ziel mit deinem Pferd: Was möchtest du mit deinem Pferd erreichen? Notiere es dir hier in Kurzform, als kraftvollen Leitsatz für euer Training!

Tipp: Formuliere dein Ziel so, dass dein Unterbewusstsein es als Herzensziel annimmt! Schreibe es positiv (keine Verneinungen, Vergleiche, kein „nicht", „kein" oder „besser"), denn ein negatives Bild musst du erst wieder aus deinem Kopf löschen. Formuliere emotional und in der Gegenwart, so als ob du diese (Reit-)Situation gerade hautnah erlebst. Notiere deinen Ziel-Leitsatz auf mehreren Karteikarten, die dich, an verschiedenen Stellen verwahrt (z. B. im Portemonnaie, am Sattelhalter, im Stallspind), immer wieder an ihn erinnern, sodass du ihn verinnerlichst.

Deine persönliche Ziel-Schatzkarte:
Definiere Start, Ziel und die wichtigsten Meilensteine auf dem Weg zum genannten Ziel.

MAP – dein Massiver Aktions-Plan zum bevorstehenden Meilenstein auf deinem Weg zum Ziel mit deinem Pferd: Plane deine To-do-Liste: Welche Aktionen musst du starten, welche Fähigkeiten müssen du, dein Pferd und ihr gemeinsam erlernen, festigen oder verfeinern, um den kommenden Meilenstein zu erreichen? Und wann möchtest du ihn erreicht haben?

Mit deiner Ziel-Schatzkarte bist du bestens gerüstet, um zum „Drehort“ für deinen ersten Zielfilm aufzubrechen, vorab werden wir dafür noch einige Reise-Vorbereitungen treffen.

Im Laufe deines Weges wirst du viele Drehorte aufsuchen, an manchen länger verweilen, zu anderen sicher einige Male zurückkehren, um neue Schauplätze zu entdecken oder das Setting umzugestalten. In jedem Fall wirst du mit jedem Drehort, den du aufsuchst, und mit jedem Zielfilm, den du kreierst, nicht nur feiner reiten, sondern auch mental stärker werden und dein Reiterlebnis intensivieren.

Innere Bilder verschönern dein Reiterlebnis

Vorausgesetzt, die Beziehung zum Pferd ruht auf einer guten Basis und der Umgang mit ihm ist fair (deine Beziehung zu deinem Pferd ist nicht Hauptbestandteil dieses Buches, jedoch legen wir im dritten Kapitel mit den „Neun Vereinbarungen im Sattel“ das Fundament für eine gemeinsame Sprache im Sattel und damit für eine sanfte Kommunikation miteinander), gilt die folgende Formel:

Reiterliches Können x Mentale Stärke = Reiterlebnis

Im mentalen „Trockentraining“ machst du dir die richtigen Bewegungsgefühle bewusst und automatisierst sie. Anschließend kannst du sie im Sattel jederzeit spielend leicht abrufen.

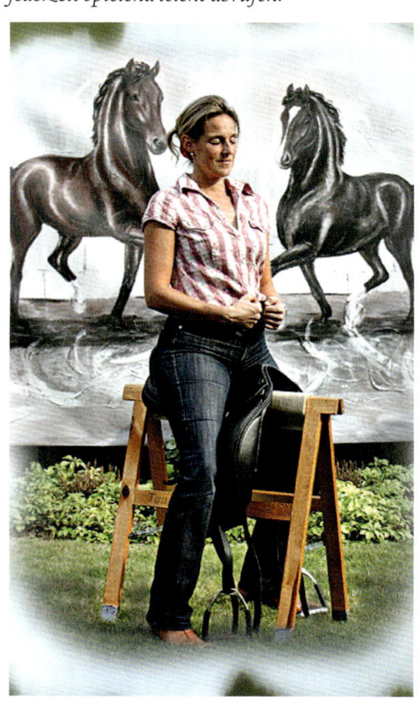

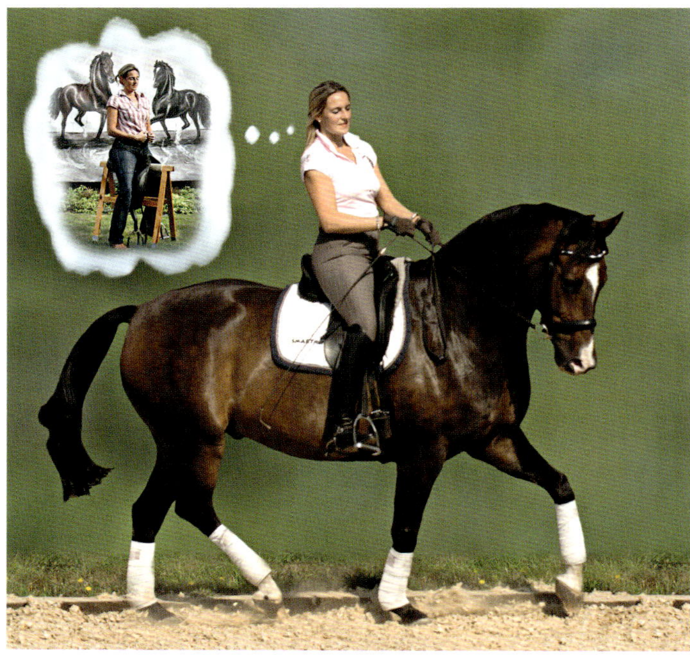

Das gezielte Training mit inneren Bildern fördert beides, denn:
1. innere Bilder koordinieren deine Bewegungen,
2. mentales Reiten verhilft dir zu innerer Stärke.

1. Reite mit feineren Hilfen dank innerer Bilder!

Unser Unterbewusstsein steuert unsere Bewegungen anhand der Bewegungsmuster, die wir in der Vergangenheit durch Nachahmung, Versuch und Irrtum sowie Instruktionen erlernt haben. Dass wir in der Lage sind, neue Bewegungen zu erlernen und sie neuen Situationen gezielt anzupassen, verdanken wir der Veränderbarkeit unseres Nervensystems (Neuroplastizität) und den biochemischen Eigenschaften der Nervenzellen (Neuronen).
Die Neuronen aktivieren die an einer Bewegung beteiligten Muskeln, was immer mindestens zwei sind:

- ein Agonist, der kontrahiert und so die Bewegung einleitet, und
- ein Antagonist, der sich dehnt, um die Bewegung zuzulassen.

Lernen wir einen Bewegungsablauf neu, werden meistens beide zugleich angesprochen, sodass sie gegen- statt miteinander arbeiten. Im Verlauf des Lernprozesses müssen Agonist und Antagonist so aufeinander abgestimmt werden, dass sie reibungslos zusammenarbeiten und die Bewegung „rund" wird. Dafür sorgen motorische Nervenzellen (Motoneuronen), die im Rückenmark angesiedelt sind. Sie bestimmen, wann, wie lange und wie stark die beteiligten Muskeln aktiviert (kontrahieren) bzw. nicht aktiviert (Dehnung zulassen) werden. Ein solches Motoneuron kann mittels spezieller chemischer, elektrischer und mechanischer Prozesse mehrere Muskelfasern aktivieren.

Jeder Muskel besteht aus zahlreichen dieser „Pakete" von Muskelfasern (fachsprachlich als motorische Einheiten bezeichnet) – oft zählt er mehr als tausend einzelne Muskelfasern. Um eine Bewegung zu vollführen, werden stets zuerst die kleineren, dann die größeren motorischen Einheiten angesprochen.

Wie genau Bewegungslernen funktioniert, erforschen Wissenschaftler seit dem frühen 20. Jahrhundert systematisch. Die aktuelle Theorie der Neural Group Selection (nach Gerald M. Edelman) basiert auf neurowissenschaftlichen Erkenntnissen und zieht ihre Schlüsse, indem sie das Gehirn und dessen Tätigkeit beim Erlernen von Bewegungen beobachten.

Bewegungslernen
Wollen wir eine Bewegung neu erlernen, müssen wir zu Beginn unser Bewusstsein in starkem Maße beteiligen. Nachdem es uns gelungen ist, die neue Bewegung durch häufige Wiederholung in unserem Körper zu automatisieren, bedarf sie deutlich weniger Aufmerksamkeit und Energie. Dann geht sie uns leicht „von der Hand“.

Diese Theorie besagt, dass Bewegungen nicht nach erlernten und nun fest im Gehirn verankerten Programmen ablaufen, bei denen immer die gleichen Neuronenverschaltungen und auch immer die gleichen Muskelfasern beim Ausführen der gleichen Bewegung angesprochen werden würden. Vielmehr werden Bewegungen nach dem „evolutionären Selektionsprinzip“ geplant, entwickelt, koordiniert und ausgeführt. Das bedeutet: Beim gleichen Bewegungsablauf müssen nicht immer dieselben motorischen Einheiten aktiv werden.

Sobald wir eine neue Bewegung erlernen oder sie verfeinern, setzt unser Körper zunächst mehr motorische Einheiten ein als nötig sind, um die Bewegung überhaupt erst einmal sicher zu stellen. Mit der Übung wird die Anzahl der beteiligten motorischen Einheiten reduziert. So bildet sich im Laufe der Wiederholungen ein fester „Pool“ an Motoneuronen heraus, die für die an diesem Bewegungsmuster beteiligten Muskeln zuständig sind.

Nach der Neural Group Selection Theory wird aus diesem Pool jeder Bewegungsablauf völlig neu aufgebaut und koordiniert, wobei vorhandene neurale Verbindungen genutzt und angepasst werden. Im Umkehrschluss fällt es uns leichter, einen Bewegungsablauf auszuführen, je mehr Varianten dieser Bewegung uns zur Verfügung stehen, um das optimale Ergebnis zu produzieren.

Um möglichst viele Bewegungsvarianten in petto zu haben, bietet das Training mit inneren Bildern eine gute Ergänzung zum körperlichen Einsatz. Diese inneren Bilder lässt du in Form von bewegungssteuernden Zielfilmen so vor deinem inneren Auge ablaufen, als ob du in diesem Moment gerade in der Rolle des Hauptdarstellers wärst. Dann kommt der ideo-motorische Effekt zum Tragen, den William Benjamin Carpenter bereits 1873 entdeckte: Eine nur vorgestellte, aber nicht ausgeführte Bewegung führt zur Anspannung der betreffenden Muskeln.

Dank dieser Tatsache kannst du mithilfe innerer Zielfilme bahnbrechende Erfolge erreichen, wenn es darum geht, Lektionen zu erlernen, zu reiten und zu verfeinern!

Übst du einen Ablauf im Geiste immer wieder, vergrößerst du die Anzahl der Varianten, die deinem Körper zur Verfügung stehen, um die Bewegung optimal auszuführen. Auf diese Weise werden deine Hilfen im Sattel immer leichter abrufbar und immer weniger sichtbar. Denn

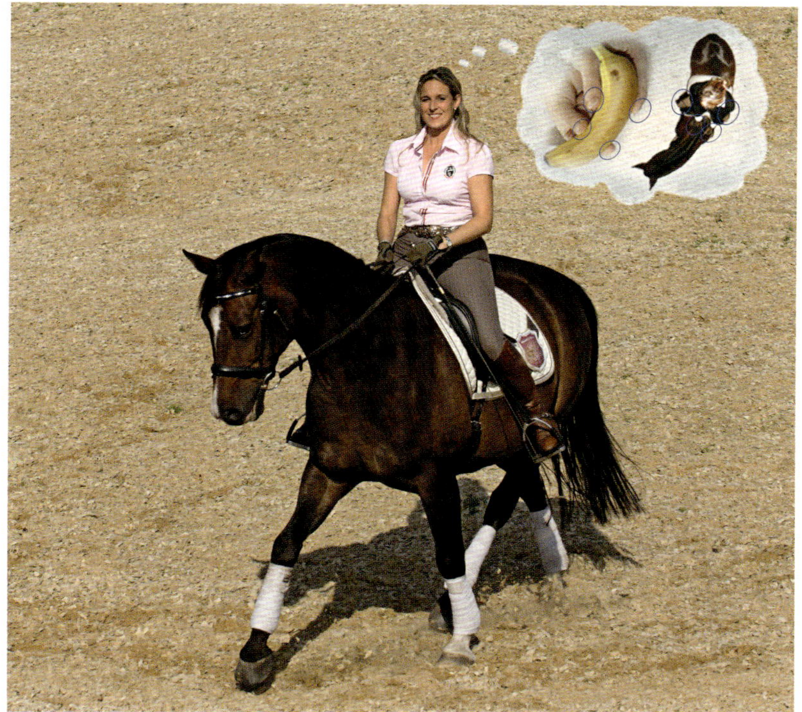

Das Prinzip innerer Bilder

1. Mach dir die Hilfengebung für eine Lektion (z. B. für eine Traversale) bewusst.
2. Verknüpfe deine Hilfen mit einprägsamen Gedankenbildern: Biege z. B. gedanklich dein Pferd wie eine Banane um deinen inneren Schenkel, um das Vorwärts-Seitwärts der Traversale vorzubereiten und nimm diese Biegung fließend mit.
3. Reite die Lektion oft mental mit allen Sinnen durch, als ob du auf dem Pferd säßest.
4. Erinnere dich im Sattel an die markanten inneren Bilder, wenn du eine Traversale vorbereitest und reitest.

du brauchst lediglich an den „Startknopf" deines inneren Zielfilms – und eventuell an einige markante Stellen darin – zu denken und schon liefert dein Körper die korrekten Hilfen, z. B. für die Traversale. So koordinieren innere Bilder deine Reittechnik – und schonen obendrein dein Pferd im Training. Im Geiste kannst du beispielsweise das Angaloppieren hundertmal, ja tausendmal üben, ohne dein Pferd zu belasten – und verbesserst trotzdem dein reiterliches Können!

2. Werde mental stärker mit inneren Bildern!

Mit deinem reiterlichen Können wächst auch deine mentale Stärke im Sattel, weil mit steigender Kompetenz unweigerlich dein Selbstvertrauen zunimmt. Das wiederum befähigt dich zu besseren Leistungen, die in der Folge zu mehr Selbstvertrauen führen …

Hier tritt eine Positivspirale in Aktion. Bedenke bitte: Es ist nicht die Welt, die dich begrenzt, sondern deine eigene Meinung über dich selbst. Wir selbst sind unsere größten Kritiker, das Urteil, das wir selbst über uns getroffen haben, legt das Fundament für all unsere Lebens- und Reiterfahrungen. Umso wichtiger ist es, die Positivspirale aus Kompetenz und Selbstvertrauen bewusst anzustoßen und in Gang zu halten: Wie möchtest du heute reiten, wie heute sein?

Dies sind zwei zentrale Fragen, die du dir jeden Tag vor dem Reiten stellen und die Antworten darauf sehr gezielt für dich definieren solltest. Es dauert nicht lange, aber bringt dein Unterbewusstsein auf Kurs, sodass es dein Denken, Handeln und Fühlen auf dieses Tages-Trainingsziel ausrichtet.

Beweise dafür, wie gut du wirklich bist, bringen deine Kompetenz-Selbstvertrauen-Spirale in Fahrt!

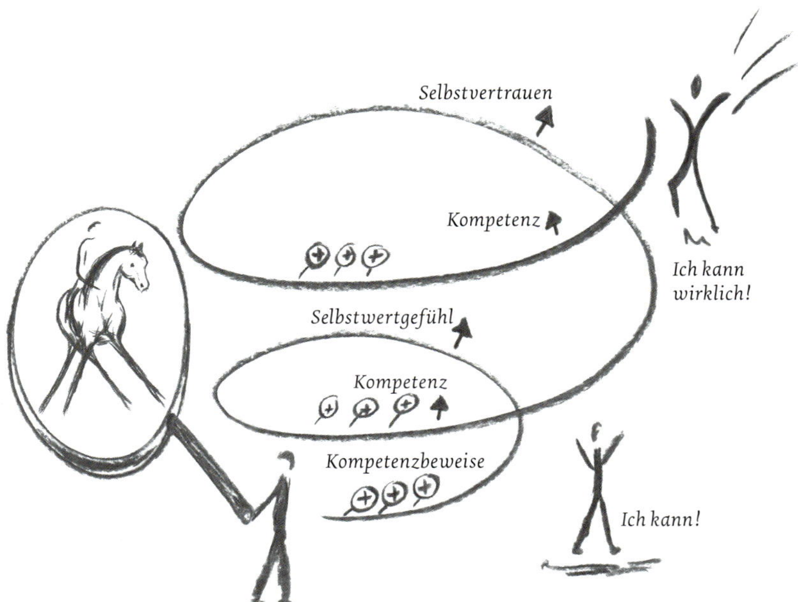

Mithilfe innerer Bilder bringst du deine Kompetenz-Selbstvertrauen-Spirale in Gang. Ist sie einmal in Fahrt, wirst du erleben, wie sich vieles von selbst entwickelt und dir die Lektionen immer leichter von der Hand gehen.

Mit positiven inneren Bildern und daraus erzeugten Zielfilmen veränderst du dein Verständnis von dir selbst und damit dein gesamtes Erleben der Welt – und somit deine Wirklichkeit. Das kann kein anderer für dich tun. Also:

Erlaube dir selbst ein schöneres, positiveres Selbstbild!

Damit die Positivspirale so richtig Fahrt aufnimmt, heißt es, Beweise zu sammeln – Beweise dafür, dass du kompetent bist und reiterliche Fähigkeiten und Fertigkeiten besitzt.

Dafür lege ich dir ans Herz, dir ein leeres Büchlein zuzulegen und ein tägliches „Beweisjournal" zu schreiben. Hier notierst du deine Trainingserfolge mit deinem Pferd:

- Was ist dir und deinem Pferd heute gut gelungen?
- Welche Übung oder Lektion hat besonders gut geklappt?
- Wie hat es sich angefühlt und was hast du dafür getan?
- Welche Fähigkeit hast du heute ein klein bisschen oder auch deutlich verbessert, wobei warst du souveräner, was ging leichter?

Diese Beweise zu sammeln kostet zunächst ein wenig Selbstdisziplin, allerdings zahlt es sich für dich mehrfach aus, weil du mit dieser einfachen, unspektakulär anmutenden Übung dein Selbstvertrauen in kurzer Zeit um ein Vielfaches steigerst.

So machen innere Bilder dich mental stärker und lassen dich immer weitere positive Reitmomente erleben.

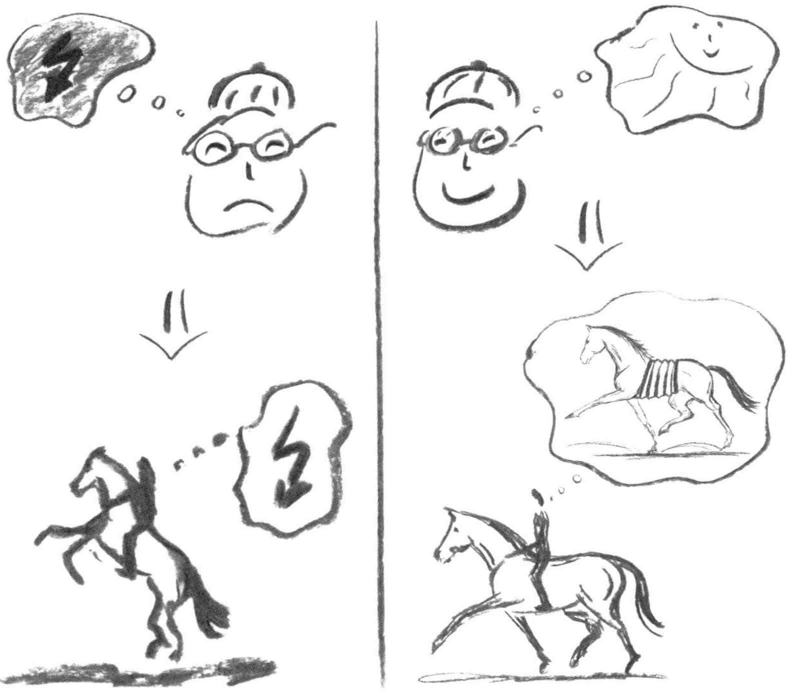

Sammle konsequent Beweise für deine Fähigkeiten und die deines Pferdes. Damit färbst du automatisch auch die Brille positiv ein, durch die du die Welt wahrnimmst und ihr begegnest – inklusive deinem Pferd. Und das spiegelt es dir dann entsprechend zurück.

Zwei Arten innerer Bilder

- Bewegungssteuernde Bilder sind z. B. lektionsspezifisch und zielen darauf ab, deine Hilfen im Sattel zu verfeinern. *Wann genau gebe ich wie welche Hilfen?*
- Persönlichkeitsformende Bilder sind z. B. auf deine Eigenschaften als Mensch ausgerichtet und zielen darauf ab, dich als Persönlichkeit zu entwickeln. *Wie denkt, fühlt und handelt die beste Version meiner selbst?*

Zwei Arten innerer Bilder und die Frage nach dem Wann …

Kurzgefasst lassen sich zwei Arten innerer Bilder unterscheiden: bewegungssteuernde und persönlichkeitsformende.

Kreiere deine Zielfilme nicht nur lektionsspezifisch, sondern baue auch auf deine Person bezogene Elemente mit ein! Beispielsweise Eigenschaften wie:

- Führungsstärke,
- Klarheit in Zielen und Körpersprache,
- Ruhe und Gelassenheit,
- ein passender Energielevel in jedem Moment,
- Einfühlungsvermögen für dein Pferd,
- Geduld,
- liebevolle Konsequenz,
- …

Du hast die Macht, deine persönlichen Wunscheigenschaften frei zu definieren, denn die Gestaltung deiner Zielfilme liegt uneingeschränkt bei dir. Schließlich finden sie in deinem Kopf statt! Und das wiederum ist die Basis dafür, wie du dich selbst siehst, was du über dich selbst denkst und wie du den Ereignissen begegnest, die das Leben dir bringt.

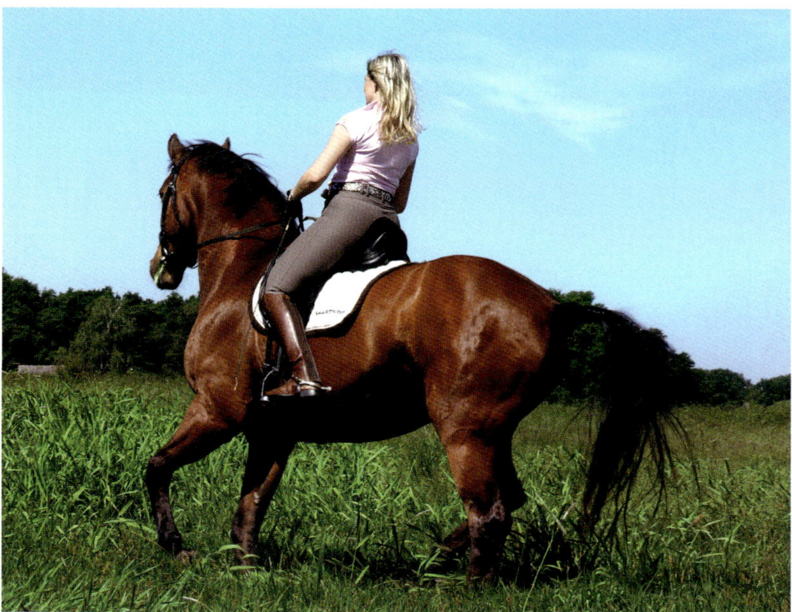

Innere Bilder stärken deine Persönlichkeit und verfeinern deine Hilfen – beides stärkt die freundschaftliche Beziehung zu deinem vierbeinigen Trainingspartner.

Je öfter und intensiver du deine Zielfilme innerlich durchlebst, desto mehr Kraft können sie für dich entfalten. Denn wie das physische Training bedarf auch das Training mit der eigenen Vorstellungskraft vieler Wiederholungen, um etwas zu bewirken.

Das bedeutet, innere Bilder vor dem Ritt regelmäßig einzuüben, beim Reiten bewusst anzuwenden und nachher auf ihre Wirkung hin zu überprüfen: Was kann so bleiben, wo musst du das Drehbuch ändern und deinen Zielfilm eventuell anpassen?

Nachdem du nun zwei fundamentale Wirkkräfte innerer Bilder und Zielfilme kennst, thematisieren wir jetzt die dritte: dein Pferd.

Und wie kommt dein Zielfilm nun zum Pferd?

Was glaubst du: Musst du deine inneren Bilder und Zielfilme deinem Pferd bewusst übertragen oder ist es in der Lage, deine Gedanken zu erraten? Ist es womöglich sogar ein so genauer Beobachter, dass es sie direkt aus deinem Gemütszustand und deiner damit verbundenen Körpersprache abzuleiten vermag?

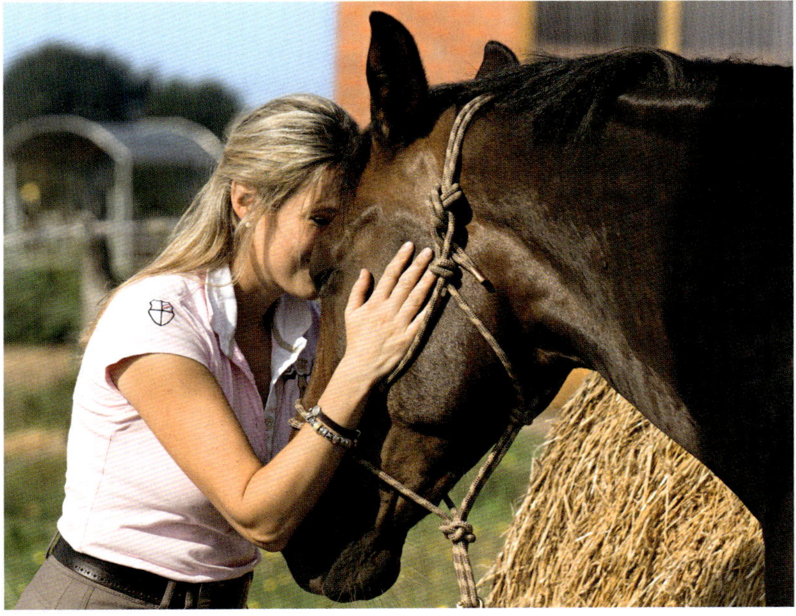

Eng verbunden durch innere Bilder ...

Pferde sind überaus scharfsinnige Beobachter. Was unserem Auge leicht entgeht, nehmen sie wahr, was unsere Ohren unbedacht überhören, registrieren sie – und reagieren darauf. Das müssen sie auch, denn in der Natur hängt von dieser Reaktionsbereitschaft ihre Existenz ab. Wer Gefahr schnell genug erkennt und flieht, hat die Chance, zu überleben und seine Gene der nächsten Generation der Pferdeherde einzupflanzen.

Dass zuerst geflohen und dann geprüft wird, ob die vermeintliche Gefahr tatsächlich bedrohlich war, kann uns Reitern zwar manches Mal zu schaffen machen, gehört für unser Pferd jedoch zum intuitiven Verhaltensrepertoire. Im wahrsten Wortsinn im Zaume halten lässt sich dieses instinktive Verhalten nur durch eine klar geregelte Rangordnung zwischen Reiter und Pferd. Bei der erheben wir als Reiter Anspruch auf den Führungsplatz in unserer Zweierherde und erziehen unser Pferd, sich an uns zu orientieren, wie es das an seinem natürlichen Herdenanführer (bzw. -anführerin) tun würde. Das bedeutet nicht, unser Pferd strikt zu dominieren, sondern es heißt vor allem, ihm Sicherheit zu vermitteln – durch unsere eigene mentale Stärke und Zielklarheit. Und die wiederum erreichen wir durch die konsequente Anwendung innerer Bilder und Zielfilme.

Genau zu wissen, was du willst, und das körpersprachlich freundlich bestimmt zu kommunizieren, macht dich in den Augen deines Pferdes berechenbar, zielgenau und damit führungsstark. Eben das ist es, was du benötigst, um lektionsspezifische, also bewegungssteuernde innere Bilder erfolgreich im Sattel anwenden zu können.

Meister der Körpersprache

Weil dein Pferd ein wahrer Meister der Körpersprache ist und deine Intention zu lesen vermag, entlarvt es jeglichen Hauch von Unklarheit oder Zögerlichkeit sofort. Denn das, was dir im Kopf umherschwirrt, strahlst du unmittelbar mit deinem Körper aus, dafür sorgt dein Unterbewusstsein ganz automatisch, ob es dir nun bewusst ist oder nicht, und ob du es in diesem Augenblick gerade möchtest oder nicht.

Es ist deshalb nur von Vorteil, den eigenen Ausdruck gezielt anpassen zu können. Nehmen wir beispielsweise an, dein Pferd wittert hinter der Aufstiegshilfe am Viereck ein Gespenst, ein lauerndes pferdeverschlingendes Raubtier (1).

1

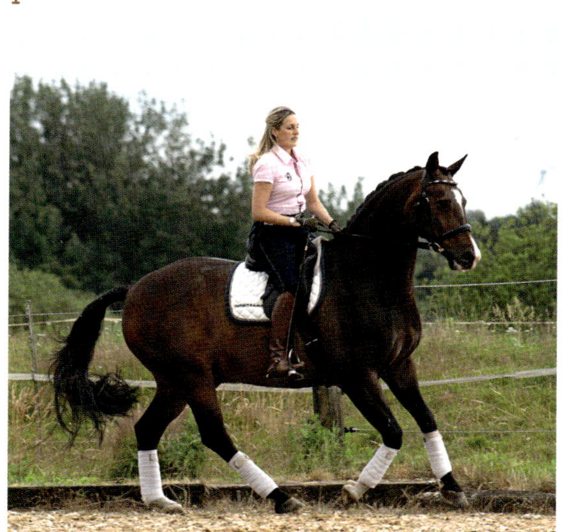

2

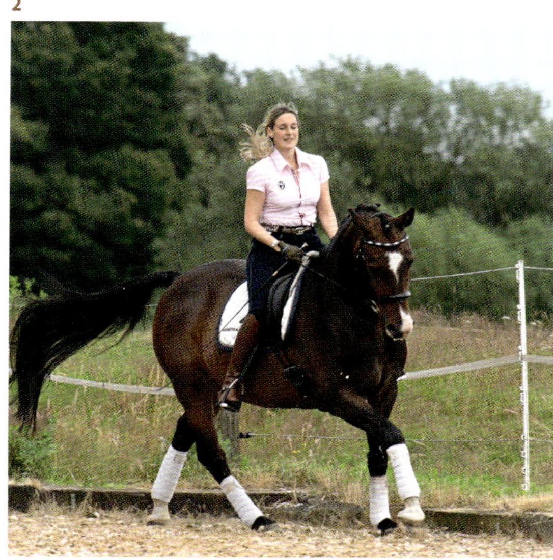

1 *Plötzlich sitzt du gefühlt auf einem Pulverfass – wie gehst du mit der Situation um?*

2 *Als souveräner Mini-Herdenchef gelingt es dir, dich und dein Pferd zu entspannen.*

Sicherheitshalber tendiert es dazu, durchzustarten und die Flucht zu ergreifen ... Was bewirkt das in deinem Kopf, in deinem Körper und wie händelst du diese kritische Situation?

Verursacht die Anspannung deines Pferdes bei dir Herzklopfen und weiche Knie, weil du innerlich bereits vor Augen hast, wie der Vierbeiner mit dir im Sattel dort zur Seite springt? Was, wenn du es gar in deinem Körper schon fühlen kannst, wie unangenehm dieser Seitensprung wird? Glaubst du, dass sich das in deiner Körpersprache widerspiegelt? Und was meinst du, wird dein Pferd sich von dir beruhigen lassen oder ist es doch wahrscheinlicher, dass es erst recht eine Hab-Acht-Position einnehmen und erstarren oder auch flüchten wird?

Was wäre nun, wenn du in diesem Moment in der Lage wärst, deine Atmung zu beruhigen und gezielt Gelassenheit auszustrahlen (2)?

Im besten Fall hast du bereits im Vorfeld vor dem Ritt einen Entspannungs-Zielfilm in deinem Kopf „gedreht" und eingeübt – wie das genau geht, dazu kommen wir in Kürze, sobald wir alle Reise-Vorbereitungen getroffen haben ...

Die Wirkung dieses Entspannungs-Auslösers jedenfalls kannst du jetzt für dich einspannen: Du denkst an ihn, atmest tief durch und strahlst umgehend Ruhe aus. Deine Botschaft an dein Pferd in diesem Moment lautet: „Ich hab die Aufstiegshilfe auch gesehen, sie darf dort

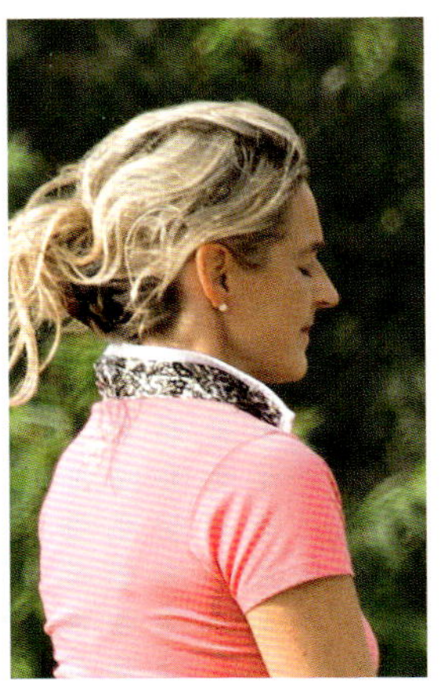

Selbst jederzeit entspannen zu können und Ruhe auszustrahlen, hilft, dem Pferd Sicherheit zu vermitteln – und seinen Gemütszustand bewusst zu steuern.

stehen. Mach dir keine Sorgen, bei mir bist du sicher!" Im Bruchteil einer Sekunde entspannt sich dein Pferd und konzentriert sich wieder auf dich – und kaum ein Betrachter hat den sensiblen Moment überhaupt bemerkt. Das Geheimnis dahinter ist dieses: Indem du deinen Gemütszustand bewusst steuerst, erzeugst du das Gefühl und den Ausdruck, die Konzentration, den Fokus und den Energielevel in dir, die du dir von deinem Pferd wünscht. Dein Pferd wiederum orientiert sich an dir. Denn es ist ein geborener Empath, der seinem anerkannten Herdenanführer freiwillig und gern folgt.

Einfühlsam dank Spiegelneuronen

Dank der sogenannten Spiegelneuronen, spezieller Nervenzellen in seinem Gehirn, kann dein Pferd deine Körperhaltung, Gefühle und Absichten unmittelbar einordnen.

Dieser Resonanzmechanismus geschieht unterbewusst: Die Spiegelneuronen gleichen permanent die eigenen Empfindungen anderen Lebewesen gegenüber ab. So spürt das Pferd nicht nur die eigenen, selbst erlebten Gefühle, sondern auch die seines Gegenübers. Auf diese Weise kann die Alarmbereitschaft eines Pferdes in der Herde fast zeitgleich die übrigen Herdenmitglieder zur Flucht anstimmen oder Entwarnung geben.

Übrigens besitzen wir, wie alle Säugetiere, diese Spiegelneuronen ebenfalls. Wenn wir nicht gerade in verkopften Überlegungen gefangen sind, sondern auf unser Gefühl hören, können wir diese subtilen Botschaften aus unserem Unterbewusstsein auch empfangen, beispielsweise wenn unser Kind sich das Knie aufschlägt und wir spontan mitfühlen. Deshalb ist auch Lachen so ansteckend, ebenso wie Gähnen oder eine gedrückte Stimmung.

Dein Pferd emotional zu beeinflussen, ist demnach gar nicht so schwer – immer vorausgesetzt, dass eure Beziehung funktioniert und es dir vertraut. Kurz gesagt lautet die Devise: Geh als gutes Vorbild (gefühlsmäßig) voran!

Präsent im Augenblick: Führe als Vorbild!

Frage dich, wie du dir dein Pferd gerade wünscht, und du weißt, was du selbst ausstrahlen solltest, um genau das zu erreichen! Halte kurz inne und begib dich gedanklich in eine Situation, in der du diesen

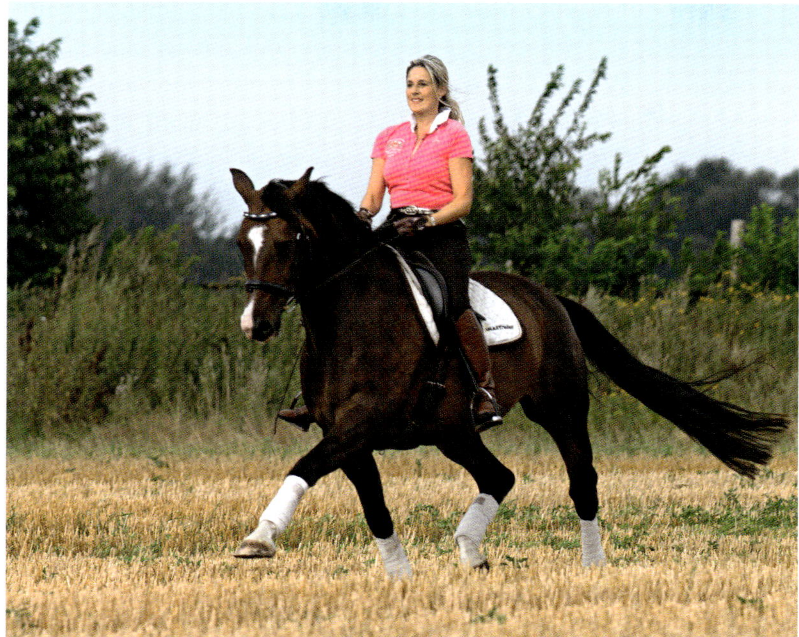

Geh mit gutem Beispiel voran! Das betrifft alles: mentale Einstellung, Körperhaltung, Energielevel, Fokus, …

Gemütszustand schon einmal erlebt hast und finde wieder in dieses Gefühl, in dem du … bist:

- … entspannt …
- … konzentriert …
- … wachsam …
- … energiegeladen …
- … gelassen …
- … freudig beschwingt …

Du hast die freie Wahl! Auch auf diese Stressbewältigungstechnik kommen wir später auf unserer Reise zu sprechen. Für den Moment sei dir bitte bewusst, dass dein Pferd im Augenblick lebt.

Das zieht für dich als Trainingspartner nach sich, ebenfalls in der Gegenwart zu leben, wenn du mit deinem Pferd zusammen bist. Sei präsent und dir jederzeit bewusst, welche Außenwirkung du gerade ausstrahlst. Steuere diese gezielt über deine inneren Bilder und Zielfilme. Indem du sie so formulierst und innerlich erlebst, als ob sie jetzt gerade in der Gegenwart stattfinden, bist du in der Lage, ein sehr intensives Gefühl in dir zu erzeugen. Du tust so, als ob du schon am

„... den anderen verstehen, das heißt, sein Gefühl (...) in uns zu erzeugen ...“
Friedrich Nietzsche

Ziel wärst und ziehst es damit gefühlsmäßig ins Hier und Jetzt – und bindest über dieses Gefühl, und das intuitive Gespür deines Pferdes dafür, dein Pferd selbst mit ein in die Realisierung deines Zieles. Das ist übrigens nicht nur einseitig gemeint, sondern es gilt auch, unsere eigenen Antennen für das aktuelle Befinden unseres Trainingspartners Pferd zu schulen: indem wir unsere Spiegelneuronen ihren Dienst tun lassen, uns gefühlsmäßig in die Lage unseres Pferdes versetzen und versuchen, die Welt von seinem Standpunkt aus durch seine Augen zu betrachten. Nicht selten fällt es uns in diesen Momenten wie Schuppen von den Augen, wie wir klarer, freundlicher oder bestimmter mit ihm kommunizieren können. All das lässt unsere Führungsstärke in seinen Augen wachsen. Diese Empathie aktiv zu leben, benötigt viel Achtsamkeit und Konzentration.

Wer sich konzentrieren kann, besitzt den Schlüssel zum Erfolg

Eines hohen Maßes an Konzentration bedarf es auch, deinen Zielfilm, den du zu Hause in Ruhe planen und optimieren konntest, im Sattel abzurufen. Deine Konzentrationsfähigkeit wiederum steigt mit der

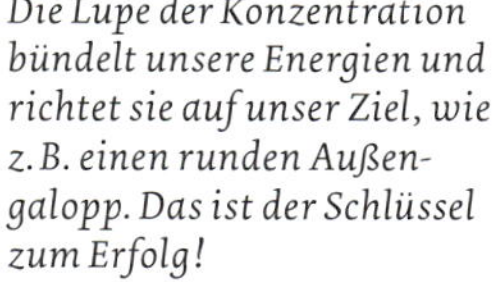

Die Lupe der Konzentration bündelt unsere Energien und richtet sie auf unser Ziel, wie z. B. einen runden Außengalopp. Das ist der Schlüssel zum Erfolg!

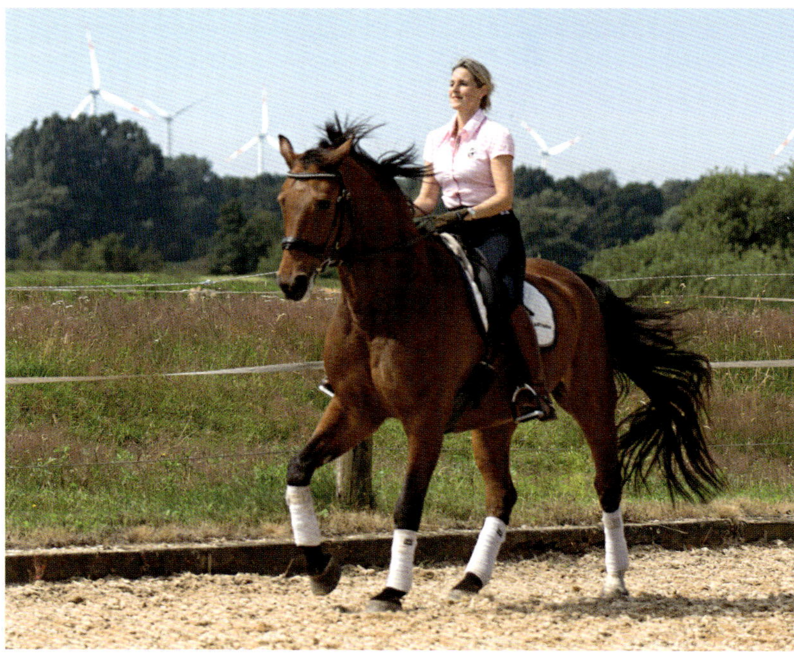

Häufigkeit und Güte deines mentalen Trainings. Je mehr du dich also dem Training mit inneren Bildern widmest, desto mehr positive Effekte kannst du erzielen.

Konzentration bedeutet, die größte Kraft unserer Gedanken auf einen Punkt zu sammeln, die Aufmerksamkeit ausschließlich dieser einen Sache zu widmen. Gleich einem Brennglas, das Sonnenstrahlen bündelt und ihnen derart eine zündende Wirkung verleiht, wirkt die Lupe der Konzentration. Sie bündelt unsere Energie und richtet sie auf das Ziel aus, das uns im Geiste vorschwebt. Konzentration macht Erfolg erst möglich. Mit höherer Konzentration lernst du Dinge wie Lektionen schneller und kannst unwichtige Dinge, wie z. B. dich störende Zuschauer an der Bande nachhaltiger ausblenden.

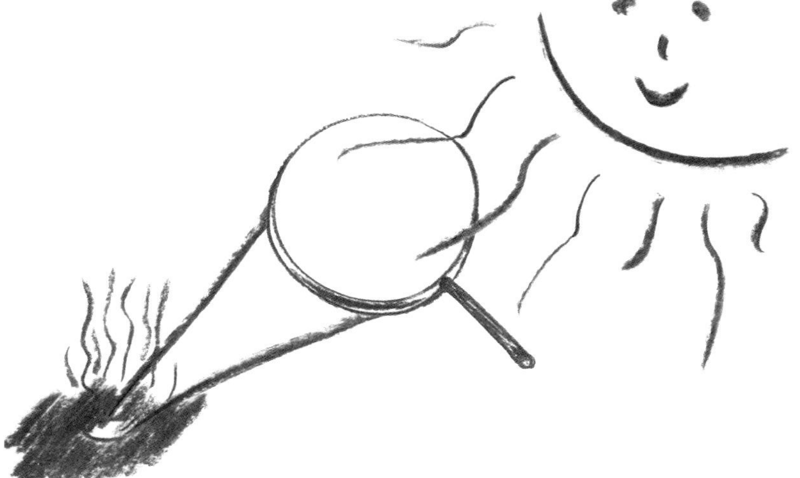

Konzentration wirkt wie ein Brennglas, das Sonnenstrahlen bündelt und ihnen so erst eine zündende Wirkung verleiht.

Wir alle haben schon erlebt, dass es nicht immer leicht ist, sich über einen längeren Zeitraum auf eine Sache zu konzentrieren. Das ist vollkommen normal, denn uns steht nur ein begrenzter Speicherplatz im „Arbeitsgedächtnis" zur Verfügung. Das ist jener Ort in unserem Gehirn, der dafür zuständig ist, die auf uns einströmenden Informationen aufzunehmen, weiterzuleiten und zu speichern (du erinnerst dich sicher, dass hier eine drastische Reduktion der Informationen stattfindet, sodass nur ein Bruchteil in unser Bewusstsein gelangt, damit die unzähligen Informationsreize uns nicht übermannen).

Das Arbeitsgedächtnis steuert demnach unsere Aufmerksamkeit. Seine Kapazität lässt sich trainieren – beispielsweise mit den beiden folgenden mentalen Übungen. Diese und ähnliche spezielle Konzentrationsübungen werden dir helfen, dich leichter, eindeutiger und länger im Sattel zu fokussieren:

Zur „Reisevorbereitung“: Zwei Konzentrationsübungen

Der Fokuspunkt: Setz dich entspannt auf einen Stuhl und wähle einen Punkt an der Wand, im Raum oder in der Landschaft aus. Nimm zuerst alles rund um dich herum wahr, indem du deine Augen „weich“ werden und sozusagen eine „360°-Wahrnehmung“ zulässt. Verenge dann allmählich deine Wahrnehmung und deinen Blick auf den Punkt, fixiere ihn, starre ihn regelrecht an. Tue bewusst nichts außer sitzen, starren und atmen. Lass Gedanken, die in deinem Kopf wie aus dem Nichts auftauchen und sich aufdrängen, einfach vorbeiziehen wie die Wolken am Himmel. Du kannst sie beiläufig registrieren, aber halte keinen von ihnen fest. Bleibe einige Zeit in diesem Zustand und lass anschließend den Punkt wieder los.

Der Atemzähler: Setze oder lege dich entspannt hin, schließe die Augen und atme tief in deinen Bauch hinein, fülle dann deine Brust mit Luft und zuletzt auch deine Schultern. Atme in umgekehrter Reihenfolge wieder aus. Atme Entspannung ein und Anspannung aus. Konzentriere dich nur auf dein Ein- und Ausatmen. Beobachte innerlich, wie dein Atem in dich hineinfließt, deine Lungen bis in die letzten Winkel hinein füllt und wieder hinausströmt. Beginne dann, jeden Atemzug zu zählen. Versuche von 1 bis 10 Atemzüge zu zählen und dabei an nichts anderes zu denken. Es hört sich leicht an und ist doch so schwer! Jedes Mal, wenn dir ein Gedanke dazwischen funkt, hole tief Luft und beginne erneut bei der Zahl 1.

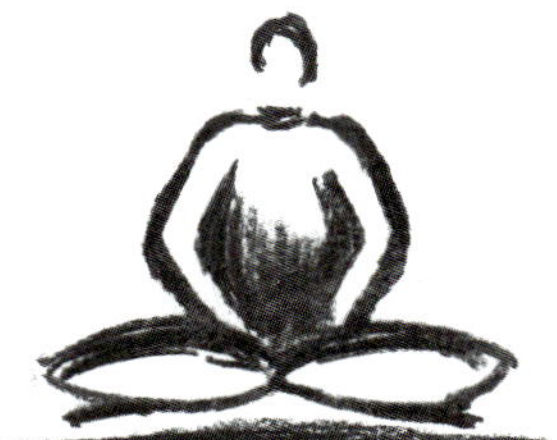

Kein Mensch – und auch kein Pferd – kann sich über die Maßen lange konzentrieren. Deshalb bedenke bitte immer: Gönn dir Pausen!

Ein gutes Pausenmanagement fördert die Konzentrationsfähigkeit enorm. Das gilt im Übrigen auch für unser Pferd. Das Intervalltraining mit kurzen, dafür intensiven Sequenzen und häufigen Unterbrechungen durch kleine Päuschen zwischendurch ist nicht nur körperlich sinnvoll, um die Muskulatur zu stärken, sondern auch für den Geist höchst effektiv!

Selbsttest: Wer führt Regie in deinem Kopfkino?

Konzentration ist wie ein Muskel, der verkümmert, wenn wir ihn nicht trainieren. Ganz ähnlich verhält es sich mit unserer Vorstellungskraft. Wir haben vorhin besprochen, dass wir die Welt durch unsere persönliche Brille betrachten und dass wir den Bereich, den wir durch diese Brille betrachten, beeinflussen können, indem wir uns Ziele setzen und uns deren Verwirklichung als real vorstellen.

Bevor wir uns auf den Weg zum Drehort für deinen ersten Zielfilm machen, ist es sicher gut zu wissen, wer bisher die Regie in deinem Kopfkino führt – oder anders gesagt: welcher Persönlichkeitsanteil von dir bislang das Zepter in der Hand hält und damit den Bereich auswählt, auf den deine Lebens-Brille gerichtet ist.

Das soll jetzt nicht heißen, dass du die Ereignisse, die in deinem Leben geschehen, umgestalten oder einfach so ausblenden kannst, sondern vielmehr, dass du:

1. immer die Wahl hast, wie du ein Ereignis für dich interpretieren willst und wie du darauf reagierst, und
2. die Art und Weise, wie du die Welt wahrnimmst, selbst bestimmen kannst, indem du dich z. B. für eine positive Weltsicht entscheidest.

Beides funktioniert nur, wenn du bewusst die Regie in deinem Kopfkino führst und dich nicht von einem deiner Persönlichkeitsanteile „fremdbestimmen" lässt.

Was es mit diesen Persönlichkeitsanteilen auf sich hat, welche dich ausmachen und wie es bisher um den Regie-Posten in deinem Kopfkino bestellt ist, darum geht es im Selbsttest auf den folgenden beiden Seiten. Viel Spaß dabei, dich selbst näher kennenzulernen!

Reisevorbereitungen – kurzgefasst

- Bereits zu Beginn das Ende vor Augen zu haben, ist der erste Schritt auf dem Weg zu deinem Ziel mit deinem Pferd.
- Denn wenn du die Zukunft vorwegzunehmen vermagst – mithilfe bewusst gewählter innerer Bilder – bringst du dich aktiv auf deinen reiterlichen Zielkurs.
- Dabei helfen innere Bilder dir nicht nur, dein Unterbewusstsein und damit dein Denken, Fühlen und Handeln auf dieses Ziel auszurichten, sondern sie teilen sich über deinen körpersprachlichen Ausdruck auch direkt deinem vierbeinigen Trainingspartner mit.
- Darüber hinaus koordinieren innere Bilder deine Bewegungen, am Boden wie im Sattel.
- Kurzum: mit inneren Bildern kannst du deine Reiterhilfen bis zur Unsichtbarkeit verfeinern und eins werden mit deinem Pferd.
- Erkläre dein Ziel zum Projekt, indem du von ihm ausgehend rückwärts planst. Überlege, welche Meilensteine du auf deinem Weg zum Ziel passieren wirst und erstelle einen **M**assiven **A**ktions-**Pl**an bis zum ersten Meilenstein.
- Setze die Kraft beider Arten innerer Bilder für dich ein: bewegungssteuernde und persönlichkeitsformende. Beide bringen dich in puncto Beziehung zu deinem Pferd voran – und damit dein feines Reiten!
- Mit einem Blick nach innen hast du einiges über dich erfahren und dein Team verpflichtet.

Teambesprechung im inneren Team: Welche Persönlichkeitsanteile schlummern in dir und möchten zu Wort kommen?

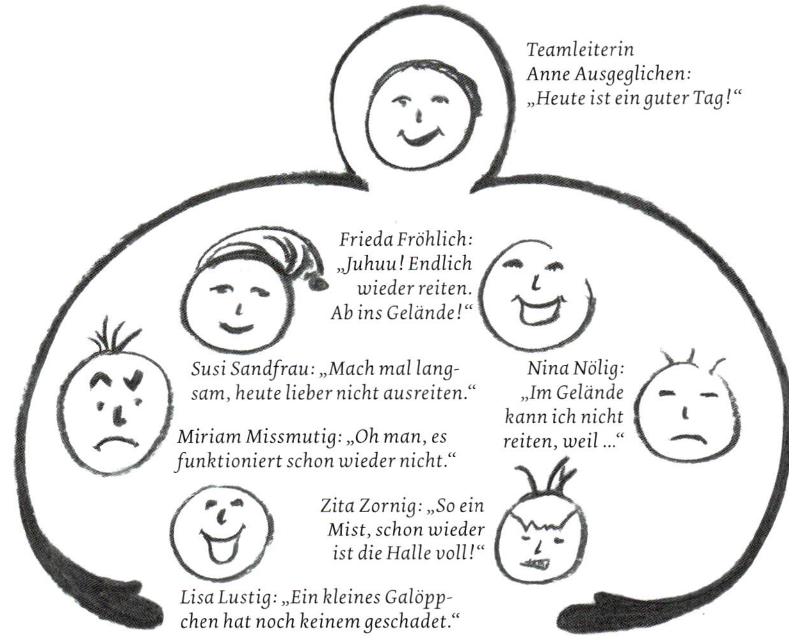

Test Teil 1 – Meine Persönlichkeitsanteile

Das Modell des „Inneren Teams“ von Friedemann Schulz von Thun geht davon aus, dass wir aus verschiedenen Persönlichkeitsanteilen bestehen. Jeder dieser Anteile hat eine eigene Identität und damit eine „zentrale Botschaft“, die ihn charakterisiert.

Wie im wahren Leben möchte jedes Teammitglied Gehör bekommen. Drängen wir stets eines von ihnen in den Hintergrund oder schließen es gar aus, kommt es irgendwann zum inneren Konflikt. Der blockiert und lähmt uns. Rudern hingegen alle unsere Teammitglieder mit vereinten Kräften in die gleiche Richtung, verfügen wir über eine schlagkräftige Mannschaft auf dem Weg zum Ziel.

Die Zeichnung oben zeigt dir am Beispiel einer Seminarteilnehmerin, welche Persönlichkeitsanteile versammelt sein können. Dieses innere Team enthält durchaus einiges an Konfliktpotenzial, sofern der Teamleiter es nicht versteht, alle Mitglieder ins Boot zu holen.

Zeichne nun dich selbst als Silhouette mit viel Raum für die Botschaften deiner persönlichen Teammitglieder – ähnlich der Illustration oben – und finde heraus, wer alles zu deiner Persönlichkeit gehört!

Test Teil 2 – Mein innerer Regisseur

Neue Vereinbarungen
Bisher führte die Regie in meinem Kopfkino:
Ab sofort übernimmt die Regie für meine Zielfilme:
Diese Regieassistenten unterstützen ihn künftig mit folgenden konkreten Aufgaben:

Bitte beantworte dir die Fragen unten und finde heraus, wer bisher in deinem Team das Sagen hatte. Wenn du es genauso haben möchtest, beglückwünsche dich und dein Team zu eurer guten Zusammenarbeit!

Möglicherweise hast du auch festgestellt, dass du deinen inneren Regisseur als Ziel-Saboteur empfindest. Macht er dir immer wieder einen Strich durch die Rechnung, indem er dich klein erscheinen lässt, finstere Gedanken heraufbeschwört oder dir gar Angst macht?

Wenn du das ändern möchtest, ist es höchste Zeit für eine Teamsitzung! Stell sie dir vor wie eine Teambesprechung in einem Unternehmen – nur, dass du selbst dieses Unternehmen bist ... Frage den dominanten Teil nach seiner positiven Absicht – was möchte er für dich erreichen? Bedanke dich bei ihm und finde – unterstützt vom gesamten Team – eine Strategie, das auf einem Weg zu erreichen, der dein Ziel mit deinem Pferd fördert! Setze einen Regieleiter ein, der hierfür die Verantwortung übernimmt und das Team arbeitsfähig hält.

Wer führt bisher die Regie in deinem Kopfkino?
Wirf einen Blick auf die Kernbotschaften deiner Teammitglieder, erwäge sie im Licht deines Zieles mit deinem Pferd – und ihre Wirkung auf dich und dein Ziel! Wer ist am lautesten, drängt sich in den Vordergrund? Was ist seine zentrale Botschaft?
Wer kommt nie zum Zug, wird möglicherweise sogar von den anderen in den Hintergrund gedrängt?
Wer setzt sich durch, wenn es darum geht, was dir beim Ritt durch den Kopf geistert?
Bist du damit einverstanden, wie dieser Persönlichkeitsanteil dein Kopfkino lenkt? Warum (nicht)?
Was soll sich künftig ändern? Wie möchtest du dein Reiten in Zukunft erleben?
Wie kann dein Team dich bei diesem Vorhaben in Zukunft sinnvoll unterstützen?

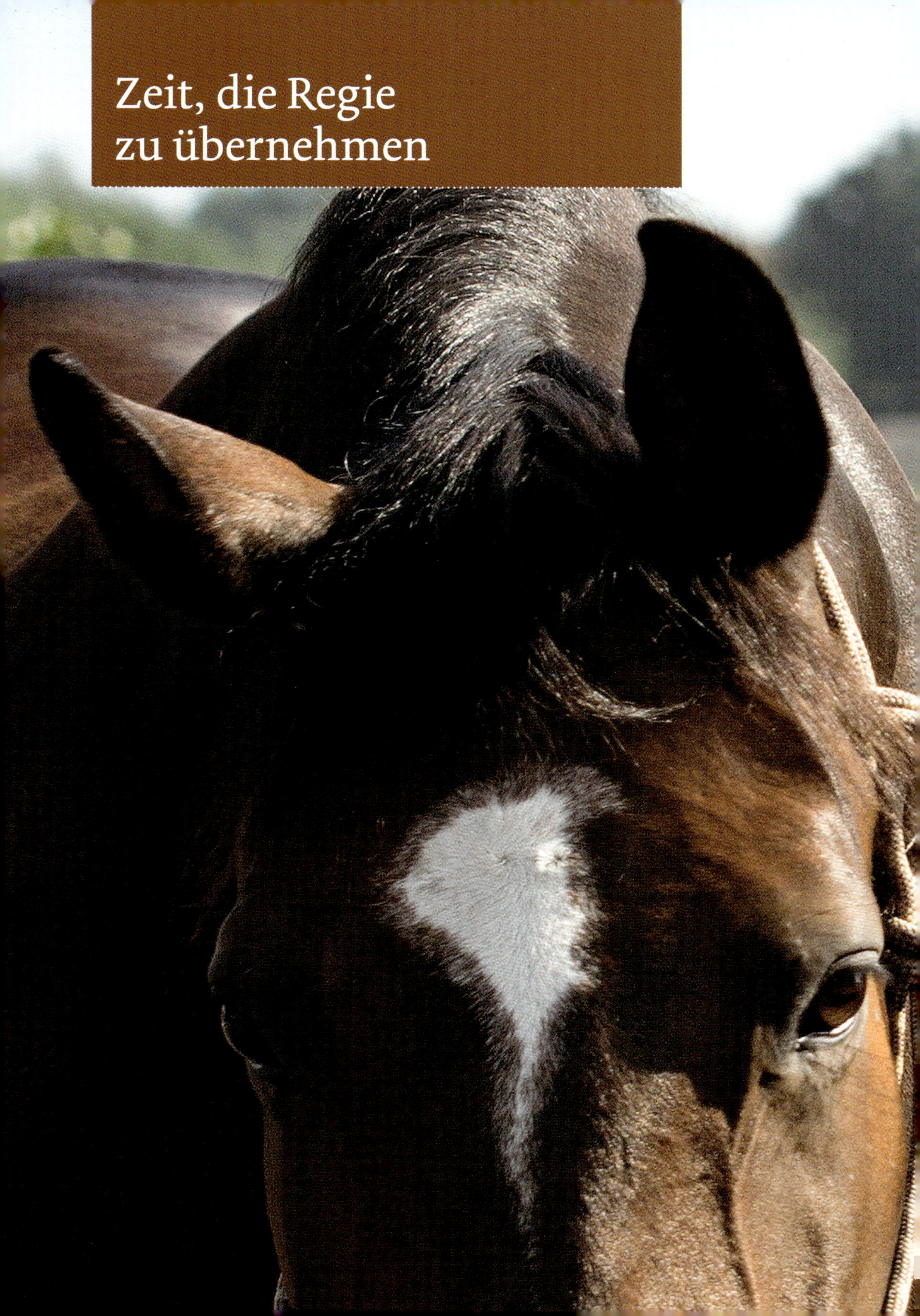

Zeit, die Regie zu übernehmen

„Das, was du heute denkst,
wirst du morgen sein …“
Buddha

Filmreif: Wenn zwei Wesen einer Idee folgen

Lass uns also aufbrechen zum ersten Schauplatz deiner Zielfilme, in deinen Kopf. Denn das, was hierin vorgeht, dieses innere „Kino“, kann dich innerhalb eines Augenblicks aus dem Paradies in die Hölle und wieder zurück befördern – und mit dir dein Pferd. Ich hoffe für dich, dass du den Selbsttest ernst genommen und herausgefunden hast, wer bisher diese Gedanken in deinem Kopf (in deinem Sinn?) steuerte.

Wenn du zurückblickst auf dein Reiterleben, wirst du sicher viele schöne Momente Revue passieren lassen können. Entscheidend ist jedoch, wie du in sensiblen Situationen reagierst. In den Momenten, in denen dein Pferd seinem eigenen Kopf folgt statt deinen Hilfen. In jenen Augenblicken, in denen es sich ablenken lässt, sich anspannt wie ein Flitzebogen oder dich im Sattel gar „in Wohnungsnot“ bringt.

Ich glaube, wir kennen sie alle, solche Momente. Hand auf´s Herz, ist es dir auch schon passiert, dass du dich in solchen Situationen in einer Negativspirale verfangen hast? Im Sattel ärgerlich zu werden, ist nicht schwer, das „bockige“ Pferd energisch zurechtzuweisen geht dann schnell von der Hand. Man schaukelt sich gegenseitig auf, die Situation eskaliert.

Triff eine Entscheidung: Gib negativem Kopfkino keine Chance!

Hast du dich schon einmal leiten lassen vom vermeintlich Bedrohlichen, das gleich passieren könnte – und das dich im Sattel ärgert oder ängstigt?

Was ging in einem derartigen Moment in dir vor? Was passierte, als du das negative Kopfkino zugelassen hattest? Wurdest du wütend, angespannt oder gar starr? In welcher Körperhaltung fandest du dich dabei wieder, mit welcher Mimik?

Es ist gut, die eigenen körperlichen Reaktionen zu kennen, denn so können wir bewusst gegensteuern. Der erste Schritt in diese (neue) Richtung ist, aktiv eine Entscheidung zu treffen:

Keine Chance für negatives Kopfkino!

Machen sich doch einmal hinderliche Bilder vor deinem inneren Auge breit und lösen unangenehme Gefühle in dir aus, so kannst du eine Abkürzung nehmen und prompt deine Körperhaltung verändern: Welches Gefühl würdest du stattdessen in diesem Augenblick gern erleben? Welche Eigenschaft ausstrahlen? Ruhe, Gelassenheit, Geduld, Konzentration, Energie, Freude, Entspannung, Spaß? Durch welche Körperhaltung und Mimik drückst du das aus?

Weil unser Körper und unser Geist untrennbar miteinander verknüpft sind, strahlt deine Körperhaltung auf deine Gedanken ab und umgekehrt.

Kurz gedanklich innezuhalten, ist dabei ein hilfreicher Weg, um sich zu sammeln. Frage dich: „Wie will ich jetzt gerade wirken?“ und stell dir vor, eine Person zu sein, welche die Eigenschaft – z. B. Ruhe – ausstrahlt, die du dir gerade wünscht. Vielleicht bist du selbst diese

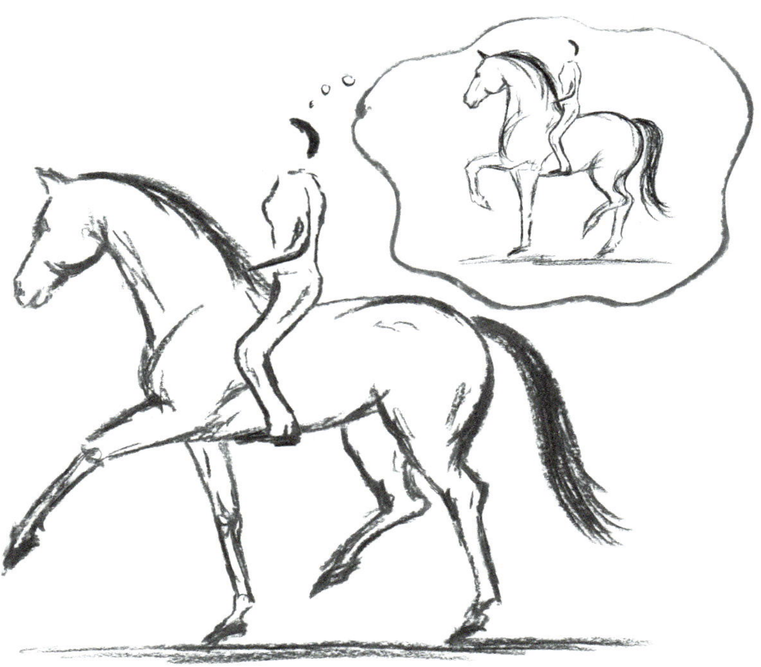

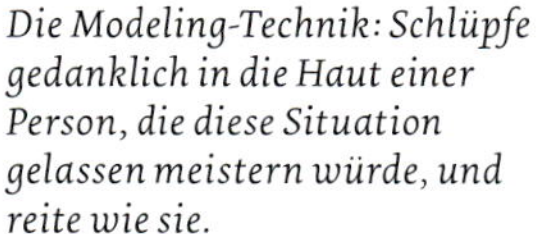

Die Modeling-Technik: Schlüpfe gedanklich in die Haut einer Person, die diese Situation gelassen meistern würde, und reite wie sie.

Person, in einer Situation, in der du schon einmal Ruhe ausgestrahlt hast, oder in zwei Jahren, wenn du unlängst gelernt hast, den Gemütszustand „Ruhe“ quasi auf Knopfdruck in dir hervorzurufen.

Möglicherweise schlüpfst du aber auch gedanklich in die Haut einer Ruhe vermittelnden Person, die du kennst, und tust so, als ob du an ihrer Stelle rittest ... Lass dich von der sofortigen Wirksamkeit dieser mentalen „Modeling“-Technik überraschen!

Dass diese Vorstellung für uns funktioniert und uns direkt in den gewünschten Gefühlszustand beamt, dafür sorgen übrigens einmal mehr die Spiegelneuronen, über die wir vorhin bereits gesprochen haben. Damit ist das Modeling eine wirksame Methode, mit der du kritischen Momenten aktiv ihre „Sprengkraft“ nehmen kannst, dich und dein Pferd entspannst und euch wieder auf Zielkurs bringst: im leichtfüßigen Tanz einer gemeinsamen Idee zu folgen.

Wie genau fühlt es sich an, dieses Einssein mit deinem Pferd? Was siehst du, wenn es durchlässig und geschmeidig deinen Hilfen folgt? Was hörst du bei diesem Ritt? Riechst du den Duft der Wiese, über die du gerade reitest? Schmeckst du vielleicht auch etwas dabei?

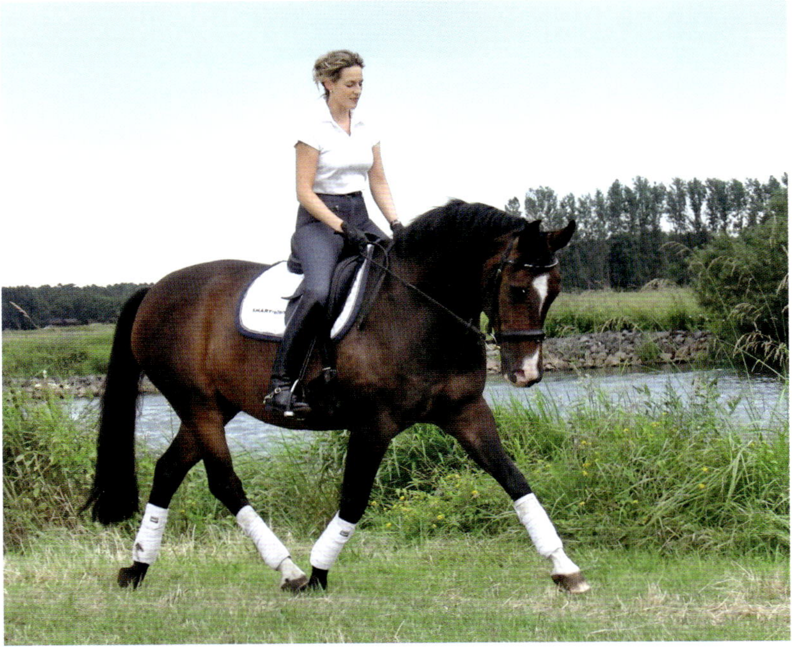

Eins sein heißt, zunächst mit sich selbst eins zu sein und dann auch mit seinem Pferd.

Mit diesen Fragen sind wir bereits mittendrin im Regie-Führen für den ersten Dreh. Denn die Antworten darauf sind in dir und du kannst sie willentlich verändern, deine Reaktionen neu kreieren. Hierin liegt deine Macht, schöpferisch tätig zu sein, für dich und das, was du mit deinem Pferd erleben möchtest.

Dafür hast du kürzlich deinen inneren Regisseur als Verantwortlichen bestimmt. Es wird Zeit, enger mit ihm zusammenzuarbeiten und positive Gedankenbilder systematisch zu deinen täglichen Begleitern zu machen – kurzum, es wird Zeit, die Regie zu übernehmen!

Werde dein eigener Regisseur: Das Kopfkino im Griff haben!

Zustandsmanagement

- Steuere deine Gefühlswelt in der Situation selbst, z. B. mithilfe der Modeling-Technik.
- Verändere Erlebtes im Nachhinein in seiner Bedeutung für dich.
- Sorge vor: Konditioniere hilfreiche Gefühlszustände „auf Knopfdruck" abrufbar.

Die Regie beginnt mit dem Drehbuch. Allerdings: Zunächst muss sichergestellt sein, dass darin keine unerwünschten Szenen mehr auftauchen. Denn nur wer in der Lage ist, den eigenen Gemütszustand bewusst zu steuern, kann sein Pferd ebenfalls in den gewünschten Gefühlszustand versetzen und mittels sanfter Hilfen mit ihm in einen Dialog treten. Erst dann kann Einheit entstehen.

Mithilfe der Modeling-Technik erschließt du dir neue Reaktionsmuster, um kritische Situationen gelassen zu meistern. Damit sich negatives Kopfkino deiner nicht trotzdem bemächtigt, möchte ich an zwei weiteren Stationen Halt machen und dir zwei effektive Techniken mitgeben, mit denen du Stress a) im Nachhinein und b) im Vorfeld bewältigen kannst, sodass a) hinderliche innere Bilder entschärft werden bzw. b) sie gar nicht erst entstehen:

a) Stressbewältigung: Ereignisse umdeuten

Hast du etwas erlebt, das dich noch im Nachgang stresst, ärgert und sich immer wieder ungewollt in dein Kopfkino einschleicht? Dann kannst du dieses Ereignis in seiner Bedeutung für dich umdeuten. Frage dich z. B. nach dem positiven Lerneffekt, den du daraus gezogen hast oder noch ziehen wirst:

- Was kann ich aus dem Geschehenen lernen / habe ich daraus gelernt?
- Wofür ist es gut, dass es genau so gekommen ist?
- Welche neue Gelegenheit hat sich dadurch für mich ergeben?

- Welche neu erlernte oder bereits vorhandene Fähigkeit will ich künftig in ähnlichen Situationen einsetzen?

Diese Fragen bringen dich auf einen neuen, positiven Kurs und lassen das Geschehene in einem freundlicheren Licht erscheinen. Damit verliert es seine erdrückende Last.

Hast du bislang dein Kopfkino so betrachtet, als ob du in der Rolle des Hauptdarstellers wärst, nutze nun die Möglichkeit, gefühlsmäßig Distanz zu dem zu erzeugen, was geschehen ist. Schlüpfe dafür aus der Haut des Hauptdarstellers heraus und betrachte den Ablauf des Ereignisses stattdessen von außen, so als ob du im Kino säßest. Womöglich möchtest du dich in die allerletzte Reihe zurückziehen, um noch mehr Abstand zum Geschehen zu gewinnen.

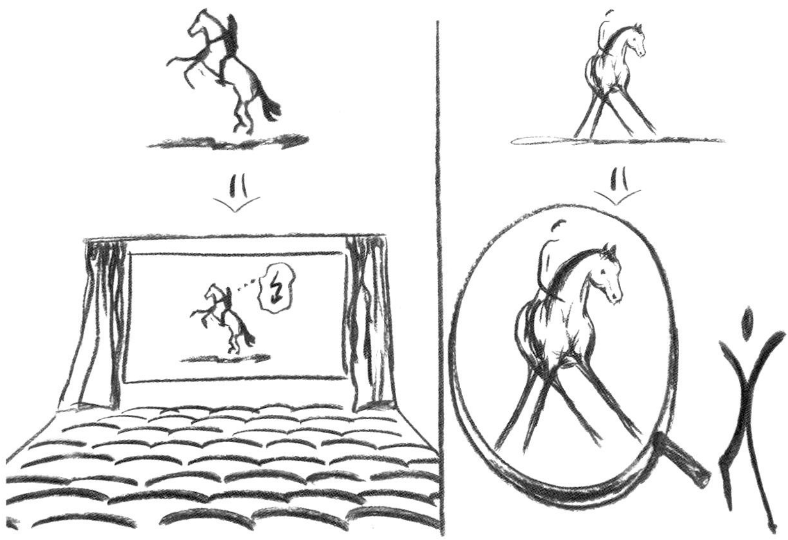

Schaffe Distanz oder Nähe ganz nach Wunsch: Verbanne unerwünschtes Kopfkino weit weg in den Kinosaal und betrachte erwünschtes Kopfkino wie durch eine Lupe.

Aus dieser Position heraus hast du die Macht, den Film schneller oder langsamer ablaufen zu lassen, ihm die Schärfe zu nehmen oder ihm mehr Kontrast zu verleihen. Du verfügst außerdem über einen Lautstärkeregler und kannst die Farben beliebig anpassen: heller, dunkler, bunter, blasser, schwarz-weiß …

Probier einmal aus, die Eigenschaften dieses Films zu verändern – also nicht unbedingt seinen Inhalt. Spiele mit den Farben, Kontrasten, Tönen, Geräuschen, der Temperatur im Kinosaal usw. deiner Fantasie sind hier buchstäblich keine Grenzen gesetzt. Du hast die Macht, diesen Film so umzugestalten, dass er dir nicht mehr bedrohlich, ärgerlich oder erdrückend erscheint.

Sobald du das erreichst, kennst du deine persönlichen „Regieknöpfe". Wenn du sie veränderst, bist du in der Lage, dein Kopfkino – gleich welchen Inhaltes – intensiver oder distanzierter zu erleben!

Wer Vergangenes positiv belegt, ist in der Lage einen „Re-Set" zu gestalten, wenn einmal etwas nicht gleich gelingt: kurz innehalten, Gelassenheit ausstrahlen, für eine positive Reitatmosphäre sorgen und neu starten.

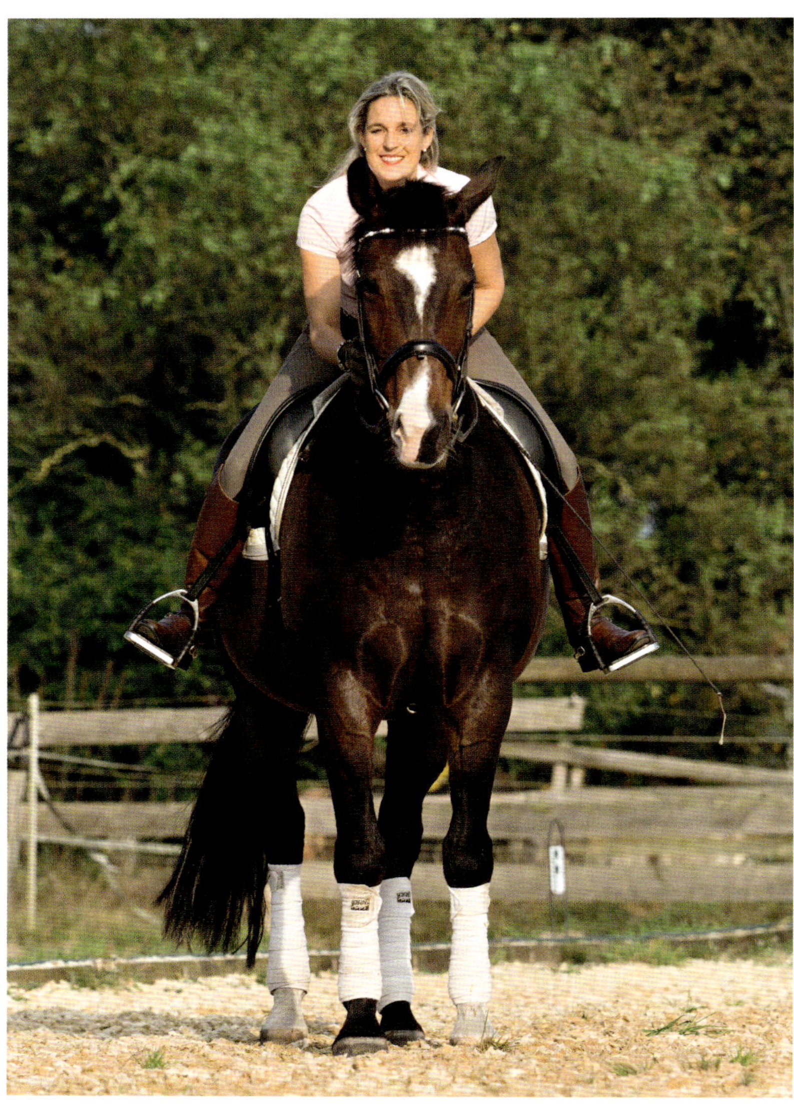

WOW! Ist es nicht fantastisch, solch große Macht über dich selbst zu besitzen?!

Je mehr „schlechte" Erlebnisse aus der Vergangenheit du für dich umdeutest, desto souveräner wirst du im Sattel werden. Denn du wirst gedanklich frei, ähnlichen Situationen, die in Zukunft auftreten, gelassen zu begegnen und stets eine positive Reitatmosphäre für dich und dein Pferd zu gestalten.

Läuft dann etwas einmal nicht wie gewünscht, folge nicht deinem bisherigen Reaktionsmuster, sondern halte kurz inne. Mache einen „Re-Set", indem du dich sammelst, bewusst eine sinnvollere Reaktion wählst und sie ausführst.

b) Wirkungsvolles Stressmanagement per Entspannungs-Zielfilm

Bei einem „Re-Set" ruhig und entspannt zu bleiben, ist entscheidend. Diese Fähigkeit gilt es, bewusst im Vorfeld einzuüben, sodass du den Gemützustand „Entspannung" auf Anhieb parat hast. Das gelingt mit deinem persönlichen Entspannungs-Zielfilm:

Versetze dich gedanklich in eine Situation, in der du mit deinem Pferd entspannt warst (alternativ auch ohne Pferd möglich). Wie fühlt sich diese Entspannung in deinem Körper an? Möglicherweise spürst du Wärme, eine angenehme Schwere, ein Kribbeln? Wie ist deine Mimik dabei? Was genau siehst, hörst, fühlst, schmeckst und riechst du in dieser entspannten Situation?

Verstärke diesen Zustand der Entspannung nun, indem du deinen gesamten Körper von den Zehenspitzen bis in die Haarspitzen durchgehst und in jeder Region, in der du noch angespannte Muskeln ausmachst, diese für einen Augenblick aktiv anspannst. Halte die Spannung einen Moment, verdeutliche sie weiter und lass dann mit einem tiefen Ausatmen alles los. Atme alle Spannung aus.

Kannst du jetzt spüren, wie dein Körper in einen tiefer entspannten Zustand sinkt? Wie deine Muskeln loslassen?

Walte deines Regisseuramtes und schmücke diese gedankliche Situation aus. Kreiere eine neue Situation daraus, wie du sie in Zukunft mit deinem Pferd erleben möchtest. Baue möglichst viele Details in deinen Entspannungs-Zielfilm ein. Es hilft, ihn mit konkreten Vorstellungen oder Metaphern zu untermalen: Stell dir z. B. vor, mit deinem Pferd im Boden zu wurzeln oder in die Entspannung zu zerfließen.

Um mit deinem Pferd zur Ruhe zu gelangen, stell dir beispielsweise vor, ihr würdet gemeinsam in die Entspannung zerfließe – und dabei eure komplette Körperspannung auflösen.

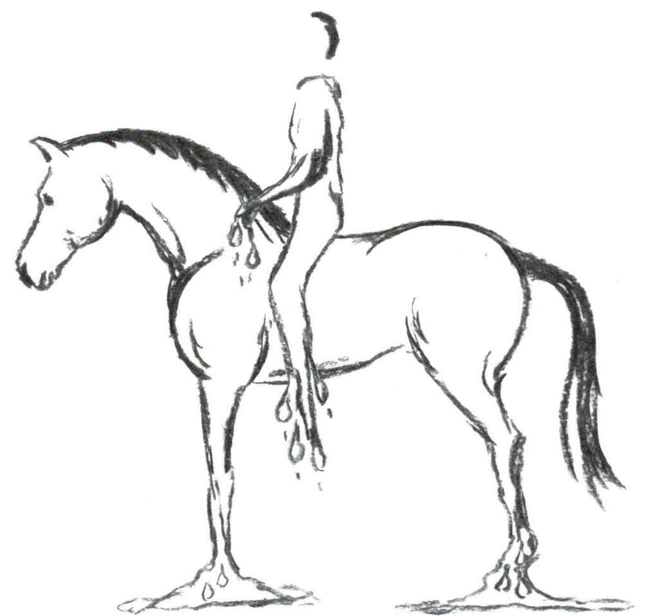

Überlege dir zu guter Letzt einen „Startknopf", mit dem du diesen inneren Film jederzeit anlaufen lassen kannst, und übe ihn zusammen mit deinem Film ein, bis er dir in Fleisch und Blut übergeht.

Was könnte das für dich sein – ein Wort (z. B. „locker"), ein Geräusch (z. B. Abprusten wie in Pferd), eine Berührung (z. B. mit dem Ringfingernagel in der Handfläche)? Dieser Startknopf sollte möglichst unverwechselbar sein, sodass du ihn nicht ungewollt abnutzt oder versehentlich auslöst.

Persönliches Drehbuch: Nutze deine Vorstellungskraft!

Die letzten drei Wegstationen (Modeling, Stressbewältigung und Entspannungs-Zielfilm) haben eines gemeinsam: Allesamt nutzen sie deine Vorstellungskraft. Ging es bisher darum, heikle oder Stresssituationen mithilfe der eigenen Vorstellungskraft zu bewältigen und Alltagsroutinen wie das Abrufen von Entspannung zu festigen, soll es im Folgenden darum gehen, deine reiterlichen Lernprozesse zu optimieren. Im Fokus stehen jetzt die Lektionen und bewegungssteuernde Zielfilme, mit deren Hilfe du dir die reiterliche Hilfengebung und ihre Bewegungsmuster aneignest und deine Aktionen im Sattel bis zur Unsichtbarkeit verfeinern kannst.

„Allein durch die intensive Beschäftigung mit den Bewegungsabläufen verbessern sich deine reiterlichen Fähigkeiten dramatisch."
Andreas Mamerow

Von der Vorstellung zur Bewegung

Jede Bewegung beginnt mit einem inneren Bild bzw. mit einem inneren Zielfilm. Um ihn vor deinem inneren Auge ablaufen lassen zu können, heißt es zunächst, den gesamten Bewegungsprozess schriftlich zu

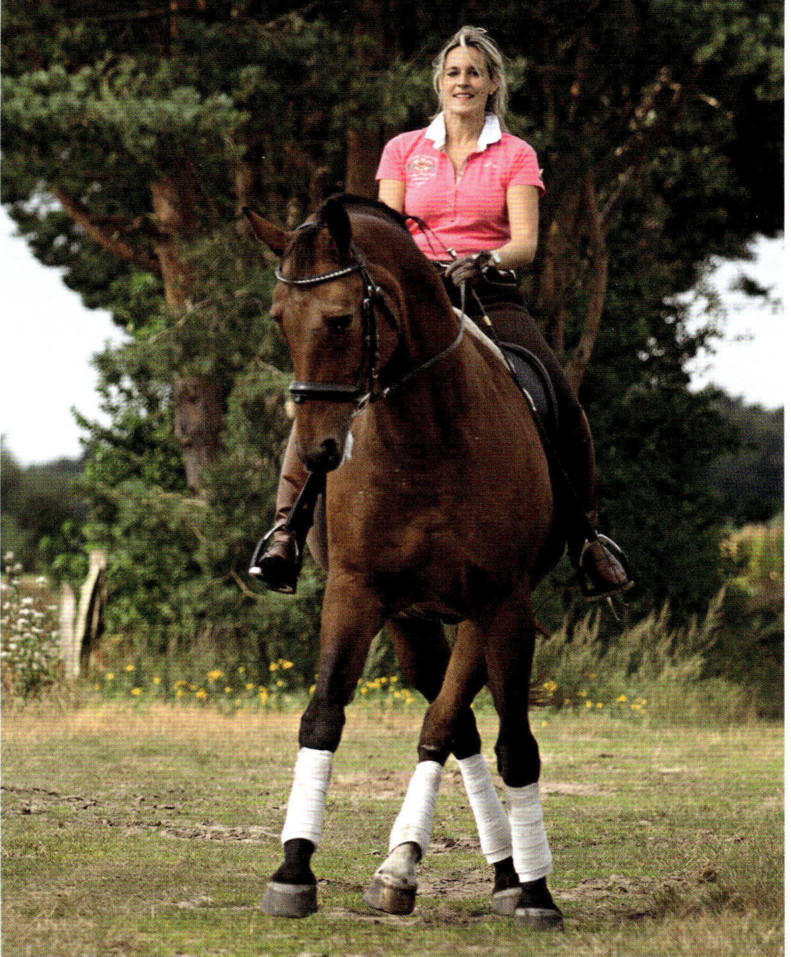

Erst wer weiß, was er wann warum tut, kann fein reiten.

fixieren – in einem bewegungssteuernden Drehbuch. Dieses beinhaltet alle Bewegungen, die nötig sind, um eine Lektion zu reiten: Du machst dir zunächst im Detail bewusst, welche Hilfen du in welcher Reihenfolge gibst und wie du sie miteinander koordinierst.

Beschreibe dafür zunächst die Ausgangssituation möglichst genau und anschließend die Lektion selbst. Die Einleitung einer Rechtstraversale im Trab könnte sich beispielsweise so lesen:

In der Traversale sicherst du mit deiner Sitzposition die Biegung in die Bewegungsrichtung und gibst mit deinem Beckenmitschwingen die Bewegungsrichtung vor.

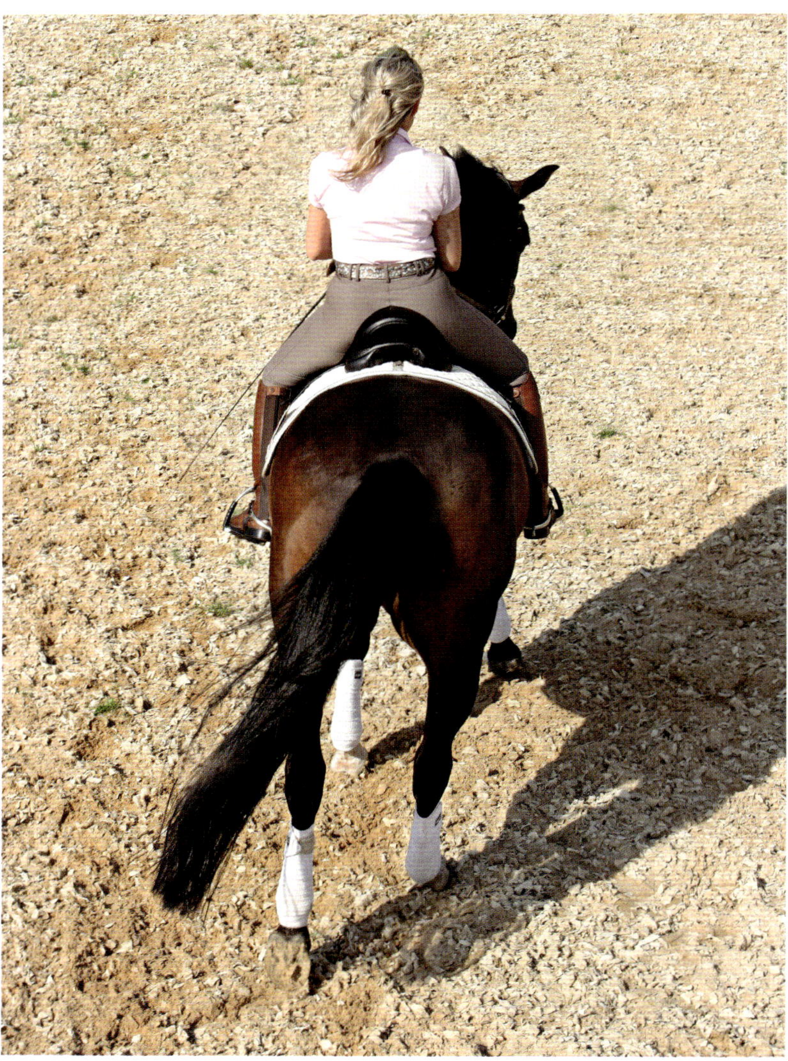

Mein Drehbuch: Hilfengebung für die Trabtraversale rechts

Ich trabe auf der rechten Hand die kurze Seite entlang. Ich sitze mittig, beide Gesäßhöcker sind gleichmäßig belastet, und schwinge im Becken im Trabrhythmus mit. Beide Schenkel liegen vortreibend am Gurt. Ich führe mein Pferd am Außenzügel und sorge mit dem lockenden Innenzügel für eine leichte Innenstellung und ein durchlässiges Genick.

Vor der Ecke richte ich mich auf und sammle mein Pferd mit halben Paraden von hinten ein, locke es in die Innenstellung, biege es in der Ecke gegen meine äußeren Hilfen gegen. Dafür drehe ich mich mit der Hüfte etwas, mit den Schultern deutlicher nach rechts und trete den rechten Bügel mehr aus, sodass ich den rechten Gesäßhöcker mehr belaste. Mein Treiben vom rechten Gesäßhöcker und am Gurt liegenden rechten Schenkel fange ich mit dem verwahrend hinter dem Gurt liegenden linken Schenkel und meinem linken Zügel sanft auf.

Ich reite die Ecke wie eine Viertelvolte und bleibe gedanklich nach der Ecke so lange auf der Voltenlinie, bis die Vorhand diese betritt. Dann mache ich mein Pferd mit halben Paraden aufmerksam und nehme die Biegung aus der Ecke mit in ein Schulterherein. Dafür schwinge ich mein Becken nach vorn links Richtung Außenzügel, sodass mein Pferd meinem Sitzimpuls entlang des Hufschlags folgt.

Mithilfe deines bewegungssteuernden Drehbuchs machst du dir alle Details deiner reiterlichen Hilfengebung einmal ganz genau bewusst. So kannst du sie nachher im Sattel flüssig kombinieren und koordinieren.

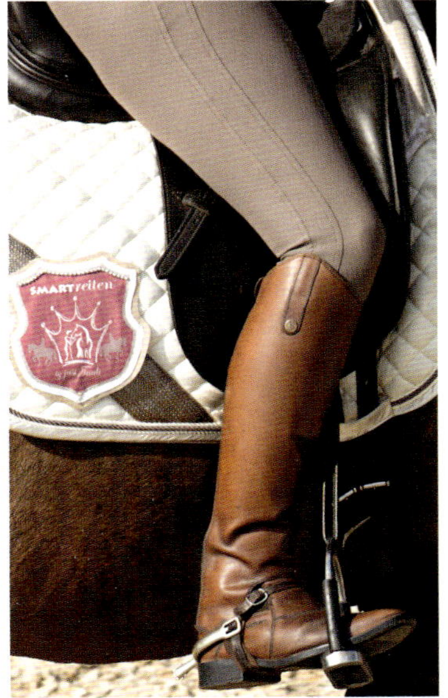

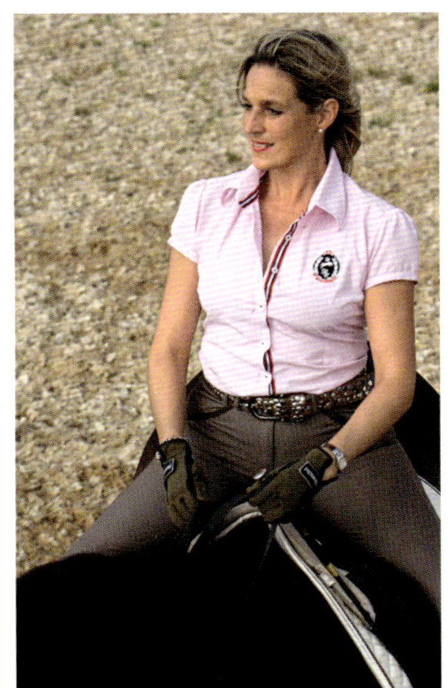

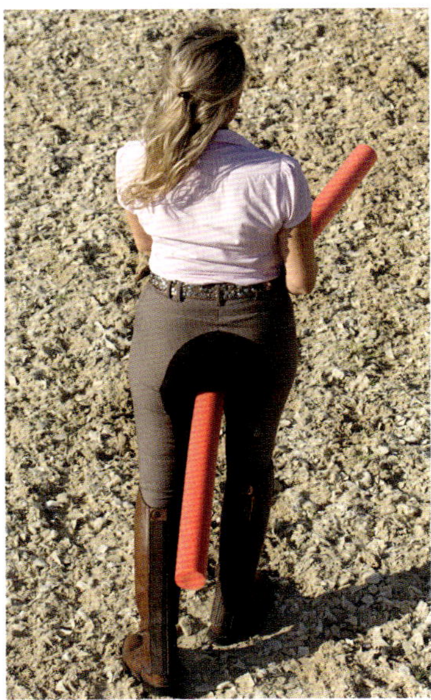

Nach einigen Tritten Schulterherein gebe ich halbe Paraden und ändere meine Mitschwingrichtung im Becken. Nun schwinge ich nach vorn rechts Richtung Innenzügel, wobei Sitzposition, Stellung und Biegung erhalten bleiben. Damit nehme ich die in Ecke und Schulterherein errittene Biegung mit in die Traversale. Die Schulterhereinposition sichert, dass die Vorhand meines Pferdes in der Traversale führt ...

Nachdem du den Bewegungsablauf möglichst detailliert fixiert hast (oben könntest du z. B. die halben Paraden noch genauer beschreiben), arbeite markante Schlüsselstellen darin heraus und verdichte sie zu Überschriften. Für die Rechtstraversale könnte eine solche Kurzversion deines Drehbuchs dann wie folgt lauten:

1. Ausgangssituation: Gerades Pferd in Stellung versammelt
2. Pferd in der Ecke einsammeln und biegen
3. Schulterherein aus der Ecke entwickeln
4. Biegung mit ins Vorwärts-Seitwärts nehmen

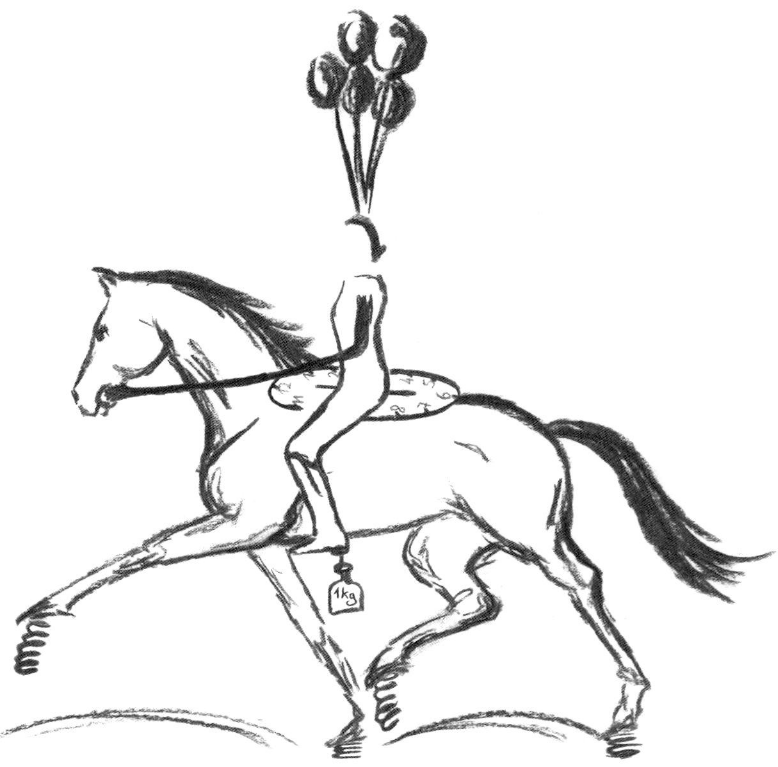

Innere Bilder helfen dir, ein Gefühl für die richtige Hilfengebung zu bekommen und sie im Sattel abzurufen. Lass deiner Fantasie freien Lauf!

Optimalerweise reicherst du dein Drehbuch mit möglichst vielen Details, einprägsamen inneren Bildern und Bewegungsgefühlen an. So könnte dir z. B. die Vorstellung helfen, auf der 9-Uhr-3-Uhr-Achse einer Uhr zu sitzen und dein Becken bei jedem geraden Trabtritt von 6 nach 12 Uhr zu schwingen, bei jedem Traversaltritt von 7 nach 1 Uhr. Du könntest imaginäre Luftballons oder Marionettenfäden an deinem Hinterkopf befestigen, die dich in den halben Paraden strecken, oder einen Gummiball reiten, den du in die jeweilige Richtung abschnellen lässt. Oder du legst gedanklich mit deinem Körper gerade bzw. gebogene Schienen, wickelst dein Pferd für die Traversale um deinen inneren Schenkel wie eine Banane oder blickst mit den Augen auf deinen Hüften und Schultern in die Bewegungsrichtung, sodass dein Pferd in sich gerade bleibt (alle Augen geradeaus!) oder sich biegt (Schulteraugen rotieren mehr als Hüftaugen!) ...

So entsteht eine mit nachhaltig einprägsamen inneren Bildern und Bewegungsgefühlen angereicherte Drehbuch-Kurzversion, die dir im Sattel als roter Faden für den korrekten Bewegungsablauf dient, z. B.:

Mein Drehbuch in Kurzversion: Einleitung Trabtraversale rechts

1. Ausgangssituation: Gerades Pferd in Stellung versammelt
   Gerade Schienen, alle Augen blicken geradeaus, im Becken von 6 nach 12 Uhr schwingen, den Gummiball in kleinen energischen Tritten nach vorn oben abschnellen lassen ...
2. Pferd in der Ecke einsammeln und biegen
   Gebogene Schienen, Hüftaugen leicht, Schulteraugen deutlich nach rechts rotieren (Drehsitz), das Pferd um den inneren Schenkel wickeln, wie eine Banane biegen, im Becken leicht Richtung linker Zügel schwingen, dich von Luftballons nach oben strecken lassen ...
3. Schulterherein aus der Ecke entwickeln
   Eine Volte antäuschen und beim Abwenden die Beckenmitschwingrichtung deutlich auf „5 nach 11 Uhr" ändern, Drehsitz beibehalten, das Pferd weiter um den Innenschenkel wickeln, die Banane mit gedehnter Seite voran verschieben ...
4. Biegung mit ins Vorwärts-Seitwärts nehmen
   Nach ein, zwei Tritten die Schulterhereinposition mit in die Traversale nehmen: Beckenschwingen auf „7 nach 1 Uhr" ändern, Drehsitz beibehalten, die Banane mit gebogener Seite voran verschieben ...

Indem du dein Minimal- und Traumziel für heute vorab trocken durchreitest, bereitest du dich sinnvoll auf die Trainingseinheit mit deinem Pferd vor.

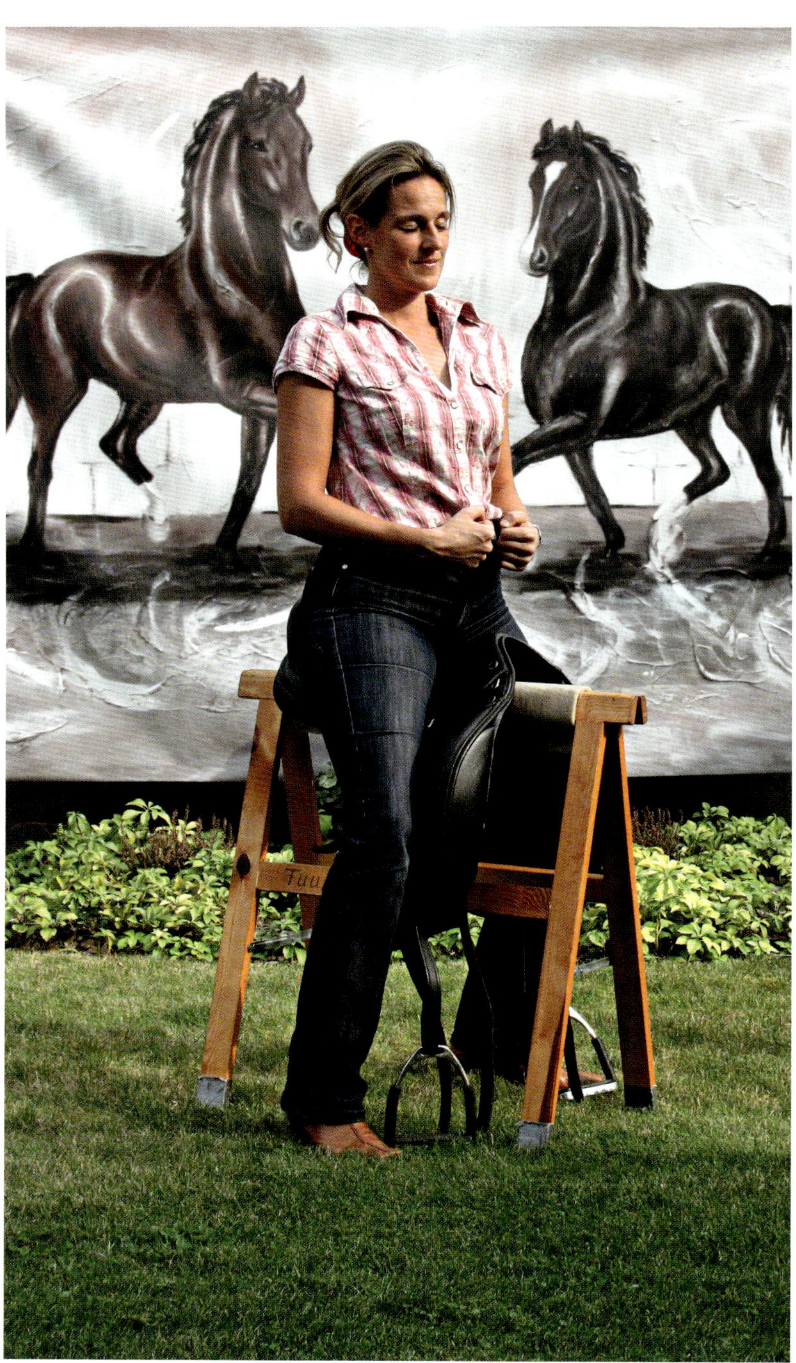

Schmücke dein Drehbuch mit den visuellen Vorstellungen, Geräuschen und Gefühlen aus, die dich ansprechen, die du dir gut merken kannst, die Aha!-Effekte bei dir ausgelöst haben.

Wenn dir das jetzt als viel Arbeit erscheint, hast du beim ersten Betrachten Recht. Allerdings musst du diese Arbeit für jede Lektion nur einmal so detailliert tun. Ich rate dir, das auf jeden Fall schriftlich zu erledigen. Denn so kannst du dein Drehbuch leicht nachvollziehen, bei Bedarf ändern, ergänzen und mit noch mehr Details versehen.

Bereitest du dann das Training mit deinem Pferd vor, reicht es, dir kurz vorher die Lektion noch einmal ins Gedächtnis zu rufen. Damit man nicht jeden Tag alle Drehbücher abrufen muss, arbeite ich gern mit zwei Zielen für die kommende Trainingseinheit.

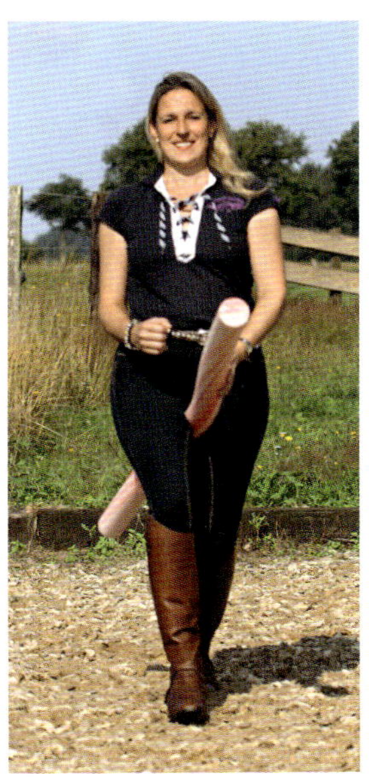

Der optimale Trainingspartner für dein Mentaltraining ist Reitnudel **RESI** *(=* **RE***iten am* **SI***tz). Sie sorgt für reichlich Aha!-Effekte und viel Spaß. Mehr zum* **RESI***-Programm findest du im Internet unter: smartreiten.de/reiten-am-sitz*

Minimal- und Traumziel für dein Training heute

Steck das Minimalziel für die heutige Trainingseinheit so, dass du es gut mit deinem Pferd erreiten kannst. So bist du sicher, die Einheit mit einem Erfolg abschließen zu können, weil du dein Ziel erreicht hast.

Das Traumziel sollte deutlich anspruchsvoller sein, aber eine angenehm herausfordernde Distanz haben. Es soll dich und dein Pferd durchaus aus eurer Komfortzone locken, aber nur so hoch gegriffen sein, dass es heute mit angemessener Anstrengung realisierbar ist.

Bereite vor jedem Ritt beide Ziele mental vor, indem du das entsprechende Drehbuch dazu schreibst – oder aus deiner Drehbuchsammlung hervorziehst – und den dazugehörigen Zielfilm vor deinem inneren Auge ablaufen lässt.

Im besten Fall sitzt du dabei nicht nur in deinem persönlichen inneren Kinosaal, sondern schlüpfst tatsächlich mit Haut und Haaren in die Rolle deines Hauptdarstellers. Je mehr Sinne du daran beteiligst, je mehr (positive, erwünschte) Emotionen du einbindest, desto größere Wirkung erzielst du mit deinem Zielfilm.

Dein persönlicher Slogan: Sie nannten sie „Die Wechselkönigin“

Gibt es einen Knackpunkt in deiner Reiterei, an dem du schon länger „knabberst“, dann kann es helfen, einen persönlichen Slogan daraus zu kreieren, der dir die zurzeit noch fehlende Fähigkeit bescheinigt. Nehmen wir einmal an, dir fielen die fliegenden Wechsel schwer. Es hält dich nichts davon ab, einen inneren Zielfilm zu drehen, der dich

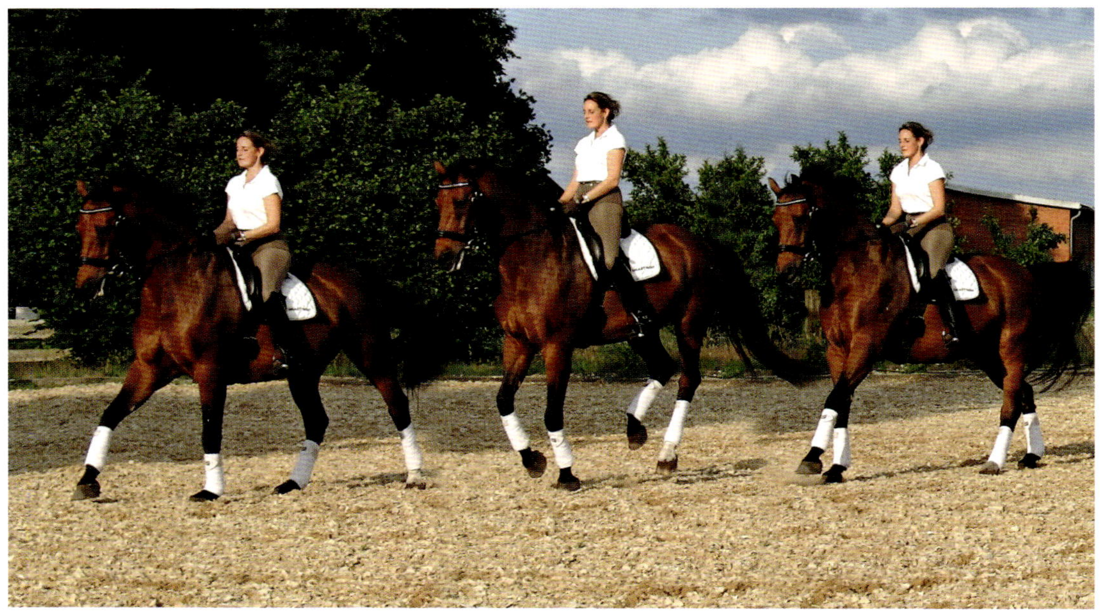

Dein Reitslogan („Die Wechselkönigin") beeinflusst, was du über dich denkst und damit deine Identität. Behalte dieses Motto bei, bis deine Realität der Zielsituation entspricht!

als Reiterin ausweist, die fliegende Wechsel im Schlaf beherrscht. So könnte dein persönlicher Filmtitel – und damit Reitslogan bis zu diesem Meilenstein – lauten: Sie nannten sie „Die Wechselkönigin".

Schaffst du es über einen längeren Zeitraum, dich emotional als „Die Wechselkönigin" zu identifizieren, wirst du von der Wirkung überrascht sein. Denn dadurch passiert etwas Erstaunliches: Du erzeugst eine Spannung zwischen der aktuellen Ist-Situation und deiner Zielfilm-Situation. In dem Moment, in dem du dich so verhältst, als ob die Zielfilm-Welt real wäre, bringst du dein Unterbewusstsein in Zugzwang, dieses Spannungsfeld abzubauen, denn es kann nicht in zwei Welten zugleich leben. Es wird alles Notwendige tun, bis sich deine Ist-Situation deinem Zielfilm angepasst hat.

Die Lernpyramide für wirkungsvolle Zielfilme

Je realistischer du deine Zielfilme ausgestaltest, desto höher ihre Wirkkraft. Besonders wenn du dich an Neues herantastest, wie an das Erlernen neuer Lektionen, gilt es, alle Möglichkeiten auszuschöpfen, um möglichst viele Bewegungsvarianten im Repertoire zu haben, wie du dich sicherlich erinnerst. Um Neues zu erfassen, stehen uns im Wesentlichen vier Lernwege zur Verfügung: Lernen durch

1. das Auge,
2. das Ohr,
3. die Motorik,
4. das Verständnis.

1. Der visuelle Zugang: die Bilder vor deinem inneren Auge

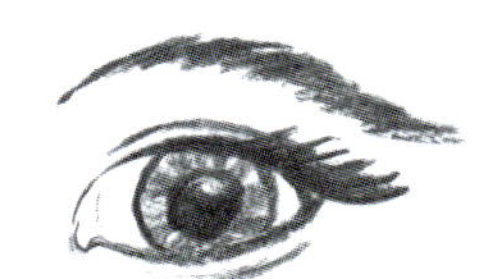

„Auf einen Blick erfasst." Als visueller Lerntyp prägst du dir Bilder, Skizzen oder Filme rasch ein. Zusammenhänge springen dir mit dem ersten Blick ins Auge, wenn sie bildlich präsentiert werden. Erinnerst du dich an eine vergangene Situation, kannst du das Geschehen leicht als Bild oder Film vor deinem inneren Auge entstehen lassen.

2. Der auditive Zugang: die Töne und Geräusche, die du hörst

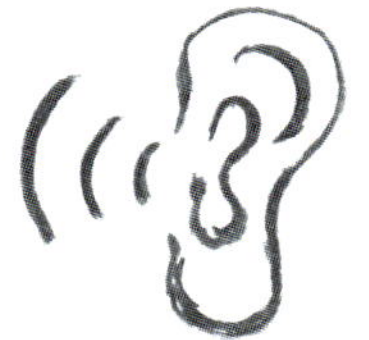

„Geht ins Ohr, bleibt im Kopf." Als auditiver Lerntyp verstehst du die Dinge leichter, wenn sie dir jemand erklärt oder du sie dir vorliest. Was du hörst, prägt sich nachhaltig ein. Vergangenes lässt du durch Töne oder Geräusche leicht in deiner Erinnerung aufleben.

3. Der kinästhetisch-motorische Zugang: die Gefühle und Bewegungen, die du ausführst

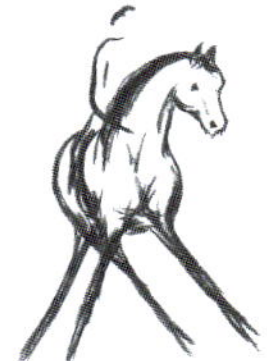

„Lernen durch tun." Als kinästhetisch-motorischer Lerntyp erkundest du Neues durch betasten, befühlen und ausprobieren. Was du durch eigenes Tun erfühlen kannst, begreifst du im wahrsten Sinne des Wortes. Du kannst dich in bereits Erlebtes leicht wieder hineinfühlen.

4. Der kognitive Zugang: das Verständnis für die Sache

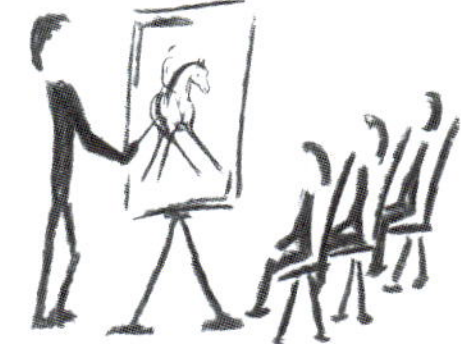

„Verstehen durch erklären." Als kognitiver Lerntyp durchdringst du Zusammenhänge am besten, wenn du sie aus verschiedenen Perspektiven beleuchtest und sie mit anderen diskutierst. Besonders nachhaltig erinnerst du sie, wenn du sie anderen präsentierst und erklärst.

Diese vier Grundlerntypen ergeben sich daraus, über welche Sinneskanäle wir die Welt um uns herum primär wahrnehmen. Alle Wahrnehmungs- bzw. Lerntypen sind in jedem von uns unterschiedlich stark ausgeprägt. Wir sind Mischtypen mit individuellen Vorlieben. Im Umkehrschluss liegen dir ein oder auch mehrere Zugänge mehr als die anderen. Betrachte die vier Zugänge, Neues zu erfassen und zu erinnern, als die vier Seiten einer Lernpyramide, die individuell verschieden stark ausgeprägt sind.

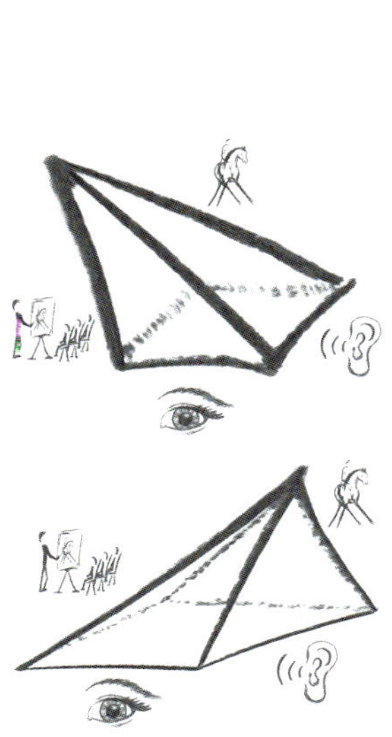

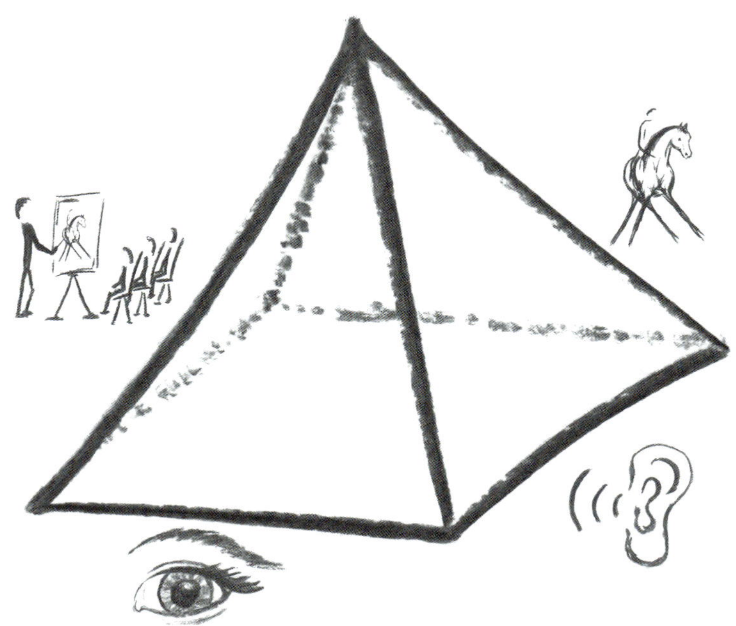

Die Lernpyramide verfügt über vier Seiten: Wir lernen über das Sehen, das Hören, die Motorik und das kognitive Verstehen – jeder in seiner individuellen Mischung.

Du kennst nun die Merkmale der einzelnen Lernzugänge. Welcher Wahrnehmungskanal überwiegt für dich? Oder anders gefragt: Zu welcher Seite neigt sich deine persönliche Lernpyramide?

Dein **SMART**er Regie-Assistent

Um deine Zielfilme auszuschmücken, beginne mit dem Wahrnehmungskanal, der dir am meisten liegt. Nutze aber auch alle anderen Seiten der Lernpyramide, denn erst zusammengenommen sprechen sie alle fünf Sinne an und bereichern somit deine Zielfilme mit den notwendigen Special Effects. Zudem wirkt es sich förderlich auf deine Wahrnehmung insgesamt aus, wenn du dich nicht nur auf deinen primären Lernkanal konzentrierst, sondern den anderen Kanälen ebenfalls Aufmerksamkeit widmest. Auf diese Weise trainierst du dein Arbeitsgedächtnis und bist mit der Übung in der Lage, immer mehr Details bewusst zu erinnern und jederzeit abzurufen.

Auf deiner Reise von Drehort zu Drehort soll dieses Buch dir ein hilfreicher Wegbegleiter sein – in welcher Reihenfolge wir die Reise antreten, bleibt dir überlassen.

Mein Vorschlag ist, dieses Buch einmal von Anfang bis zum Ende durchzulesen. So verschaffst du dir einen Gesamtüberblick über die Lektionen und ihre Grundlagen und kannst dann nach Bedarf zu den Schauplätzen zurückkehren, die auf deinem Weg in deiner Ziel-Schatzkarte, deinem MAP, eingeplant sind. Natürlich kannst du auch gleich den direkten Weg gehen, die Fährte zu deinem Ziel mit deinem Pferd

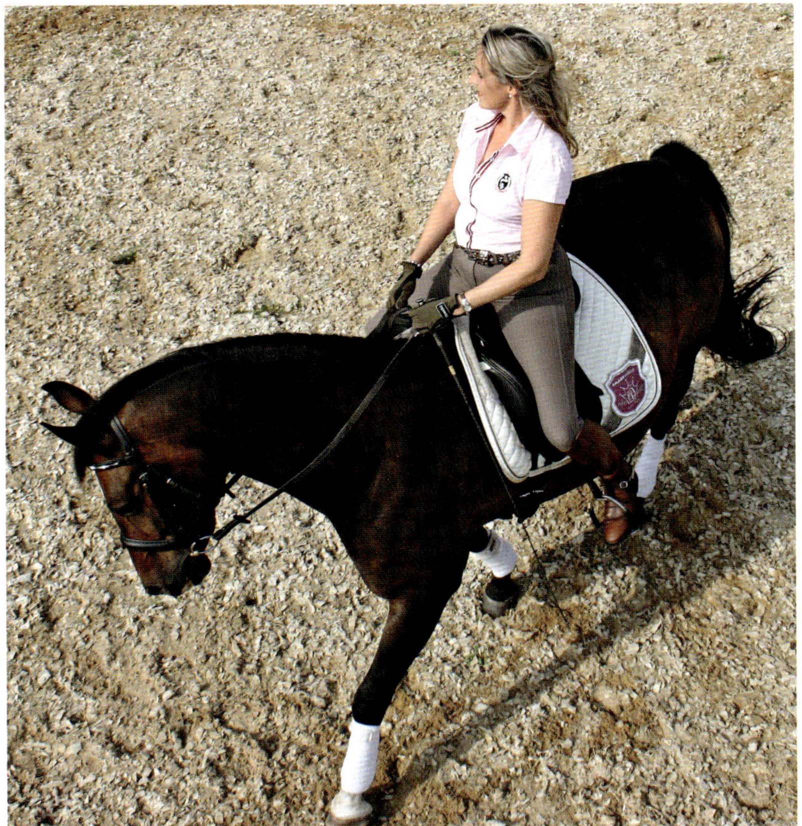

Gut im Kopf vorbereitet ist schon halb geritten.

aufnehmen und beliebig von Station zu Station springen … Für beide Fälle findest du im Folgenden zu allen Themen die Hilfengebung und Bewegungsabläufe in Bildern und Worten erklärt und mit Kontrollfragen zum Verständnis versehen. Jedes Thema gibt dir Tipps zu allen vier Lernzugängen:

1. Fotos und Illustrationen für dein geistiges Auge als Trainingsmedium (Auge),
2. Beschreibungen zum lauten Vorlesen und für Selbstgespräche (Ohr),
3. Übungen zum Ausprobieren und um dich in das richtige Bewegungsgefühl hineinzuversetzen (Motorik) und
4. Kontrollfragen, um anderen deine Erkenntnisse zu erklären und so selbst die Thematik intensiver zu durchdringen (Unterrichten).

Mögen die hier vorgestellten Ideen dir als Inspiration dienen, um die richtigen Bewegungsgefühle in deinem Körper zu erzeugen und zu verinnerlichen. Hast du sie einmal in dein Bewegungsgedächtnis integriert, kannst du die Bewegungsabläufe jederzeit abrufen.

> „Erfolg ist die Summe kleiner Bemühungen, die man tagaus, tagein wiederholt."
> Robert Collier

Dein bewegungssteuerndes Drehbuch für den täglichen Gebrauch

Kurzgefasst gehst du in fünf Schritten vor:

1. Nimm deine Ziel-Schatzkarte zur Hand und überlege dir mit Blick auf deinen ersten Meilenstein deinen aktuellen Reitslogan.
2. Setz dir ein Minimal- und ein Traumziel für das heutige Training.
3. Nimm dein bewegungssteuerndes Drehbuch zur Hand – oder erstelle ein neues für dein Minimal- und Traumziel: Nutze alle vier Seiten der Lernpyramide, indem du …
   - dir passende Bilder heraussuchst und dir neue maßschneiderst,
   - die Erklärungen laut liest und dir daraus ein eigenes, viel detaillierteres Drehbuch als Hörbuch verfasst, das du dir oft anhörst,
   - die handfesten Übungen in die Tat umsetzt und
   - das Gelernte anderen erklärst, damit es sich setzt und neue Aha!-Effekte dabei entstehen.
4. Lass deine inneren Zielfilme in deinem Kopfkino ablaufen und tu so, als ob du die Zielsituation jetzt gerade erlebst. Reite möglichst real und emotional, um den größtmöglichen Effekt zu erzielen.
5. Stimme dein Pferd auf euer Training ein und erreite deine Ziele!

Neue Bewegungsmuster: Ohne Training mit Zerfallsdatum!

Eines gilt es dabei noch zu beachten: Was wir nicht benutzen, verlieren wir wieder. Es ist besser, jeden Tag ein paar Minuten mental zu reiten, als sich einmal in der Woche für eine ganze Stunde hinzusetzen und das volle Programm zu trainieren. Denn die neuronalen Verknüpfungen, die Bewegungsvarianten, die wir in unserer Geist-Körper-Kombination damit erschaffen, haben ein Zerfallsdatum: Was nicht gebraucht wird, wird schlicht wieder abgebaut, gerät wieder in Vergessenheit.

Hier gilt die 24-Stunden-Regel: Täglich eine kleine Auffrischung genügt, um das Bewegungsgedächtnis in Form zu halten, so bleiben die Verbindungen bestehen und sind leicht wieder abrufbar.

Mache auf diese Weise positive Gedankenbilder systematisch zu deinen täglichen Begleitern. Suche immer wieder aktiv ihren Beistand und Rat! Lege dir Reaktionsmuster zurecht, wie du dich in erwünschten sowie auch in sensiblen Situationen verhalten möchtest, übe diese Bewegungen und Reaktionen trocken ein und nimm sie anschließend mit in den Sattel. Auf gehts also nun zu deinem Pferd!

Die ersten drei Stationen, noch ohne dein Pferd – kurzgefasst

- Triff eine mächtige Entscheidung: Gib negativem Kopfkino keine Chance!
- Versuchen sich dunkle Gedanken im Hier und Jetzt deiner zu bemächtigen, begegne ihnen mit der Modeling-Technik: Frage dich, welchen Gemütszustand du gerade erleben möchtest. Schlüpfe imaginär in die Haut einer Person (du in zwei Jahren oder ein Vorbildreiter), die diese Eigenschaft ausstrahlt, und tu so, als rittest du an ihrer Stelle.
- Bewältige Stress, indem du Situationen, die dich im Nachgang noch emotional belasten, für dich umdeutest. Was kannst du aus dem Geschehen lernen? Erlaube dir darüber hinaus, deine Vergangenheit in deinem Kopfkino umzugestalten. Variiere nicht den Inhalt, denn die Vergangenheit kannst du nicht ungeschehen machen, sondern die Art und Weise, wie du dieses Ereignis in deinem Kopf darstellst. Das hat befreiende Wirkung!
- Manage deinen Gemütszustand, indem du dir einen Entspannungs-Zielfilm zurechtlegst. Verknüpfe ihn mit einem einprägsamen „Startknopf“, so bist du bestens vorbereitet für die Zukunft: Gelangst du in eine sensible Situation, löse die Entspannung in deinem Körper aus, indem du den Zielfilm vor deinem inneren Auge ablaufen lässt und so mit deinem Pferd in die Entspannung zerfließt.
- Bereite ab sofort jedes Training mit deinem Pferd vor – jeden Tag ein paar Minuten reichen vollkommen aus, um einen großen Effekt zu erzielen. Das brauchst du dafür:

1. Dein Ziel und den ersten Meilenstein.
2. Minimal- und Traumziel für heute.
3. Dein bewegungssteuerndes Drehbuch für beide Zielfilme – nutze alle vier Lernzugänge: Auge, Ohr, Motorik und Erklären.
4. Reite deine beiden Ziele mental durch.
5. Erreite beide Ziele mit deinem Pferd.

Am Set: Neun Vereinbarungen im Sattel

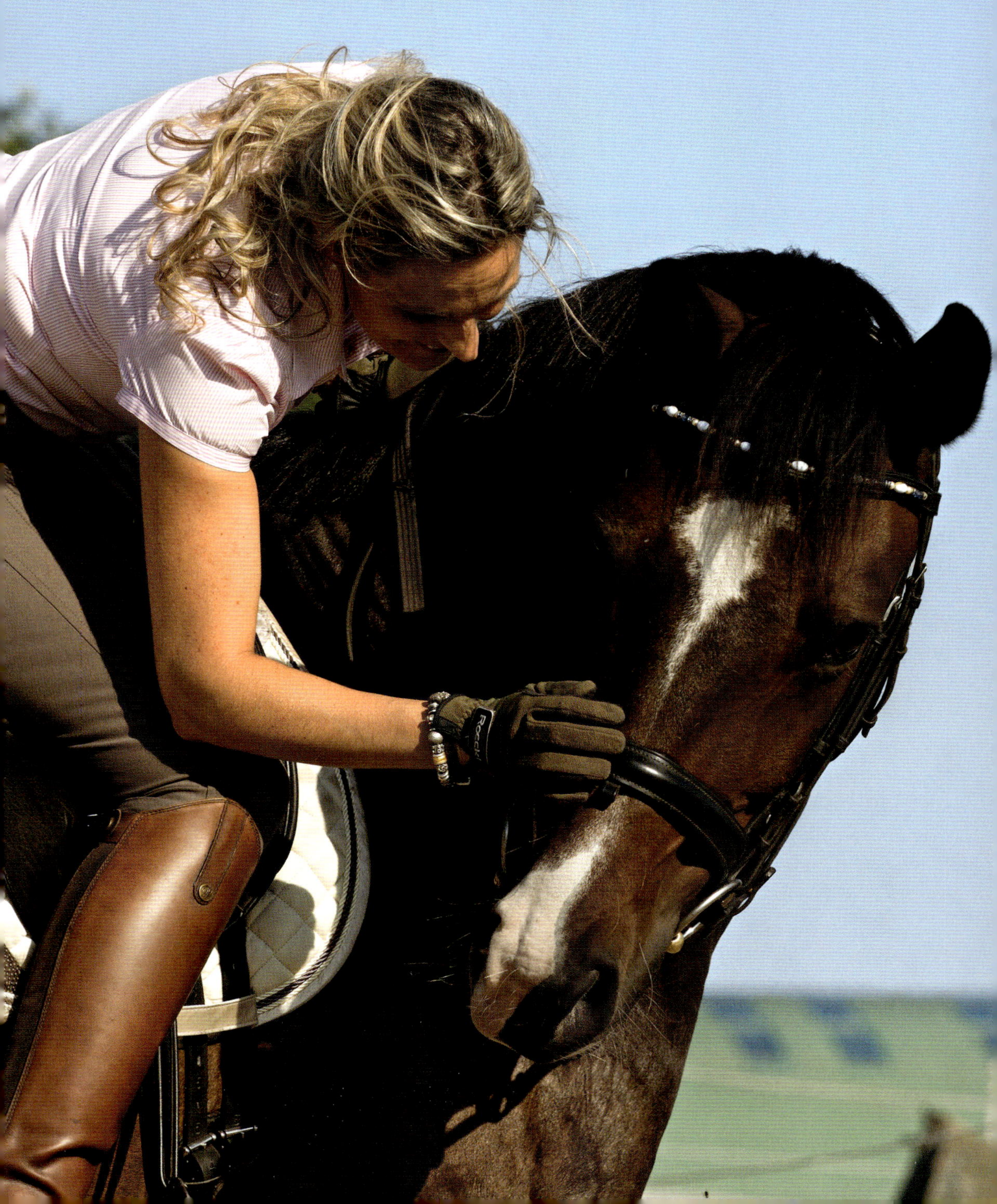

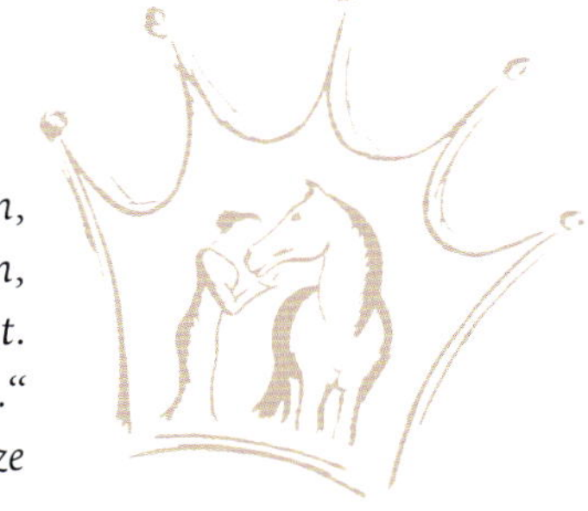

„Worte sind für unser Pferd nur Lippenlärm,
bis ihre Bedeutung verstanden,
vereinbart und konditioniert ist.
Das Gleiche gilt für die Reiterhilfen ...“
Tuuli Tietze

Wertvolle **SMART***reiten*®-Trainingsprinzipien

Mit dem Drehbuch in der Hand finden wir uns am Set mit deinem Pferd ein. Um mit einem guten Gefühl in den Sattel steigen zu können, heißt es zunächst, auch dein Pferd auf euer Training einzustimmen und es dann während des Rittes durchgängig bei Laune zu halten.

Dafür möchte ich dir hier drei Impulse als Trainingsprinzipien mitgeben, die du – nebenbei bemerkt – auch als Anregungen für persönlichkeitsfördernde Zielfilme nutzen kannst:

Vom „Topfschlagen“ und positiver Verstärkung

Wir können unserem Pferd nicht einfach mit Worten erklären, was wir von ihm möchten. Denn Worte sind erst einmal nur Lippenlärm für unser Pferd. Auch haben wir grundsätzlich verschiedene Denk- und Verhaltensstrukturen. Wir als Raubtiere gehen beispielsweise von Natur aus direkt auf ein Ziel zu, unser Beutetier Pferd lässt im Kontrast dazu Vorsicht walten und nähert sich lieber im Zickzack. Hier gibt es eine Diskrepanz, die es zu überbrücken gilt, wenn wir harmonisch miteinander kommunizieren und umgehen möchten.

Den Prozess, dem Pferd unser Ziel zu erklären, vergleiche ich gern mit dem „Topfschlagen“. Dieses Spiel aus Kinderzeiten kennst du bestimmt: Einer aus der Gruppe bekommt einen Kochlöffel in die Hand und wird mit verbundenen Augen um sich selbst gedreht. Nun muss er den Topf suchen, der als Belohnung etwas Süßes enthält. Der „Blinde“ tastet krabbelnd den Boden mit dem Kochlöffel ab. Findet er den Topf, darf er die Augenbinde abnehmen und den Preis darunter behalten.

Während er sucht, rufen die anderen Mitspieler …

- „kalt“, wenn er vom Topf weg in die falsche Richtung krabbelt,
- „warm“, wenn er sich dem Topf in die richtige Richtung nähert und
- „heiß“, wenn er dem Topf ganz nahe ist und ihn erreicht.

Im Prinzip gehst du mit deinem Pferd ähnlich vor: Besonders in der ersten Lernphase verstärkst du jeden noch so kleinen Versuch in die richtige Richtung prompt positiv und lobst dein Pferd überschwänglich (je nach Lernfortschritt „warm“ bis „heiß“). Das schafft nicht nur eine positive Trainingsatmosphäre, sondern sichert auch die Grundlage jeden Lernens: Freude an der Sache für dich und dein Pferd!

Genauso deutlich machst du deinem Pferd, wenn es sich nicht in der gewünschten Art verhält. Hier heißt es freundlich, aber bestimmt die Grenzen aufzeigen oder es um einen neuen Versuch in anderer Art und Weise bitten („kalt“).

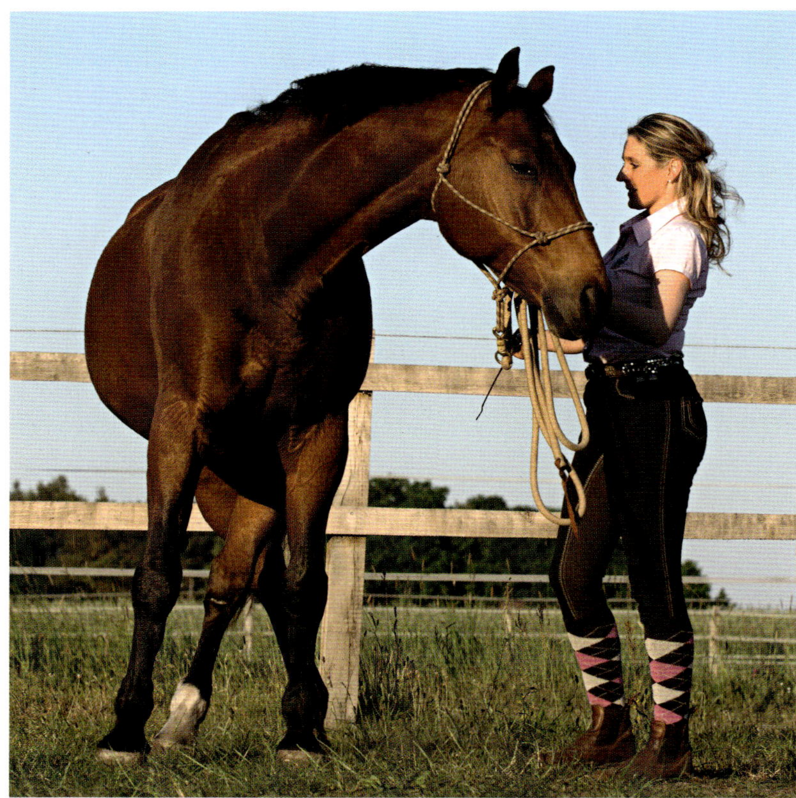

Kommunizierst du kristallklar, reichen kleinste Andeutungen, um deinem Pferd deine Intention zu vermitteln, sodass es sie prompt in Bewegung übersetzt.

Kristallklare Eskalationsstufen – Ein Prinzip aus der Pferdeherde

Besonders, wenn es darum geht, klare Grenzen aufzuzeigen, kommt das Prinzip der Eskalationsstufen zum Tragen. Die gleiche Strategie setzt du auch ein, um deine Hilfen zu verdeutlichen und prompte Antworten auf sanfte Bitten zu erhalten. Die notwendige Voraussetzung dafür ist, dass dein Pferd bereits verstanden hat, was du jetzt gerade von ihm möchtest, z. B. wenn du es bittest, am Putzplatz die Hinterhand zur Seite zu bewegen:

1. Du legst z. B. deine Hand hauchzart an seine Flanke und sagst „Rum" (ein Pferd würde das andere hier z. B. scharf anblicken, um das Gleiche zu erreichen) – deine Botschaft lautet: „Würdest du bitte mit deiner Hinterhand herum gehen?"
2. Reagiert dein Pferd darauf nicht, legst du die Hand deutlicher an, vielleicht bewegst du sanft kribbelnd deine Finger (das Pferd würde jetzt die Ohren anlegen) – deine Botschaft: „Bitte geh herum."
3. Tritt dein Pferd immer noch nicht zur Seite, drückst du mit deiner Hand deutlich gegen die Flanke, möglicherweise unterstützt von rhythmischen Impulsen (an diesem Punkt wird ein Hinterbein drohend angehoben) – mit der Botschaft: „Geh herum, JETZT!"
4. Ist immer noch keinerlei Bewegung in deinem Pferd zu erkennen, versteifst du womöglich deine Finger und wirst sehr deutlich (spätestens jetzt macht das schickende Pferd einen Rückwärtsschritt auf seinen Artgenossen zu oder lüpft die Hinterhand zu einem angedeuteten Tritt) – deine Botschaft lautet: „Ich verspreche dir, du wirst gleich herumgehen wollen!"

Sobald dein Pferd seine Hinterhand in die gewünschte Richtung bewegt – und sei es im Lernprozess auch nur eine kleine Gewichtsverlagerung in die gewünschte Richtung, löst du den Druck sofort auf – deine Botschaft dabei: „Danke! Gut gemacht, mehr wollte ich nicht. Prima!"

Hat dein Pferd deine Absicht verstanden und verinnerlicht, wird es sie, wie Fiete links auf dem Foto, jederzeit bereits auf eine leise angedeutete Geste hin ausführen, denn es möchte dir gefallen.

Das Lösen des Drucks, das Aussetzen der Hilfe, die positive Verstärkung muss tatsächlich prompt und unmittelbar geschehen, denn hier entsteht der Lerneffekt. In genau diesem Moment versteht dein Pferd, dass seine Reaktion sofort gefragt ist und in welcher Ausführung genau du sie haben möchtest.

Deine Eskalationsstufen

1. Vorschlag
2. Bitte
3. Anordnung
4. Versprechen

Bei Erfolg: Lob.
Nach Eskalation: neue Chance!

Darüber hinaus gilt: Musstest du deine Hilfen verdeutlichen, gib deinem Pferd sofort im Anschluss eine neue Chance, prompt auf eine feine Bitte zu antworten. Nur so lernt es, bereits auf deine leisen Anfragen zu reagieren. Das bedingt, dass du deine Hilfen stets auf die gleiche Art und Weise verdeutlichst – natürlich immer unter Beachtung des Gebotes der Fairness!

Der Weg der kleinen Schritte: Konstant lernen und wachsen

Auch, wenn du deine Hilfen verdeutlichen musst, um die richtige Antwort bei deinem Pferd auszulösen, erwarte niemals gleich die

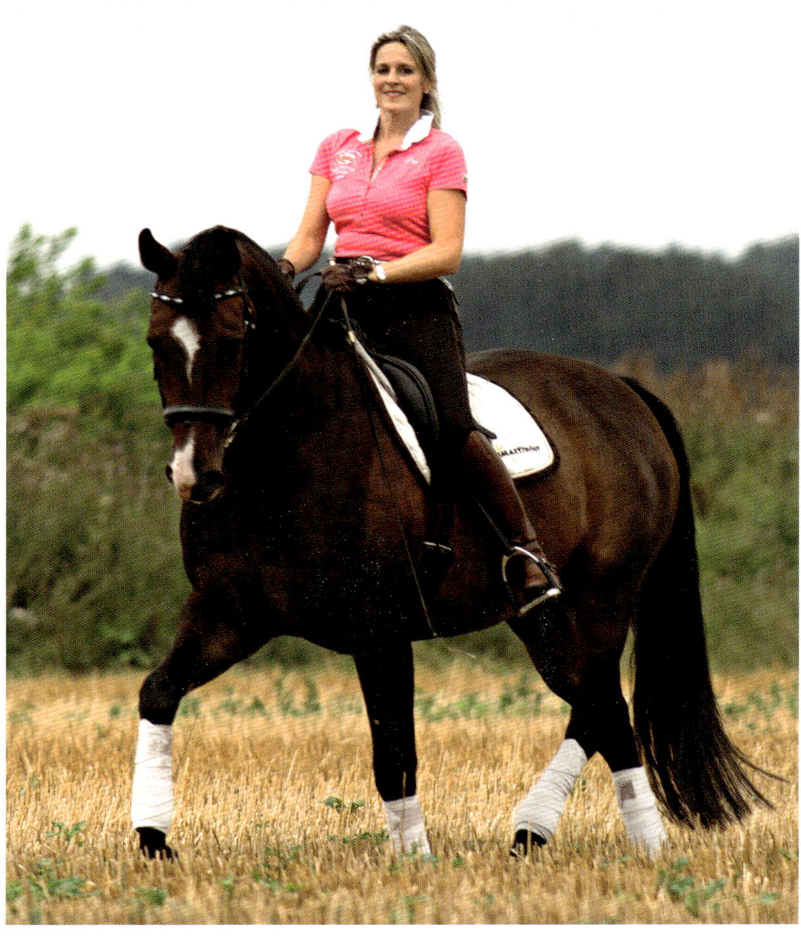

Das Schulterherein setzt sich aus vielen Buchstaben zusammen, die du deinem Pferd vorher erklären solltest, wie z. B. Stellung und Rahmen.

Endversion. Die Devise lautet, konstant zu lernen und zu wachsen. Fehler müssen erlaubt, ja sogar gern gesehen sein. Denn sie sind die Chancen, zu lernen und die Endversion nach und nach zu entwickeln. Bekanntlich ist noch kein Meister vom Himmel gefallen. Gerade die gerittenen Lektionen wollen reifen. Dein Pferd muss sich mental und körperlich auf diese Art, sich konzentriert zu bewegen, einstellen. Wer seinem Pferd in der Ausbildung Zeit schenkt und die Dinge sich in Ruhe entfalten lässt, gewinnt dadurch Zeit.

Wenn etwas nicht gleich oder sogar hartnäckig nicht gelingen will, geh lieber einen Schritt zurück zur Basis und frage dich, ob ihr überhaupt eine gemeinsame Sprache sprecht. Hat dein Pferd deine Reitersprache bereits verstanden oder verbindet es mit deiner Hilfe vielleicht eine ganz andere Idee in seinem Kopf?

Um solche Missverständnisse zu vermeiden oder bei Bedarf jederzeit auflösen zu können, ist das Erste, was du mit deinem Pferd im Sattel vereinbaren solltest, ein gemeinsames ABC, das beide Tanzpartner verstehen und jederzeit parat haben.

Eine gemeinsame Sprache sprechen!

Von Haus aus weiß unser Pferd nicht, was z. B. der seitwärts treibende Schenkel bedeutet oder der Stellung gebende Zügel. Wollen wir Lektionen reiten, müssen wir ihm also zuerst unsere Hilfen im Einzelnen erklären, sozusagen ein ABC im Sattel festlegen.

Ein verständliches ABC vereinbaren und daraus Worte formen

Geben wir den grundlegenden Dingen eine konkrete Bedeutung, legen wir also ein ABC mit unserem Pferd fest, werden wir in der Lage sein, sie anschließend zu Worten zusammenzusetzen. Diese Basics sind dann beispielsweise, die Vorhand vor der Hinterhand positionieren zu können oder das Pferd nach innen einzustellen, sein Genick zu lockern und es um den inneren Schenkel zu biegen. Das daraus zusammengesetzte Wort ist dann möglicherweise ein Schulterherein.

Tritt nun ein Problem im Schulterherein auf, können wir leicht ermitteln, welcher der zugehörigen Buchstaben zum Missverständnis führte. Vielleicht geht die Biegung verloren oder unser Pferd „knickt

1

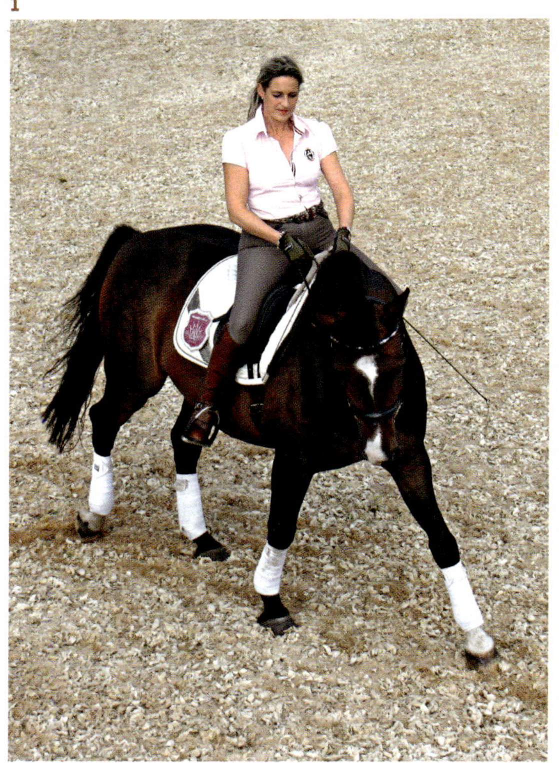

2

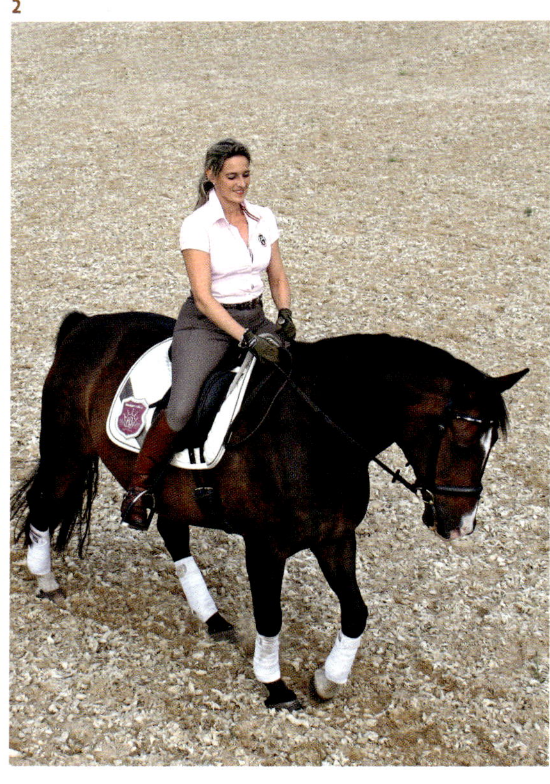

1 Das Pferd bricht über die linke Schulter aus (nachgestellt). Das fehlende Element: der rahmende Außenzügel.

2 Die Korrektur: den Rahmen mithilfe der Außenstellung verdeutlichen, sodass er wieder klar begrenzend wirkt.

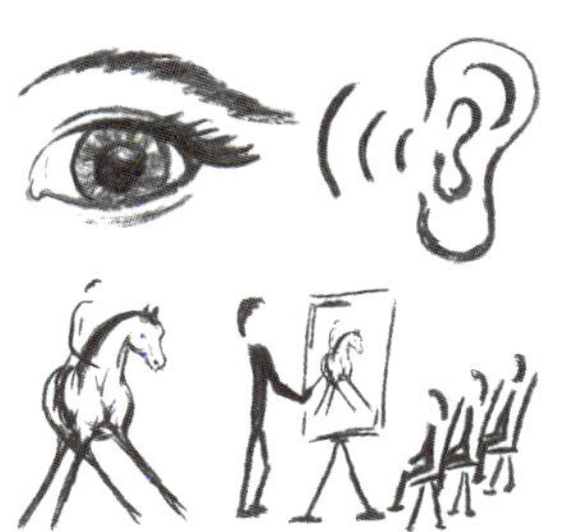

im Hals ab“ und bricht über die Schulter aus. Die fehlende Fähigkeit, also den nicht klaren Buchstaben, können wir jetzt isoliert betrachten, gezielt mit unserem Pferd einüben und dann erneut in das zusammengesetzte Wort, die Lektion Schulterherein, einbauen.

Auf diese Weise werden unsere Worte immer klarer, sprich: unsere Lektionen immer feiner geritten.

Im Folgenden stelle ich dir die neun Buchstaben vor, aus denen du jede beliebige Lektion zusammensetzen kannst. Sieh sie als die neun grundlegenden Vereinbarungen an, die du ganz klar mit deinem Pferd triffst, und lass dich dabei von den Ideen zu allen vier Lernzugängen inspirieren, indem du Fotos und Illustrationen auf dich wirken lässt, die Texte laut liest, dich in die inneren Bilder und Metaphern hineinfühlst, die Übungen aktiv ausprobierst und die Kontrollfragen zum Verständnis beantwortest, ja sie womöglich sogar einem Reitfreund erklärst und mit ihm diskutierst.

1. Die Wohlfühlzone: Das Herzstück

Die Basis für feines Wohlfühlreiten ist, dass dein Pferd gern bei dir ist. Bei dir ist seine Wohlfühlzone! Mit ihr beginnt und endet alles. Wenn für euch beide klar ist, dass Harmonie zwischen euch herrscht, ist freudvolles Reiten erst möglich.

Du selbst hast es in der Hand, für diese positive Grundstimmung zu sorgen. Wie wichtig das ist, zeigt sich, wenn Probleme auftauchen. Bist du dann in der Lage, zur Ruhe, zur Basis zurückzukehren und dein Pferd wieder in eine positive Stimmung zu versetzen, hast du die Situation schnell wieder im Griff. Das will geübt sein!

Der Anspruch, sich jederzeit miteinander wohlzufühlen, setzt sich dann auch im sportlich anspruchsvollen Training fort. Kein Tänzer wirkt schön und ausdrucksvoll, wenn er dabei unter Stress steht! Binde deshalb häufig besondere Wohlfühlmomente in deinen Ritt mit ein.

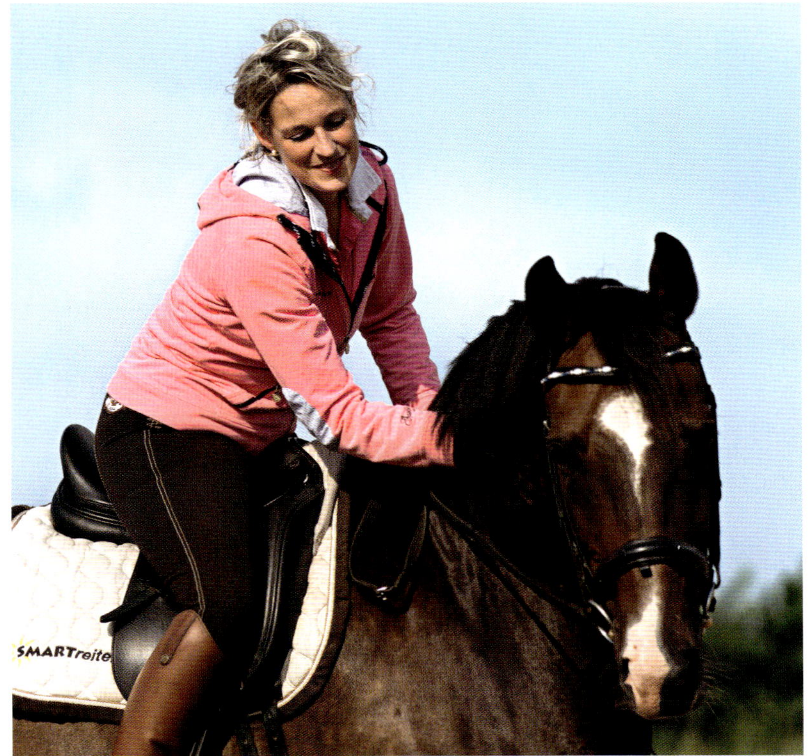

Wir alle wünschen uns Bestätigung, möchten von unserem Gegenüber so akzeptiert und geschätzt werden, wie wir sind. Vermittle deinem Pferd dieses Grundgefühl und es wird deine Nähe schätzen, sie sogar bewusst suchen.

Deine Hilfen kurzgefasst

Beginne jedes Training mit Streicheleinheiten. Finde heraus, was dein Pferd besonders gerne mag und zelebriere diese Momente in seinem persönlichen „Wohlfühlspot“ regelrecht. Gib acht, dass du dir selbst dabei eine fröhliche Ausstrahlung zu eigen machst und warm lächelst. Vermittle deinem Tanzpartner durch eine entspannte Haltung, offene Gesten, herzliches Lachen und einen locker federnden Gang bzw. Sitz: „Bei mir bist du sicher und ich finde dich toll, so wie du bist, du musst nichts tun, einfach nur sein. Lass uns diesen Augenblick genießen.“

Stell dir vor …

… durch sanfte Augen zu blicken, denn damit entspannst du sogleich deine Mimik und strahlst Sanftheit aus. Rufe dir ins Gedächtnis, wofür du dein Pferd bewunderst und himmle es regelrecht an, dieses prachtvolle Wesen. Baue gedanklich eine Verbindung von deinem Herz zu seinem Herzen auf, wie eine Brücke aus Licht, die euch innig verbindet.

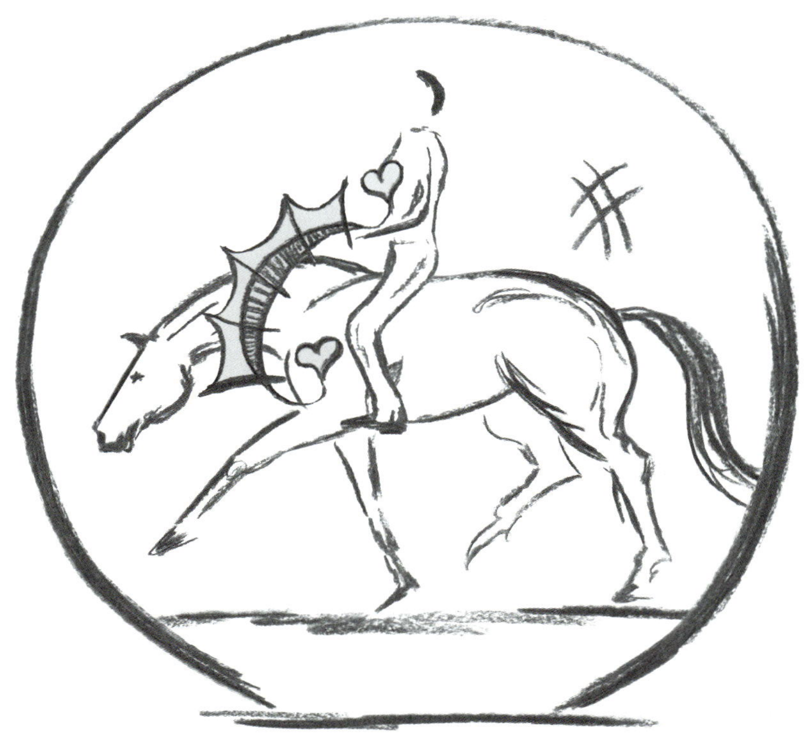

Verbunden durch eine Gedankenbrücke von Herz zu Herz … In eurer gemeinsamen Wohlfühlzone herrscht bedingungslose Anerkennung füreinander, Achtung vor dem Mitgeschöpf.

Fühl dich ein …

… in dein Pferd. Wie wirkst du aus seinem Blickwinkel als Fluchttier? Was kannst du tun, damit es sich sicher und wohlfühlt? Vermeide jegliches Raubtierverhalten wie Schleichen oder heftige Überraschungsbewegungen. Gib dich lieber betont nonchalant, fröhlich beschwingt. Möglicherweise möchtest du einen Walzer tanzen, um die Leichtigkeit zu verspüren, die du deinem Pferd zu vermitteln suchst.

Vertiefe dein Verständnis

- Was macht die Wohlfühlzone für dich und dein Pferd aus?
- Mit welcher Körperhaltung und Gestik signalisierst du ihm, dass du schlicht den Augenblick mit ihm zusammen genießen möchtest?

2. Das „Hooo …“: Jederzeit entspannen

Der Grundsatz, alles aus der Ruhe heraus zu entwickeln und es jederzeit zu ihr zurückführen zu können, ist ein wertvoller Schatz im Umgang mit deinem Pferd. Ich halte ihn in der Ausbildung wie auch im Training für einen der wichtigsten Leitsätze überhaupt. Deshalb lernen meine Pferde als Erstes das ruhige Stehen und „Chillen“. Das lässt sich dann auch in der Bewegung abrufen – bis zum sofortigen Halten oder nur, um der Bewegung eine Portion Entspannung hinzuzufügen.

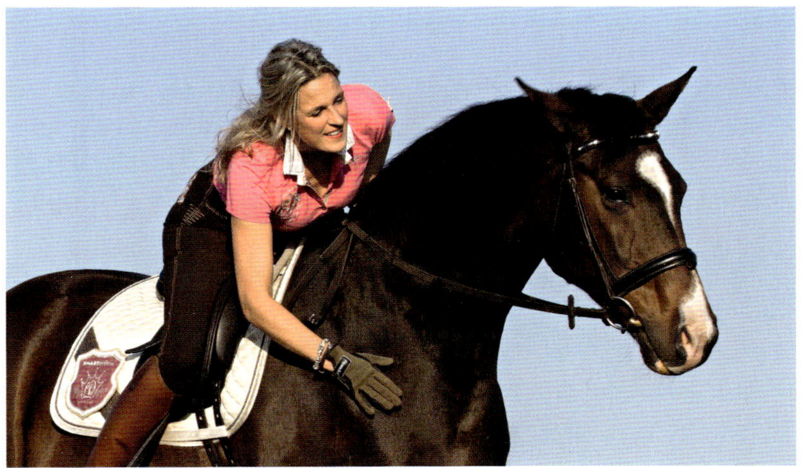

Chillen im Halten sollte euch in Fleisch und Blut übergehen.

1

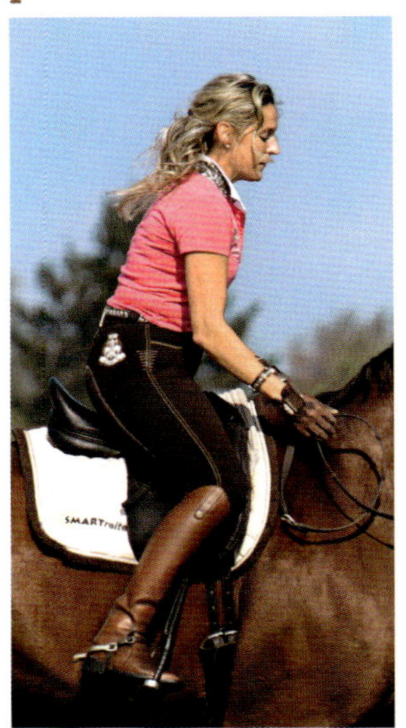

2

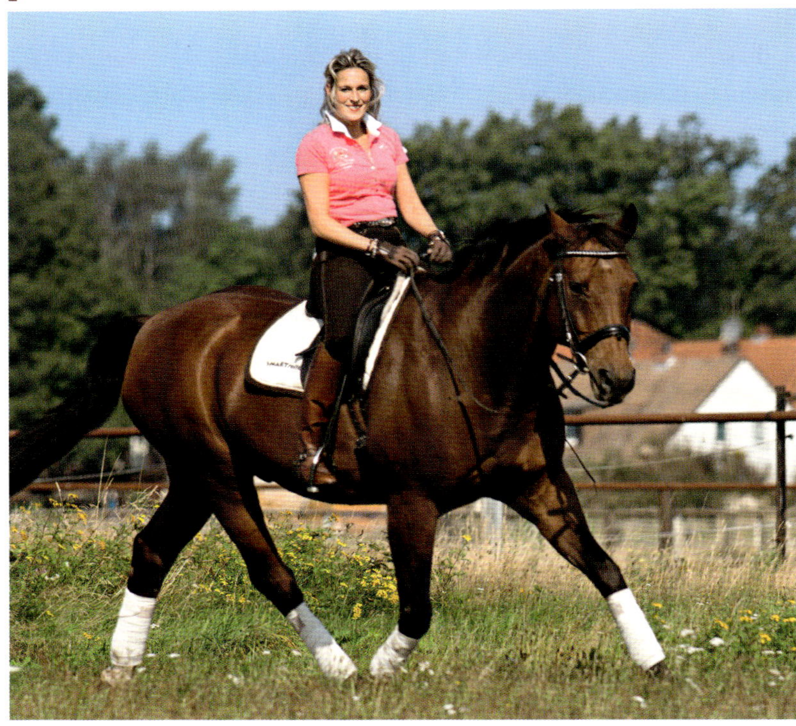

Einmal eingeübt, kannst du das Chillen auch in der Vorwärtsbewegung spielend leicht durch deine Kartoffelsack-Haltung (1) auslösen und genießen (2).

Deine Hilfen kurzgefasst

Gib selbst den Energielevel vor, den du im nächsten Moment von deinem Pferd haben möchtest, in diesem Fall heißt das totale Entspannung – null Energie. Übertreibe dafür deine Körperhaltung bewusst, damit dein Pferd sich von deiner Entspannung inspirieren lässt. Und damit es klar unterscheiden lernt zwischen Entspannung und positiver Anspannung, wie du sie beispielsweise in der Versammlung benötigst. Von der Grobform zur unsichtbaren Feinform gelangst du mit der Zeit über viel Übung. Je klarer du zu Beginn bist, desto leichter wird dein Pferd dich verstehen und desto schneller kannst du deine Hilfen auf ein Minimum zurücknehmen, möglicherweise später nur noch auf ein Ausatmen und Hängenlassen deiner Schultern.

Übrigens: Auch die Entspannung lässt sich eskalieren. Bestehe auf Ruhe und Entspannung – aber überstrapaziere die Geduld deines jungen Pferdes nicht. Auch hier gilt: Geh den Weg der kleinen Schritte und taste dich nach und nach an die Zielversion heran.

Stell dir vor …

… du seist so spannungslos wie ein Kartoffelsack. Sinke im Sattel zusammen, lass die Schultern nach vorn hängen und atme bewusst tief in deinen Bauch hinein. Wenn du dabei weiterhin eine Vorwärtsbewegung haben möchtest, nimm dich energetisch nur so viel zurück, dass dein Pferd sich entspannt, sich aber weiterhin vorwärts bewegt.

Fühl dich ein …

… in deinen Entspannungs-Zielfilm. Diese „Hooo…“-Momente sind die Augenblicke, in denen du deine Fähigkeit vertiefst, Entspannung jederzeit, auch in kritischen Situationen, abrufen zu können. Sonne dich in diesen „Hooo…“-Momenten, in denen du mit deinem Pferd gemeinsam gefühlt in den Boden zerfließt.

Vertiefe dein Verständnis

- Welche Körperhaltung im Sattel signalisiert deinem Pferd null Energie?
- Warum ist es so wichtig und wertvoll, das „Hooo…“ zu beherrschen und mit deinem Pferd „chillen“ zu können?
- Was bringt es dir, deine Körperhaltung deutlich zu übertreiben?

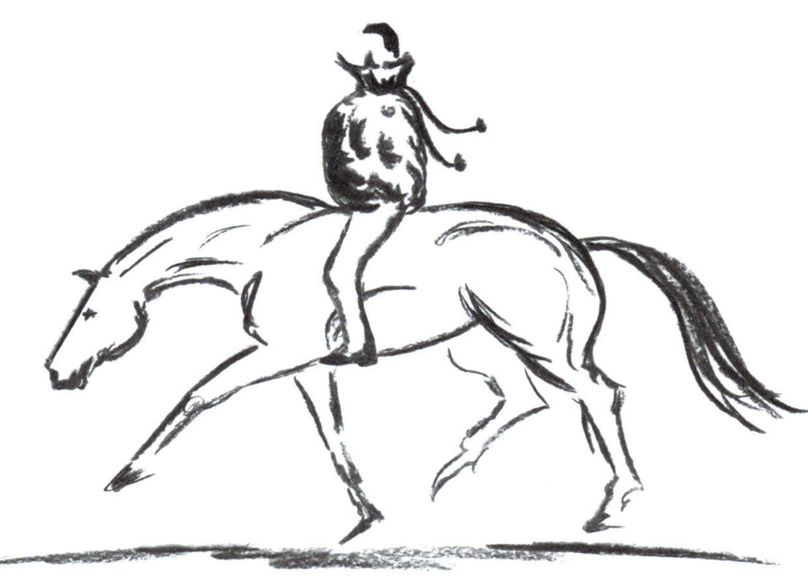

Die Kartoffelsack-Haltung im Sattel entspannt dich und dein Pferd – wenn du sie konsequent konditionierst.

3. Der „Go!“: 100 % Engagement

So wie das eine Ende der Energie-Skala, die totale Entspannung, jederzeit abrufbar sein sollte, muss es uns auch gelingen, unser Pferd auf Wunsch zu 100 % Engagement zu animieren. Denn nur, wenn der „Motor läuft“, sprich: die Hinterhand aktiv ist, können unsere Hilfen ungehindert durch unser Pferd fließen.

Deine Hilfen kurzgefasst

Erhöhe deinen eigenen Energielevel auf 100 % und signalisiere deinem Pferd damit: *„Achtung, mach dich bereit!“* Bring dann deine sanfte Hilfe an, z. B. zum Anreiten, Antraben, Angaloppieren, Zulegen oder für eine Lektion. Erwarte, dass dein Pferd sich zu 100 % in der richtigen Antwort (Angehen, -traben, -galoppieren, Zulegen, Lektion) engagiert.

Antwortet es dir mit weniger als 100 % deiner Erwartung, verdeutliche deine Hilfen gemäß der oben beschriebenen Eskalationsstufen (s. S. 63) und sorge bei Bedarf für einen Huch-Effekt: Überrasche dein Pferd mit einer Aktion, die es nicht erwartet hat, z. B. indem du mit der Gerte laut klatschend deinen Stiefel statt dein Pferd touchierst. Natürlich musst du seine Vorwärtsreaktion dabei frei nach vorn zulassen!

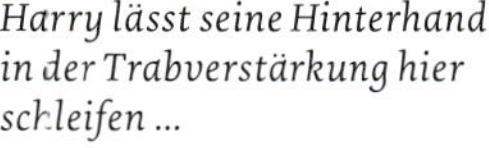

Harry lässt seine Hinterhand in der Trabverstärkung hier schleifen …

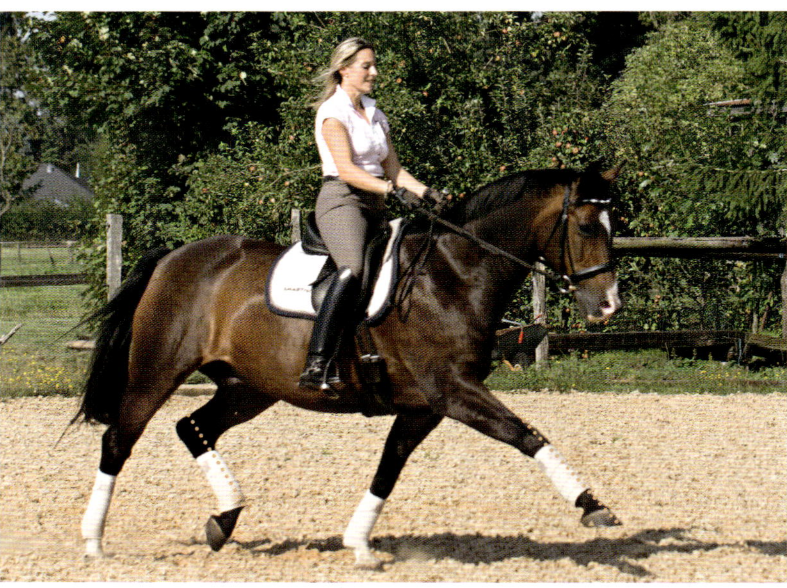

Lobe die richtige Reaktion sofort und gib ihm eine neue Chance, auf die leise Hilfe prompt zu antworten. Sobald dein Pferd deine Bitte erfüllt, nimm deinen Energielevel so weit zurück, dass du nur noch „aktiv mitschwingend“ folgst. Du solltest dich erneut auf 100 % steigern können, wenn dein Pferd einen neuen Vorwärtsimpuls benötigt.

Stell dir vor ...

... du schwingst mit deinem Treibeimpuls einen Tretroller an, der daraufhin energisch los- und munter im gleichen Tempo weiterrollt. Mit deinem Startimpuls hast du Vorwärtsfahrt erzeugt und kannst dem Tretroller jetzt genüsslich folgen. Irgendwann lässt seine Energie nach. In diesem Augenblick ist der Moment gekommen, einen neuen Impuls anzubringen, indem du ihn erneut nach vorne anschwingst.

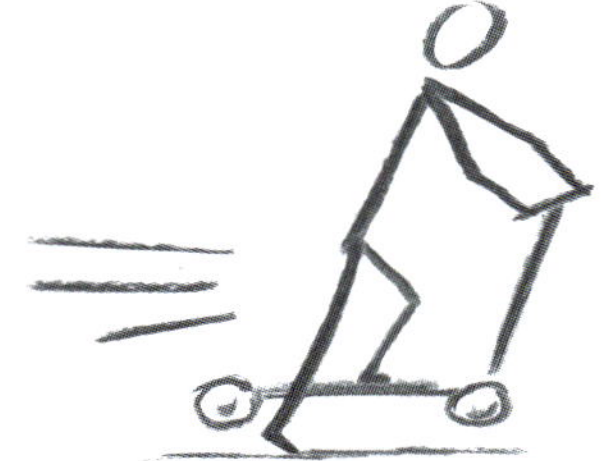

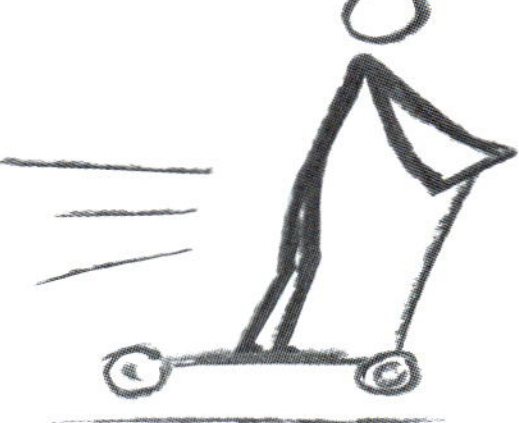

Schwing deinen Tretroller einmal energisch an und unterstütze ihn bei Bedarf mit kleinen Impulsen, sodass er die Vorwärtsfahrt beibehält.

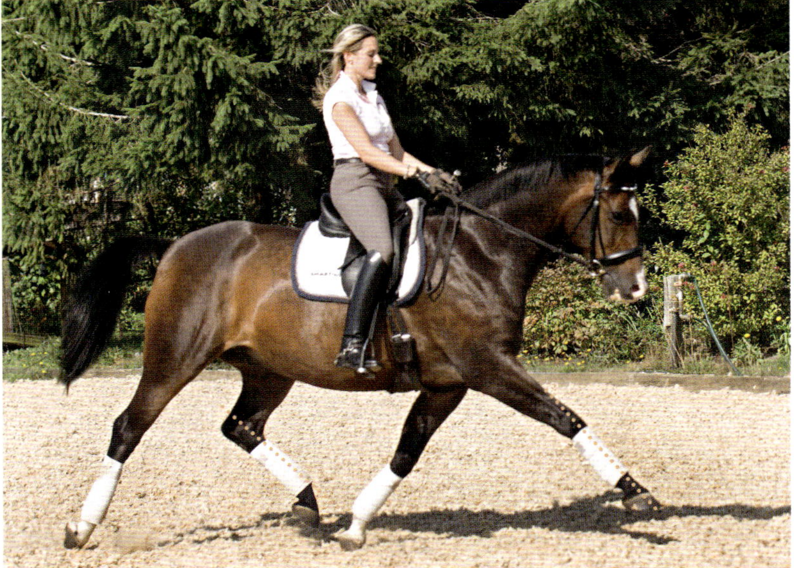

Eine kleine impulshafte Erinnerung per Beckenvorschwingen sorgt dafür, dass Harry sich im nächsten Tritt in der Hinterhand wieder deutlich engagiert.

Wenn du schon im Ansatz reagierst, bevor also der Tretroller deutlich langsamer wird, bedarf dieser Folgeimpuls lediglich eines Bruchteils der Energie des Startimpulses.

Fühl dich ein ...

... in die Hinterhand deines Pferdes. Ist sie mobil, tritt sie aktiv unter dich und nimmt dich in ihrem Rhythmus im Sattel mit? Das kannst du mit deinen Gesäßhöckern spüren. Lass dich an die Longe nehmen, schließ die Augen und reite eine Gangart nach der anderen. Versuche zu erspüren, wann welches Hinterbein abfußt.

Erspüre auch, wenn die Energie der Hinterbeine nachlässt und ein neuer Treibeimpuls von dir nötig wird. Das Feedback vom Longenführer hilft dir zu lernen, bereits im Ansatz zu reagieren, bevor dein Pferd sich weniger engagiert.

Vertiefe dein Verständnis

- Wie vermeidest du Dauertreiben?
- Wie verschaffst du deinem Pferd einen Huch-Moment – und dir damit Respekt für deine leisen Hilfen?

4. Die Richtung: Vorwärts, rückwärts, links und rechts

In welche Richtung willst du die Energie entladen, mit der du deinen „Tretroller“ angeschwungen hast? Dies genau bestimmen zu können, ist die Basis der Lektionsreiterei. Hier geht es um exakte Linien!

Deine Hilfen kurzgefasst

Idealerweise steuerst du die Richtung im Sattel nicht mit deinen Zügeln, wie man leicht denken könnte, sondern aus deinem Sitz heraus. Richte deinen Körper in die Richtung aus, in die du reiten möchtest, und schwing dein Becken in die gewünschte Bewegungsrichtung.

Damit teilst du deinem Pferd klar mit, wohin die Reise gehen soll. Deine Zügelhände können dein Vorhaben rahmend oder weisend unterstützen. Im Lernprozess kann es durchaus helfen, am Zügel zupfend zu locken, um die Sitzhilfen verständlich zu übertragen.

1

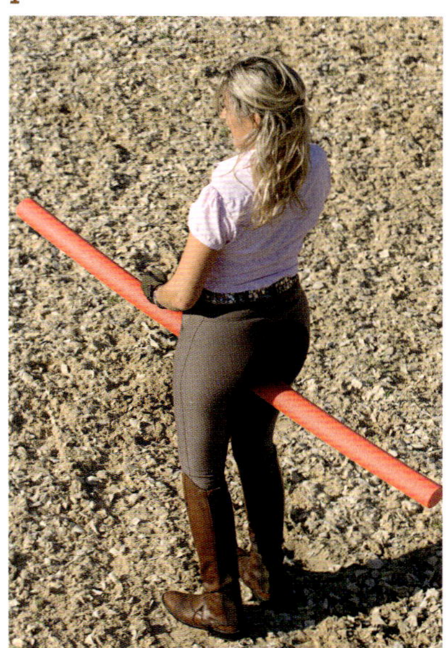

2

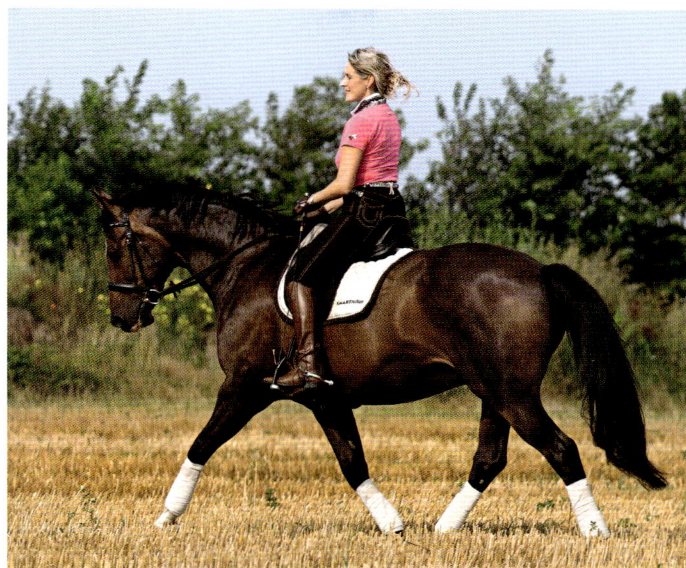

1 Geradeaus: Richte deinen Körper mittig und geradeaus aus (hier mit Reitnudel **RESI***).*

2 Abwenden: Dreh dich aus dem Becken in die neue Bewegungsrichtung, wobei deine Schultern mehr rotieren als deine Hüften (Drehsitz).

Stell dir vor ...

... du hast Augen auf den Hüften und Schultern. Mit ihnen blickst du in die Richtung, in die du reiten möchtest: Im Geradeaus sind alle Augen nach vorn gerichtet, auf gebogenen Linien blicken deine Hüftaugen leicht und deine Schulteraugen deutlicher in die Richtung der Biegung (Drehsitz).

Fühl dich ein ...

... in die Biegung wie ein Flieger. Reite Schritt und lege die Zügel auf den Hals deines Pferdes. Breite beide Arme seitlich aus, sodass sie wie die Tragflächen eines Flugzeugs in einer Ebene verlaufen. Möchtest du geradeaus fliegen, halte die Tragflächen in einem 90-Grad-Winkel zur Wirbelsäule deines Pferdes. Möchtest du abwenden und vielleicht sogar eine gebogene Linie weiterhin einhalten, fliege in die neue Bewegungsrichtung. Gib acht, dass die Tragflächen dabei in einer Ebene bleiben, sodass du weiterhin aufrecht gestreckt sitzt.

Vertiefe dein Verständnis

- Wie gibst du die Bewegungsrichtung aus dem Sitz vor?
- Was tun die Zügel, wenn sie nicht steuern?

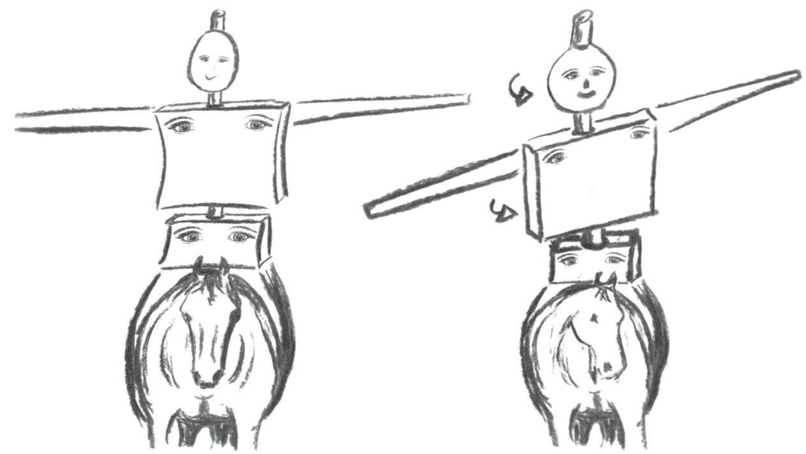

Das 6-Augen-Prinzip: Mit deinem Blick und der Blickrichtung deiner Hüft- und Schulteraugen gibst du die Bewegungsrichtung vor. Dabei gilt es, die Tragflächen deines imaginären Flugzeugs in einer Ebene zu halten.

5. Die Vorhandposition: Einzeln dirigieren

Die Vorhand exakt vor der Hinterhand ausrichten zu können, ist eine Schlüsselfähigkeit des feinen Reiters. Wer das vermag, ist in der Lage, sein Pferd geradezurichten, dadurch Fehlbelastungen vorzubeugen und es dauerhaft gesundheitsförderlich zu reiten. Um das separat einzuüben, eignet sich eine Wendung der Vorhand um die Hinterhand. Diese kannst du dir vorstellen wie eine Hinterhandwendung ohne Biegung in falscher Stellung, also gegen die Bewegungsrichtung.

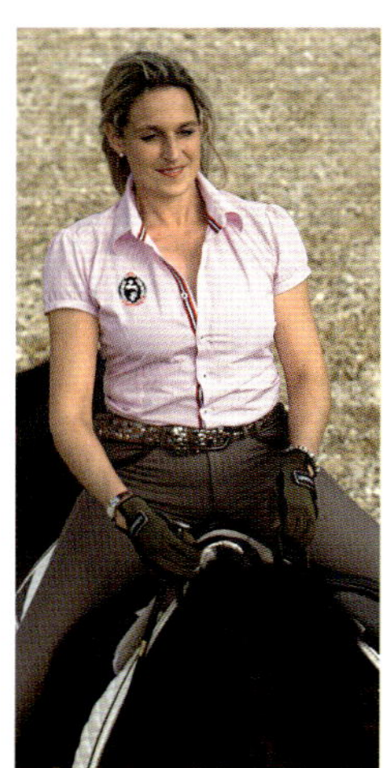

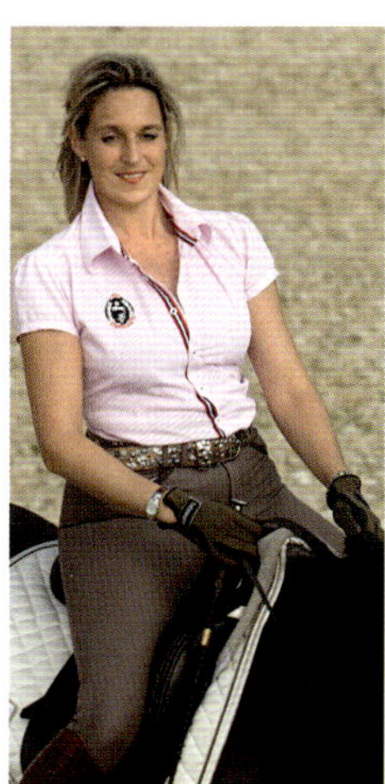

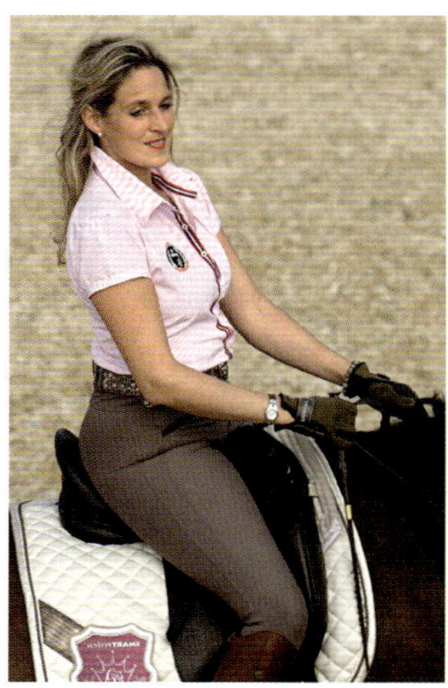

Wende die Vorhand deines Pferdes um seine Hinterhand, indem du dich Stück für Stück in die neue Richtung drehst und dein Pferd aus deinem Becken heraus dorthin schwingst.

Im ABC geht es zunächst darum, die einzelnen Körperteile deines Pferdes separat voneinander ansprechen zu können. Es kommt weniger auf die dressurmäßige Ausführung an als auf die willige Reaktion deines Pferdes in die gewünschte Richtung.

Deine Hilfen kurzgefasst

Dirigiere die Vorhand zunächst im Halten, später auch in der Bewegung, Schritt für Schritt um die Hinterhand herum. Dafür stellst du dein Pferd zur entgegengesetzten Seite. Dann schwingst du dein Becken in die Richtung, in die du die Vorhand verschieben möchtest, und weist mit beiden Zügeln seitwärts dorthin. Zusätzlich drehst du deinen gesamten Körper leicht, sodass du dich in die neue Richtung ausrichtest, und nimmst dein Pferd dorthin mit.

Stell dir vor ...

... du steckst deine Gesäßhöcker in den Sattel ein wie einen Stecker in die Steckdose. Nun drehst und wendest du den Stecker mitsamt Steckdose um die Hinterhand, die dabei deinen Drehpunkt bildet.

Fühl dich ein ...

... in deine Position als Page: Tu so, als ob du ein Tablett mit gefüllten Gläsern auf deinen Zügelfäusten vor dir herträgst, und präsentiere das Tablett nach links bzw. rechts – in die Richtung, in die du die Vorhand deines Pferdes dirigieren möchtest – ohne dabei etwas zu verschütten.

Vertiefe dein Verständnis

- Warum ist es wichtig, die Vorhand genau positionieren zu können?
- Wie genau wendest du die Vorhand um die Hinterhand?

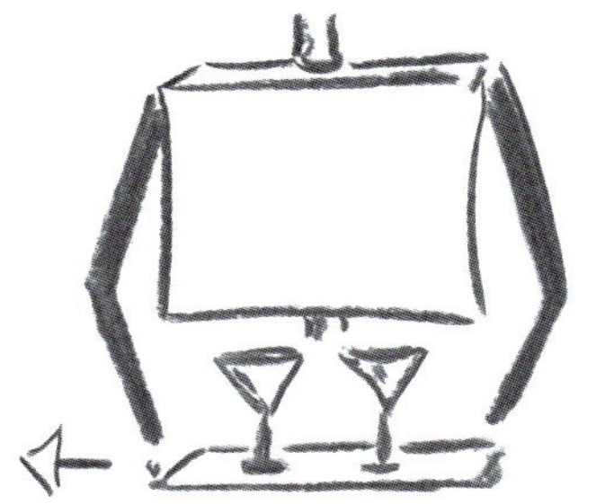

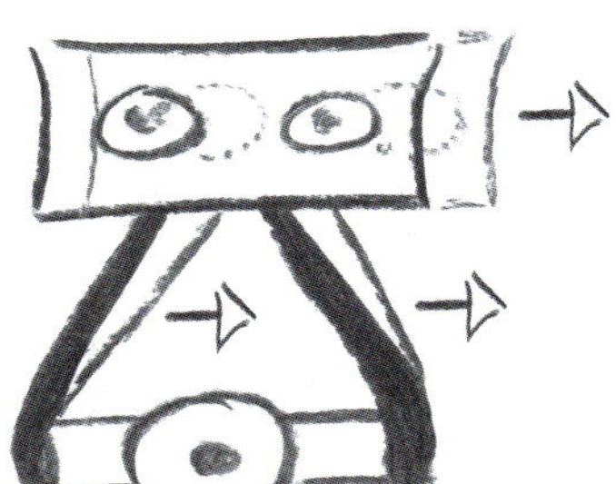

Dirigiere mit seitwärts-weisenden Zügeln, als ob du jemandem seitlich von dir ein imaginäres Tablett auf deinen Händen anbieten wolltest.

6. Die Hinterhandposition: Einzeln verschieben

Die Hinterhand wahlweise begrenzen oder verschieben zu können, ist eine weitere wichtige Fähigkeit, damit die Lektionen gelingen. Die begrenzende Funktion dient vor allem der geschmeidigen Biegung, im Verschieben richtest du dein Pferd auf neue Linien aus und mobilisierst insbesondere sein Becken und seine Hinterhand.

Verschiebe die Hinterhand mit Sitz und Schenkel um die Vorhand, sodass die Hinterbeine größere Seitwärtsschritte machen als die Vorderbeine.

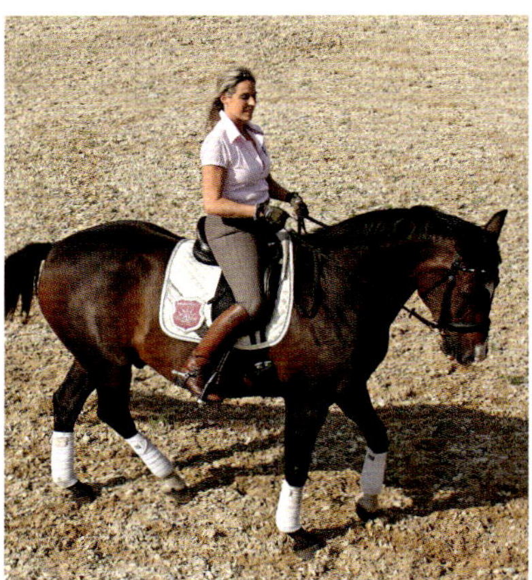

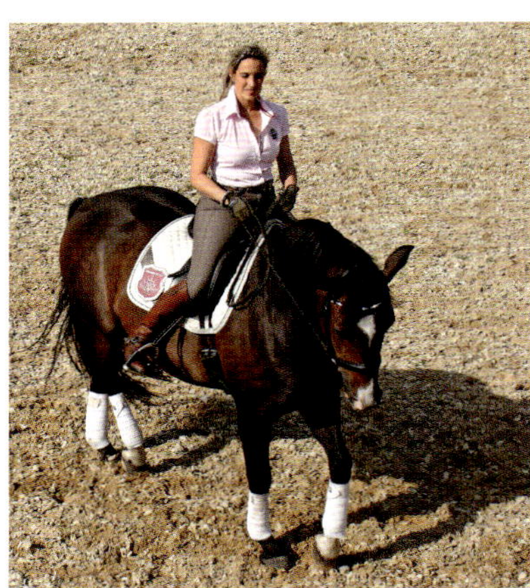

Deine Hilfen kurzgefasst

Verschiebe die Hinterhand zunächst schrittweise, später im Fluss und dann auch in der Vorwärtsbewegung um die Vorhand. Dreh dich dafür aus dem Becken in die entgegengesetzte Richtung, sodass du mit Gesäßhöcker und Schenkel die Hinterhand weichen lassen kannst. Dein Pferd ist dabei gegen die Bewegungsrichtung gestellt, was bedeutet, dass du dein Treiben mit dem anderen Zügel sanft auffängst. Beide Schenkel liegen hinter dem Gurt: der eine seitwärts-treibend, der andere begrenzend und aktivierend. Halte die Längsachse deines Pferdes während der Wendung gerade, indem du „geradeaus" sitzt.

Stell dir vor ...

... du drehst deinen Stecker mitsamt Steckdose um die Vorhand als Drehpunkt und richtest dabei deinen Körper Schritt für Schritt in die neue Blickrichtung aus.

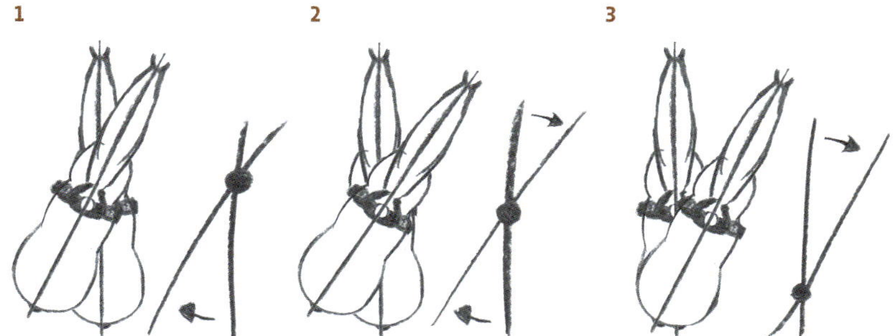

Wende die Längsachse deines Pferdes – oder von Reitnudel **RESI** *– um drei verschiedene Punkte: Vorhand (1), du selbst als Drehachse (2), Hinterhand (3). Was musst du dafür tun?*

Fühl dich ein ...

... in verschiedene Wendungen. Probiere drei unterschiedliche Drehpunkte aus und wie sich dein Körpereinsatz dabei unterscheidet – das gelingt z. B. prima mit Reitnudel **RESI**:

1. eine Wendung um die Vorhand,
2. eine Wendung um dich selbst als Drehachse (quasi um die Mittelhand, wie sie normalerweise in der Dressur nicht gefragt ist),
3. eine Wendung um die Hinterhand.

Vertiefe dein Verständnis

- Wie ändert sich deine Hilfengebung, wenn du den Drehpunkt veränderst, um den du die Wendung reiten möchtest?
- Wie gelingt es dir, die Vorhand am Platz zu „fixieren"?

7. Die Genickdurchlässigkeit: Im Vertrauen

Nur, wenn dein Pferd im Genick loslässt, kann es deine Hilfen durch seinen ganzen Körper fließen lassen. Blockiert es im Genick, hält es auch seinen Rücken fest und hemmt die Hinterhand. Bitte bedenke, dass das Lockerlassen im Genick nicht nur ein körperlicher Prozess ist, sondern auch eine mentale Herausforderung für dein Pferd. Denn damit gibt es die Kontrolle über seinen Körper – und somit gefühlt über sein Wohlergehen – an dich ab.

Besonders dieser Buchstabe in eurem ABC erfordert deshalb eine gehörige Portion Vertrauen, in das du einige Zeit investieren solltest. Auch wenn die Arbeit an der Durchlässigkeit des Genicks alles andere als spektakulär ist, sie zahlt sich hundertfach aus.

Deine Hilfen kurzgefasst

Locke dein Pferd mit sanft spielenden Fingern in die Innenstellung, damit es sauber am äußeren Zügel zu stehen lernt und du den inneren loslassen kannst. Sitze dabei vortreibend und halte am äußeren Zügel elastisch Verbindung. Werde beim leichtesten Weichwerden deines Pferdes am inneren Zügel selbst sofort weich und sag damit „Danke".

Stell dir vor ...

... das Gebiss im Maul deines Pferdes ganz sanft zu bewegen – möglichst von außen unsichtbar! Der äußere Zügel sorgt dabei für flexiblen Kontakt wie bei einem leicht gespannten Gummiband, während der innere Zügel dein Pferd sanft massierend in die Stellung lockt.

Fühl dich ein ...

... in die Wirkung des Gebisses. Bitte einen Reitfreund, diese Übung mit dir zu machen: Einer hält das Gebiss in beiden Händen, der andere nimmt mit den Zügeln Kontakt auf wie beim Reiten und probiert verschiedene Varianten der Zügeleinwirkung aus. Anschließend werden die Positionen getauscht. Was ist angenehm, was nicht? Was passiert, wenn der „Reiter" seine Handgelenke anspannt, was, wenn er sie locker lässt? Wie (schnell) kommt ein „Danke" beim Gebiss an?

Vertiefe dein Verständnis

- Warum ist die korrekte Stellung so wichtig beim Reiten?
- Wie erreichst du, dass dein Pferd sich nach innen stellt und nachhaltig im Genick nachgibt?

Die Stellung betrifft nur das Genick: Halte den Hals deines Pferdes mithilfe einer Gummibandanlehnung am Außenzügel gerade. Locke es mit dem Innenzügel in die Stellung, sodass es abkaut, sich stellt und innen leicht wird.

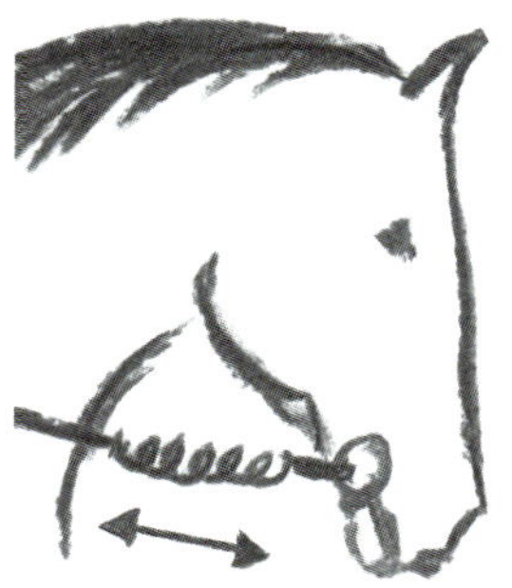

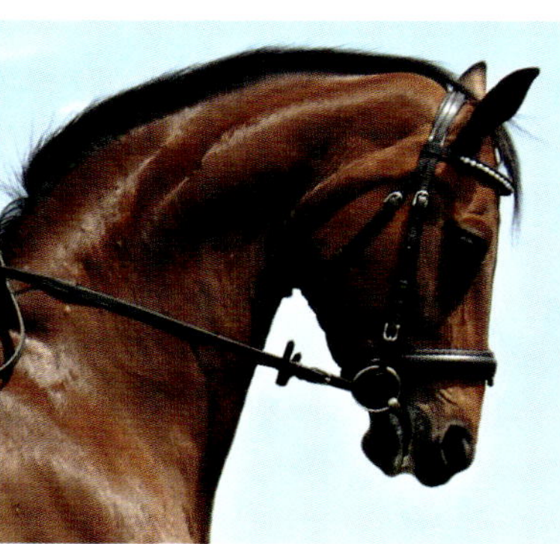

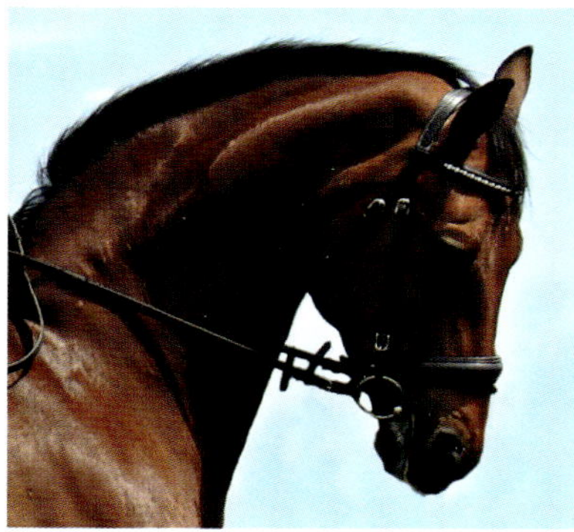

8. Die Silhouette: Rund in allen Varianten

Spiele oft mit der Silhouette deines Pferdes, so beugst du Überlastung vor und baust Muskulatur leichter auf. Im Wesentlichen lassen sich drei Haltungen unterscheiden, die an der Oberlinie deines Pferdes gut auseinanderzuhalten sind – weshalb ich sie als Silhouetten bezeichne:
Versammlung: Die Oberlinie ist kurz und rund mit deutlicher Bergauftendenz. Die Hinterhand lastet maximal und fußt vermehrt aufwärts ab. Das Pferd trägt sich in guter Selbsthaltung, ist von hinten „geschlossen". Sein Genick ist der höchste Punk, sein Hals nach oben gerundet, etwa wie ein Viertelkreis, und es scheint vorne zu wachsen.
Arbeitshaltung: Die Silhouette ist länger, doch auch rund. Die Hinterhand tritt aktiv, fußt vorwärts ab. Das Pferd arbeitet durch seinen ganzen Körper hindurch. Sein Genick ist tiefer als in der Versammlung, der Hals länger.
Dehnung: Die Oberlinie ist lang und rund. Die Hinterhand schwingt aktiv durch, fußt energisch vorwärts. Die Nase dehnt sich etwa bis auf Höhe des Buggelenks, der Hals ist lang und tief, aber nach wie vor in seiner Oberlinie aufwärts gewölbt.

1

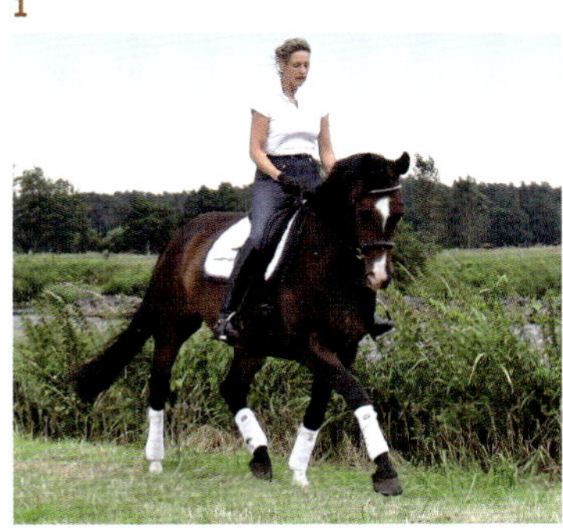

2

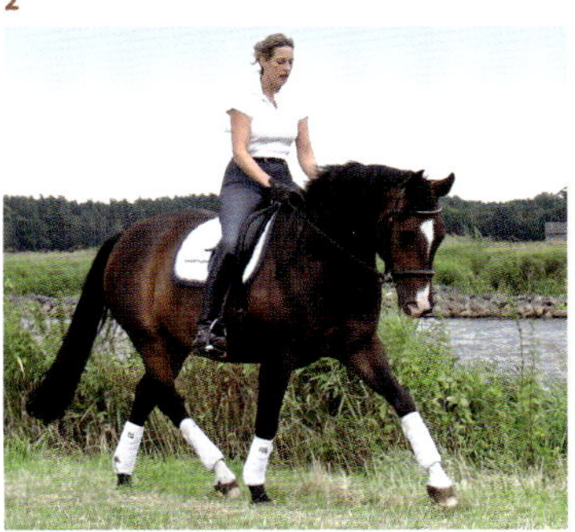

3

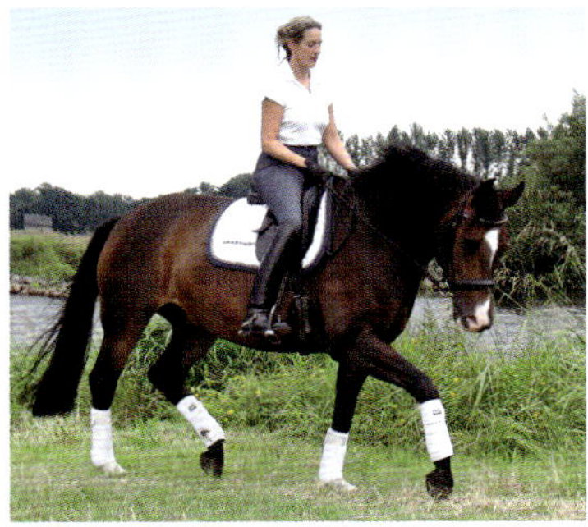

1 Versammlung: kurze, runde Silhouette, vorwärts-aufwärts

2 Arbeitshaltung: mittlere, runde Silhouette, vorwärts

3 Dehnung: lange, runde Silhouette, vorwärts-abwärts

Für alle drei Haltungen gilt: Die Nasen-Stirn-Linie deines Pferdes ist vor der Senkrechten, es dehnt sich an deine Hand und wölbt den Rücken auf. In der Versammlung wirkt das optisch eher wie ein Aufrichten der Vorhand, in der Dehnung ist der gewölbte Rücken klar an der brückenförmigen Oberlinie zu erkennen. Alle drei Silhouetten abzugrenzen und zu variieren hilft, stets den richtigen Energielevel parat zu haben, Pausen gut zu managen und die Lektionen zu fördern.

Deine Hilfen kurzgefasst

„Sammle“ dein Pferd für alle drei Haltungen mit Sitz und Schenkeln von hinten ein und engagiere die Hinterhand, damit sie stets unter den Schwerpunkt tritt. Gib dabei selbst den Energielevel vor, den du von deinem Pferd in der entsprechenden Silhouette erwartest:
Versammlung: Versammle dich selbst, aufrecht aus dem Becken heraus und deutlich kürzer im Becken mitschwingend.
Arbeitshaltung: Entspanne deinen Sitz im Vergleich zur Versammlung etwas, sitze insgesamt mit geringerem Muskeltonus. Schwinge dabei im Becken „aktiv folgend“ größer im Bewegungsrhythmus deines Pferdes mit als in der Versammlung.
Dehnung: Entspanne deinen Sitz deutlich, entlaste leicht, indem du deinen Oberkörper eine Nuance nach vorn neigst, und lass dich im Becken groß nach vorn schwingend mitnehmen.

Stell dir vor ...

... die Silhouette deines Pferdes über deine eigene Sitz- und Energieposition aktiv zu formen. Dabei beginnst du immer zuerst, dich selbst „einzusammeln“ bzw. deinen Sitz zu entspannen, wenn du dein Pferd von hinten heranschließen bzw. dehnen möchtest.

Fühl dich ein ...

... in die Perspektive deines Pferdes. Diese Übung ist wieder für zwei gedacht: Einer steht als „Pferd“ vorn und schließt die Augen. Der „Reiter“ legt seine Hände auf die Hüften seines Vordermanns und

Stelle fest, wie du wirklich wirkst! Stimmt dein Gefühl mit deiner tatsächlichen Außenwirkung überein? Welches Feedback bekommst du in dieser Hinsicht von deinem Trainingspartner?

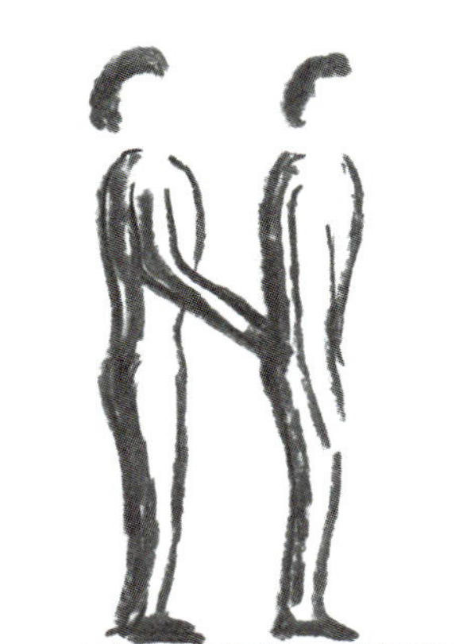

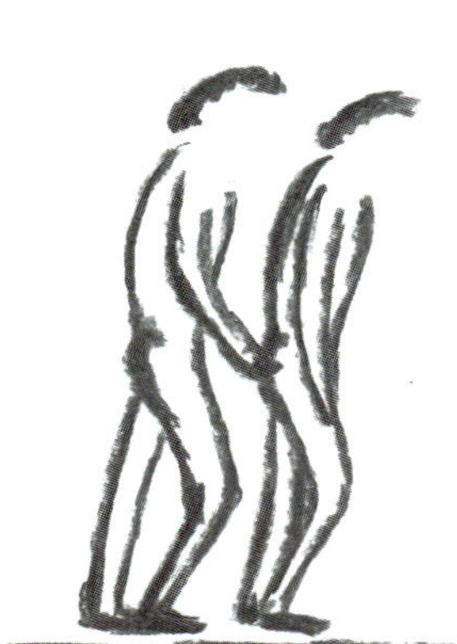

variiert seine Körperspannung von versammelt bis deutlich entspannt. Das „Pferd" erfühlt die Körpersprache des „Reiters" und imitiert sie mit seinem Körper. Was kommt an? Wo musst du deutlicher sein, damit dein „Pferd" dich so wahrnimmt, wie du wirken möchtest?

Vertiefe dein Verständnis

- Worin unterscheiden sich die drei Grundsilhouetten deines Pferdes?
- Was musst du mit deinem Körper tun, um welchen Energielevel zu vermitteln und welche Silhouette zu erreichen?

9. Der Rahmen: Immer eine Tür offen

Rahme dein Pferd stets so mit deinen Hilfen ein, dass du ihm gefühlt nur eine Richtung offen lässt: die, in die du reiten möchtest.

Deine Hilfen kurzgefasst

Hinten schließt du den Rahmen für dein Pferd, indem du dein Becken leicht nach hinten kippst und es nach vorn schwingst. Seitlich legen deine Gesäßhöcker den Rahmen für die Längsachse deines Pferdes, was sich in der Lage deiner Beine fortsetzt:

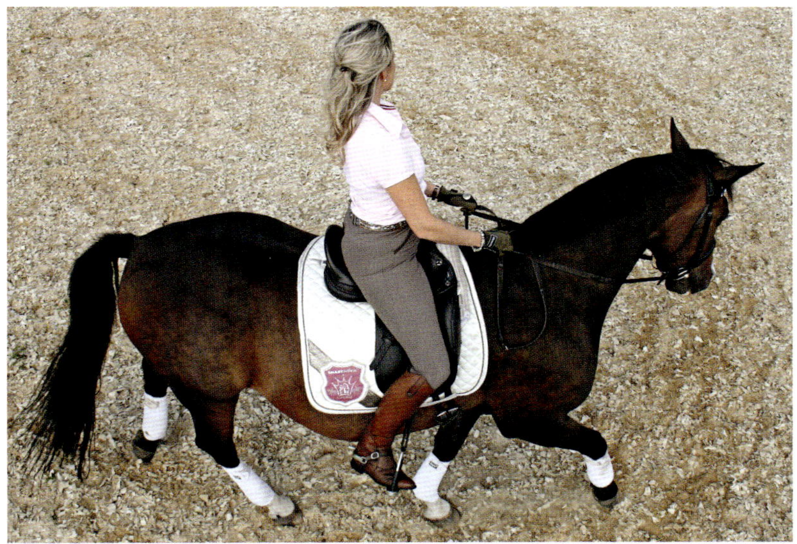

Rahme dein Pferd mit Sitz, Schenkeln und Zügeln so ein, dass nur eine Richtung „offen" bleibt. Manches Mal ist es angebracht, den Rahmen mit seitwärts weisendem Innenzügel dezent zu öffnen.

Gerade: Um die Längsachse für vorwärts oder rückwärts gerade zu halten, sitze mittig und rahme dein Pferd mit gleichmäßig belasteten Gesäßhöckern und in einer Ebene am Gurt (vorwärts) bzw. hinter dem Gurt (rückwärts) liegenden Schenkeln gerade ein.
Gebogen: Um es in eine Wendung zu biegen, dreh dich aus dem Becken in die Biegerichtung. Dabei muss deine Schulterachse mehr rotieren als deine Hüftachse (Drehsitz). Dein innerer Gesäßhöcker ist mehr belastet, während der innere Schenkel am und der äußere Schenkel hinter dem Gurt liegt.

Die äußere Hand führt in beiden Fällen den Rahmen in einer elastischen Anlehnung fort. Die innere Hand muss jederzeit loslassen können und rahmt dein Pferd nur in Form der Stellung ein. Die Richtung, in die du im Becken (mit-)schwingst, wirkt auf dein Pferd wie eine einladend geöffnete Tür im Rahmen.

Rahme dein Pferd freundlich ein – niemals so, dass es nicht weiß, wohin es seine Energie entfalten soll. Eine Richtung muss stets gefühlt einladend auf dein Pferd wirken.

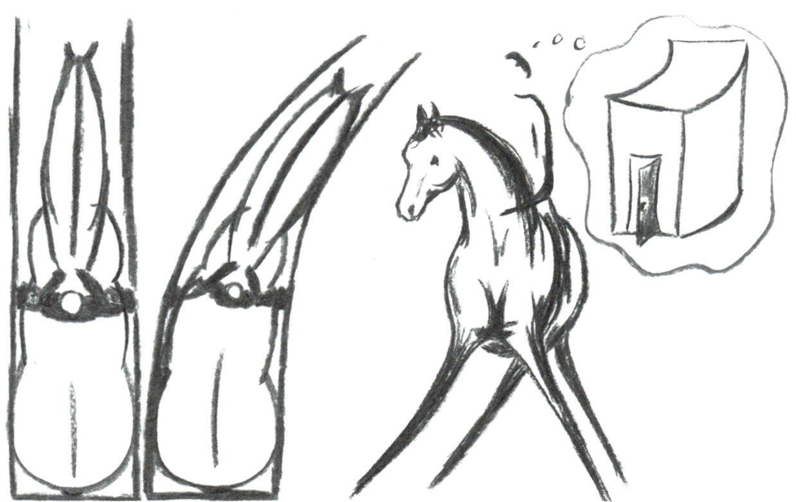

Stell dir vor ...

... du legst mit deinem Körper Schienen aus, je nach Vorhaben gerade oder gebogen, und leitest imaginär Wasser durch diesen „Schienenkanal". Dieses bündelt sich innerhalb deiner Schienen wie in einer Stromschnelle und fließt mit vervielfachter Kraft durch die offene Tür im Rahmen. Gib acht, dass du deine Schienen immer dort verstärkst, wo dein Pferd deinen Rahmen hinterfragt.

Fühl dich ein ...

... in die Wirkung deines Rahmens, indem du einmal mehr die Zügel auf den Hals legst und nur die Schnalle in die Hand nimmst. Weise nun jeweils mit dem äußeren Zeigefinger am ausgestreckten Arm in die Richtung, in die du reiten möchtest. Wohin folgt dein Pferd leicht, an welchen Stellen musst du deinen Rahmen verstärken?

Vertiefe dein Verständnis

- Welche Körperteile sind an deinem Rahmen für dein Pferd beteiligt?
- Wie hältst du seine Längsachse gerade, wie biegst du sie gleichmäßig um deinen Innenschenkel?

Diese neun Vereinbarungen bilden die Grundlage jeglichen Lektionsreitens. Wie ein Wort sich auf eine festgelegte Art aus einzelnen Buchstaben unseres Alphabets zusammensetzt, so lässt sich eine Lektion aus einzelnen Vereinbarungen mit deinem Pferd gestalten. Aus dieser Perspektive ist z. B. das Schenkelweichen fest definiert: Dein Pferd fühlt sich wohl (1), lässt sich jederzeit aufnehmen (2), der „Go!" (3) ist sichergestellt in die Richtung vorwärts-seitwärts (4), wobei du die Vorhand- (5) und Hinterhandposition (6) steuerst und dein nach innen gestelltes (7) Pferd in der Arbeitshaltung (8) gerade einrahmst (9). Aus diesem Blickwinkel wollen wir im Folgenden die Lektionen betrachten.

Am Set: Das ABC im Sattel – kurzgefasst

- Erkläre deinem Pferd die richtige Antwort auf deine Hilfen mit direktem Feedback, etwa wie beim „Topfschlagen": kalt, warm, heiß! Positive Verstärkung ist das wichtigste Element.
- Verdeutliche deine Hilfen kristallklar – stets mit dem gleichen Set gesteigerter Hilfen:
  1. Vorschlag
  2. Bitte
  3. Anordnung
  4. Versprechen

  Lobe dein Pferd beim kleinsten Versuch, die richtige Antwort zu geben, und gib ihm eine neue Chance, gleich korrekt zu antworten!
- Geh den Weg der kleinen Schritte: Wir können nicht mit der Endversion einer Lektion beginnen. Vielmehr gilt es, uns schrittweise an die Perfektion heranzutasten. Also habe Geduld mit dir und deinem Pferd.
- Vereinbare als Grundlage einer gemeinsamen Sprache mit deinem Pferd ein ABC, das ihr beide versteht und stets parat habt:
  1. Wohlfühlzone: Das Herzstück
  2. „Hooo ...": Jederzeit entspannen
  3. „Go!": 100 % Engagement
  4. Richtung: Vorwärts, rückwärts, links, rechts
  5. Vorhandposition: Einzeln dirigieren
  6. Hinterhandposition: Einzeln verschieben
  7. Genickdurchlässigkeit: Im Vertrauen
  8. Silhouette: Rund in allen Varianten
  9. Rahmen: Immer eine Tür offen

Innere Bilder für Reitersitz und Reiterhilfen

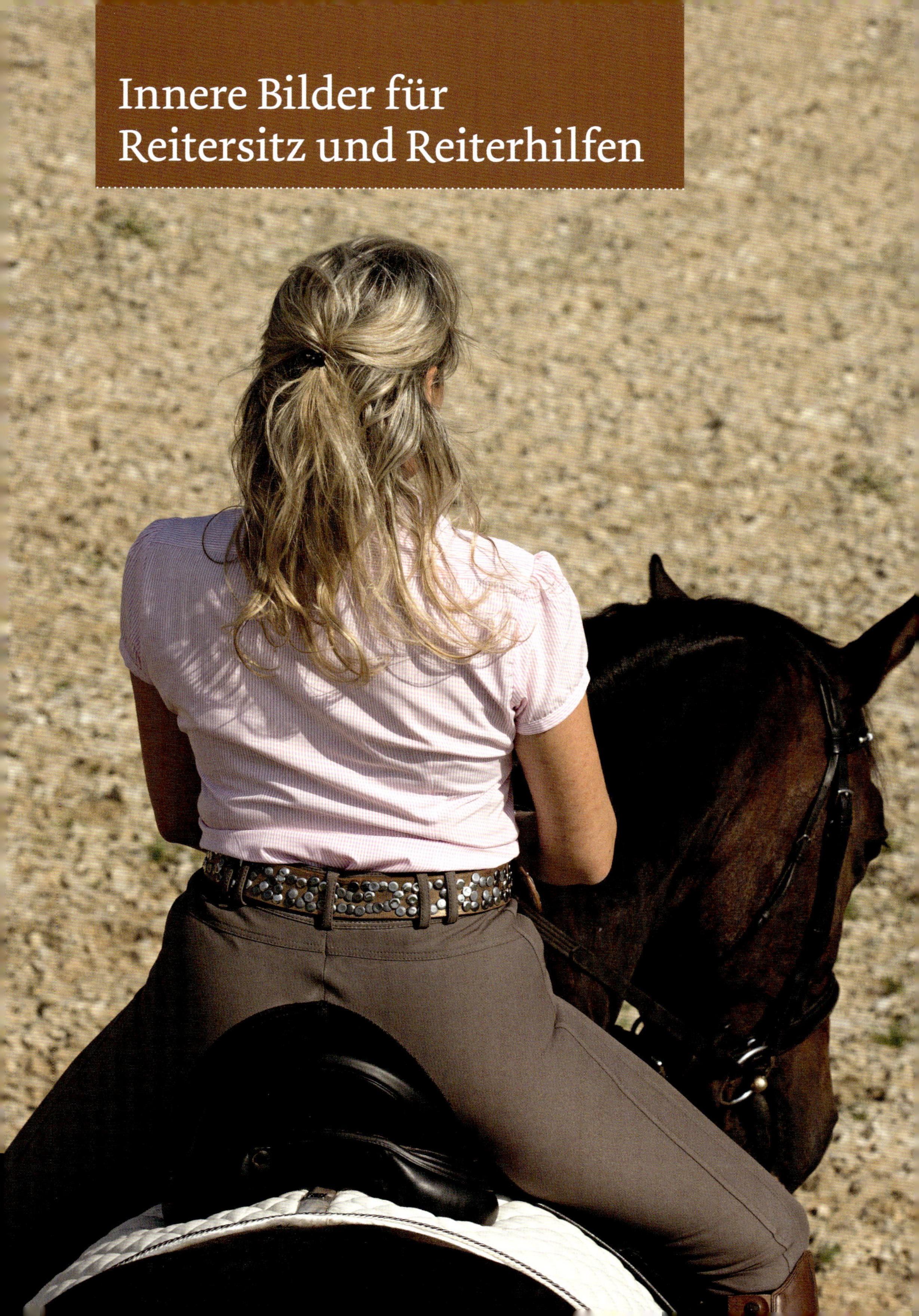

„Wesentlich ist …, dass der Reiter
auch durch die Art seiner Sattelbelastung
alle Leistungen des Pferdes erleichtert und unterstützt.“
Peter Spohr

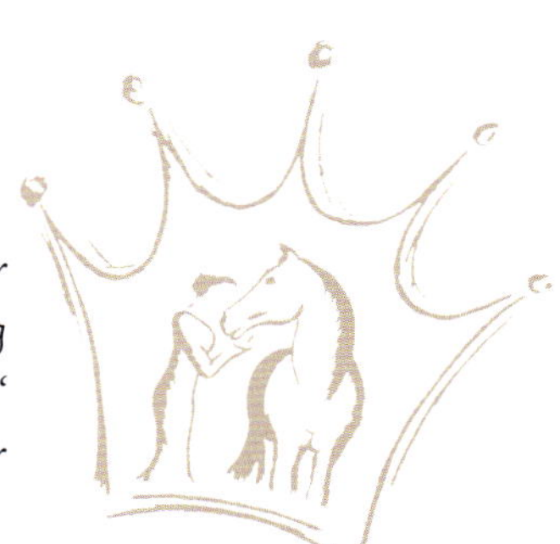

Sportlich aktiv sitzen!

Reiten beginnt – zusammen mit dem gemeinsamen ABC mit deinem Pferd – mit deinem Sitz. Dich in eine „optisch korrekte“ Form pressen zu wollen ist ebenso kontraproduktiv, wie dein Pferd in eine fixe Haltung zu zwingen. Reiter wie Pferde bringen unterschiedlichste körperliche Voraussetzungen mit. Ihnen eine bestimmte Haltung auferlegen zu wollen, ist deshalb der falsche Weg, mündete er doch nur in Verspannung und Steifheit. Vielmehr gilt es, die bestmögliche Haltung zu erreichen – angemessen für deinen Körperbau und den deines Pferdes.

Im Sattel bedeutet das für dich, die bestmögliche Balance auf deinem sich bewegenden Pferd zu erzielen. Balance wiederum ist gekennzeichnet durch ein angemessenes Spannungsfeld zwischen Entspannung und athletischer Anspannung. Ich nenne es gern „sportlich aktiv sitzen“ und meine damit nicht, jeden Schritt, Tritt oder Sprung aktiv herauszutreiben, sondern jeder Bewegung deines Pferdes elastisch zu folgen – und es bei Bedarf mit einem kleinen Treibeimpuls (kurzzeitig erhöhter Muskeltonus) im richtigen Moment zu unterstützen.

Dieses sportlich aktive Sitzen bedingt, selbst im Gleichgewicht zu sein, damit die Bewegungsenergie deines Pferdes durch deinen eigenen Körper „hindurchschwingen“ kann. Die Voraussetzung dafür ist, dass alle deine Gelenke sich in der sogenannten Mittelstellung befinden. Dies ist die Stellung, in der du in der Lage bist, das jeweilige Gelenk in alle ihm möglichen Bewegungsrichtungen zu bewegen – bewusst und auch unbewusst, d. h. in sich locker und elastisch.

Stellen wir beispielsweise unser Fußgelenk fest, weil sich uns das Kommando „Hacken runter“ nachhaltig eingeprägt hat, führt das dazu, dass wir den Schwung unseres Pferdes nicht ausbalancieren können. Denn nicht nur das Fußgelenk versteift sich damit, sondern dieses Festhalten setzt sich als Kettenreaktion durch unseren gesamten Körper hindurch fort: feste Knie, unelastische Hüfte, steife Schultern bis zu festgehaltenen Handgelenken. So ist kein Schwingen möglich.

Sind hingegen alle unsere Gelenke in einer elastischen Mittelstellung, kann unser Körper sich durch minimale Bewegungen dieser Gelenke ausbalancieren und das Gleichgewicht dauerhaft aufrechterhalten. Das mündet in entspanntes Sitzen – stets bereit für prompte kleine oder auch größere Balancekorrekturen ohne großen Aufwand. Die elastische Sitzposition muss obendrein zu deinem Energielevel passen, dann bist du in der Lage, deinem Pferd die entsprechende Energiehaltung zu vermitteln – und damit seine Silhouette (s. S. 81 ff.).

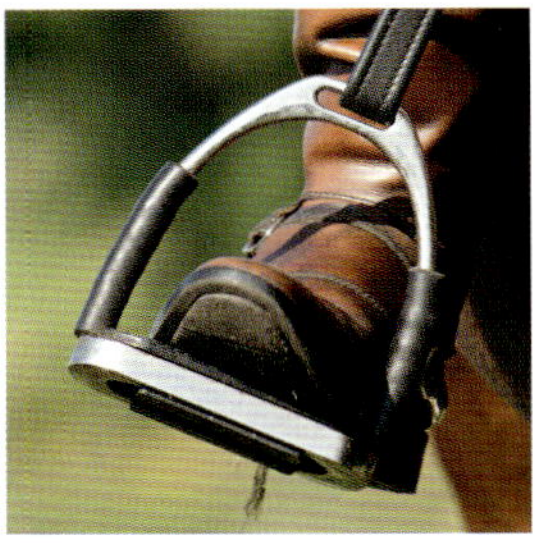

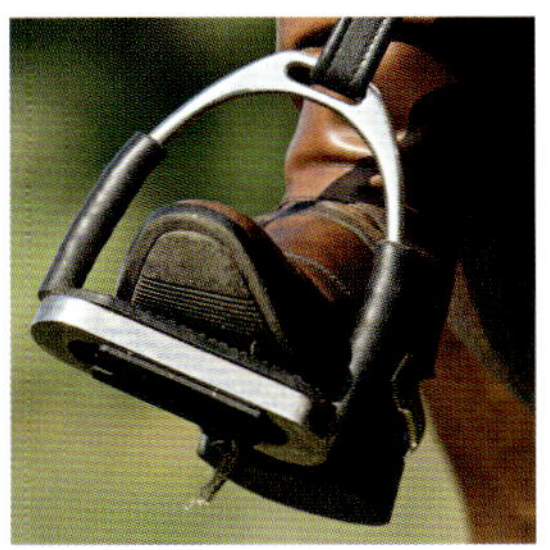

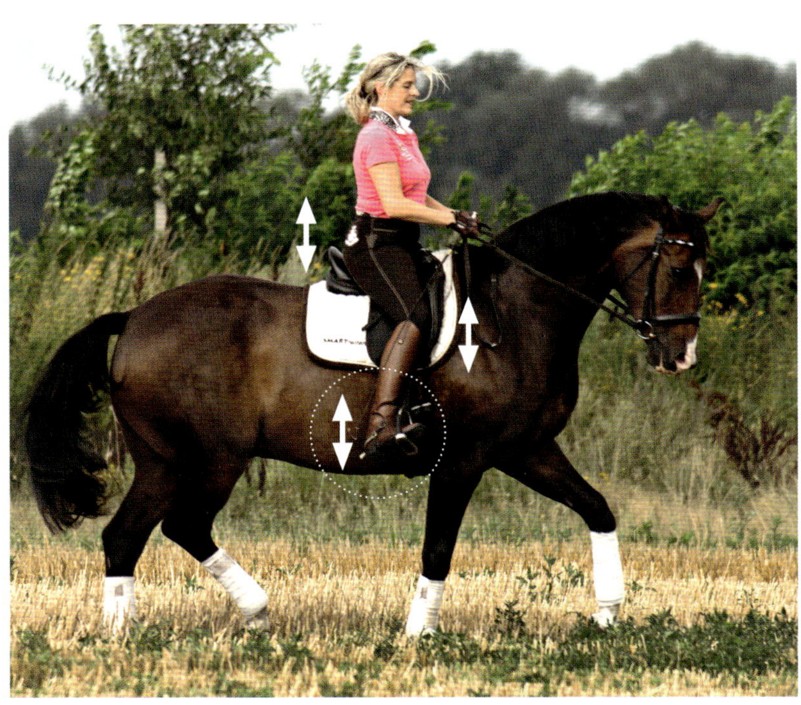

Federnde Beweglichkeit in allen Gelenken, wie z. B. im Fußgelenk, sichert die Balance des Reiters im Sattel.

Du erinnerst dich sicher an die Unterteilung, die wir bereits vorgenommen haben: Versammlungs-, Arbeits- und Dehnungshaltung. Entsprechend dieser drei Silhouetten richtest du deinen Körper im Sattel aus. Dafür kannst du dich wieder des imaginären Gummiballs

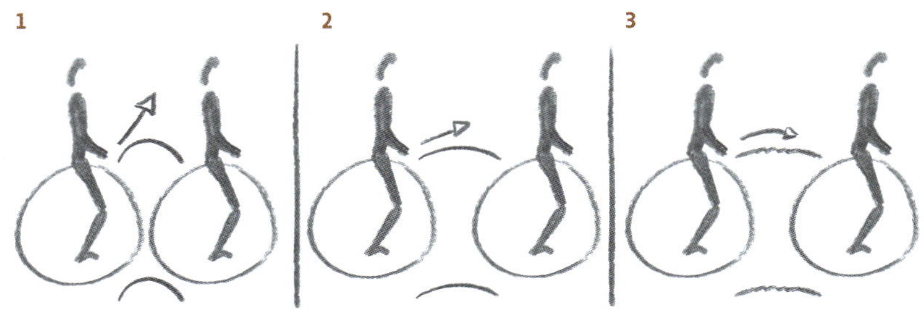

Lass dich von der Energie unter dir in Bewegung schwingen und steuere, wohin der Gummiball abschnellt: in der Versammlung (1) athletisch nach oben, in der Arbeitshaltung (2) nach vorn, in der Dehnung (3) entspannt nach vorn.

bedienen: Stell dir z. B. vor, ihn in der Versammlung nahezu auf der Stelle von oben nach unten abschnellen zu lassen und „bounce" entsprechend im Sattel mit (bitte ohne die Bewegung zu übertreiben, es ist mehr ein Zulassen, dass die Bewegungsenergie deines Pferdes unter dir deinen Körper zum Schwingen bringt, du bestimmst lediglich die Schwingrichtung). In der Arbeitshaltung lässt du ihn weniger hoch abschnellen, dafür mehr nach vorn. In der Dehnung springt er ebenfalls deutlich nach vorn, du lässt dich aber mit jedem Schwung entspannter in den Sattel „fallen".

Deine Hilfen kurzgefasst

Damit die Bewegungsenergie deines Pferdes durch deinen Körper fließen kann und dich tief sitzen lässt, gilt es, bewusst verschiedene Sitzpositionen auszuprobieren. So verbesserst du deine eigene Bewe-

Die Übergänge zwischen den Silhouetten sollen fließen – und dennoch für dein Pferd deutlich spürbar sein, hier von der Versammlung (1) auf dem Weg (2) in die Dehnung: Harry kaut die Zügel aus meiner Hand.

1

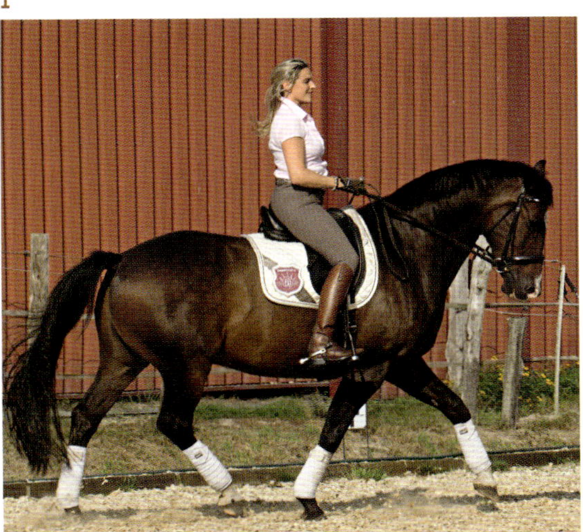

2

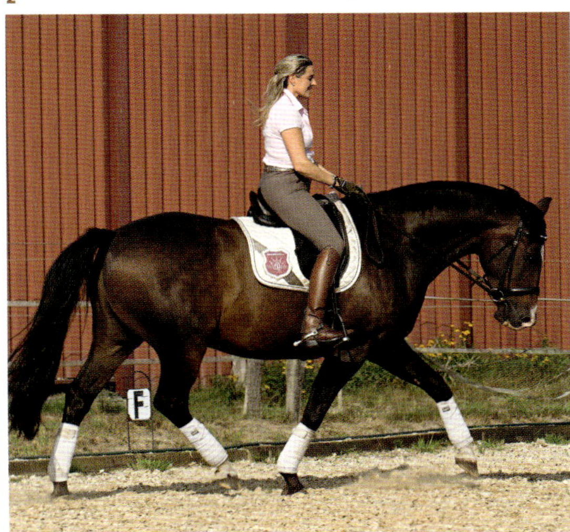

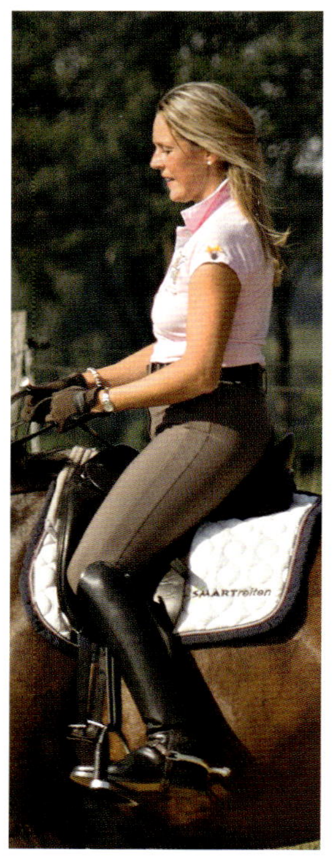

Der Dressursitz ist nicht fix, sondern energetisch variabel: Aus einer mittleren Position ist eine energetische Steigerung für einen neuen Vorwärtsimpuls ebenso möglich wie ein Zurücknehmen in tiefere Entspannung.

gungsmechanik und kannst deinem Pferd die Silhouette immer leichter per eigener Haltung vorgeben. Der Dressursitz – in den genannten drei Varianten – ist durch die folgenden Eigenschaften gekennzeichnet:

- gestreckte, aufrechte Haltung mit getragenem Kopf,
- bewegliche Fuß-, Knie- und Hüftgelenke,
- „mitatmende“ Unterschenkel, auf Tuchfühlung am Pferdeleib,
- flach anliegendes, nicht klemmendes Knie,
- lang und entspannt aus der Hüfte heraushängende Oberschenkel,
- tief im Sattel „eingesteckte“ Gesäßhöcker,
- symmetrische Balance mit ein- oder beidseitiger Gesäßbelastung,
- bewegliches Becken und gezieltes Mitschwingen,
- geschmeidige Zusammenarbeit der Bauch- und Rückenmuskulatur,
- entspannt aus den Schultern herabhängende Arme,
- flexibel angewinkelte Ellenbogen mit Unterarmen, ohne Kraftaufwand getragen,
- lockere, elastische Handgelenke mit „liebevollen“ Fingern.

Aus einem gelungenen Zusammenspiel dieser Kriterien erwächst die Fähigkeit, die eigenen Hüft- und Schulterachsen so auszurichten, wie das Pferd seine Hüft- und Schulterachsen im nächsten Moment positionieren soll. Das ist eine der Schlüsselfähigkeiten für die Lektionsreiterei. Hierin liegt das Geheimnis, mit unsichtbaren Hilfen aus dem Sitz heraus zu reiten.

Stell dir vor …

… du seist mal Königin, mal Kartoffelsack. Du kannst die beiden Enden der Skala deines Dressursitzes, Versammlung – Dehnung, übertrieben ausprägen, indem du dich erhaben wie eine Königin, mit vor Stolz

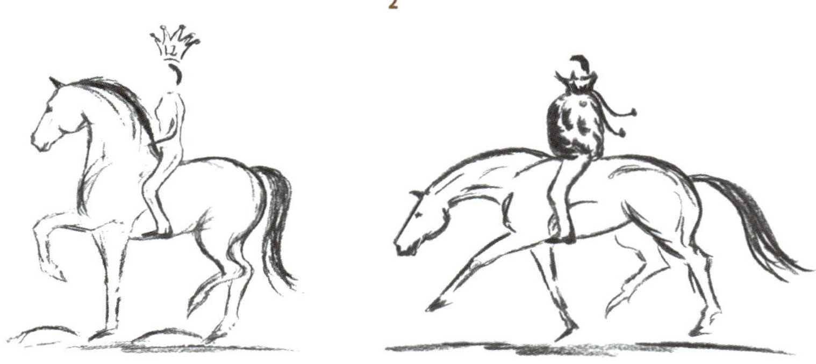

Je besser du die Skala von der Königin (1) bis zum Kartoffelsack (2) und umgekehrt beherrscht, desto klarer wirkst du auf dein Pferd.

geschwellter Brust, im Sattel aufrichtest (1 – Versammlung) bzw. mit nach vorn genommenen Schultern und Rundrücken im Sattel zusammensackst wie ein Kartoffelsack (2 – Dehnung).

Sobald dein Pferd den Unterschied kennt, reicht es, die Differenzierung nur noch anzudeuten: Die Königin bleibt stolz mit einem höheren Muskeltonus und dennoch elastisch sitzen, aber der Kartoffelsack wird nur noch kaum sichtbar signalisiert, indem du dich minimal im Sattel leicht machst und tief ausatmest.

Fühl dich ein …

… ins Loslassen. Viele Reiter halten sich in den Schultern und im Nackenbereich fest. Sie tragen ihre Zügelfäuste nur mit Mühe vor sich her. Das kostet Kraft, die wir beim Reiten jedoch nur für das Notwendigste aufwenden wollen. Es heißt also, unnötige Spannung loszuwerden. Das gelingt mit der Übung „Stoffpuppe“: Such dir einen Übungspartner, der sich hinter dich stellt und deine Arme mit in Reitstellung angewinkelten Ellenbogen seitlich anhebt. Dann lässt er sie plötzlich fallen. Fallen sie einfach herab oder ist noch eine Restspannung vorhanden, sodass du das Herabfallen letztlich doch kontrollierst und so verlangsamst?

Stell dir vor, du seist eine Stoffpuppe: Schüttle deinen Oberkörper. Lass deine Arme seitlich einfach schlackern – und dann wiederholst du die Übung mit deinem Partner. Was hat sich geändert? Wie fühlt es

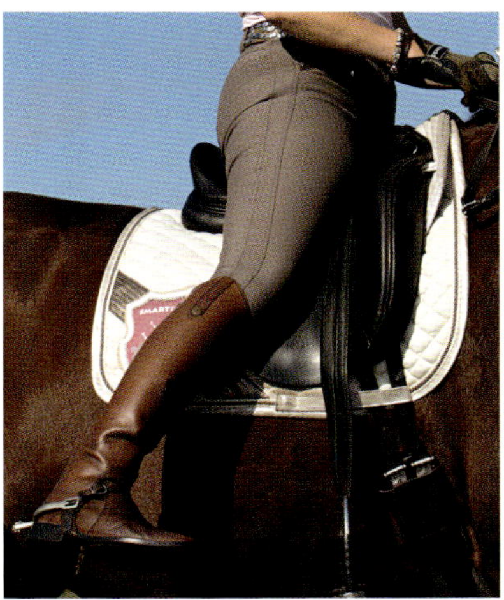

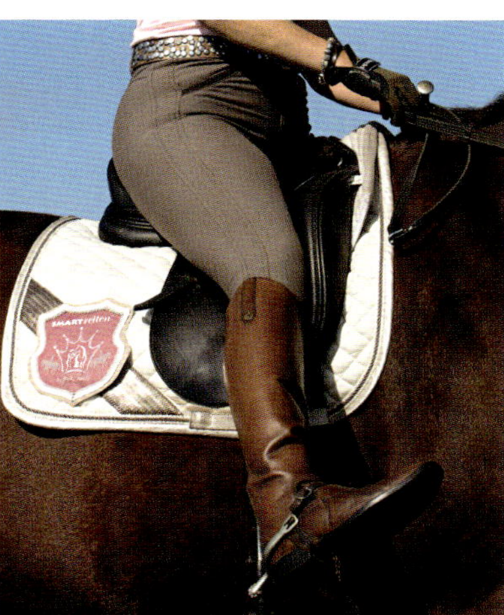

Die Partnerübung „Stoffpuppe“ vermittelt dir das richtige Gefühl: Statt deine Arme aktiv zu tragen, lässt du sie locker aus deinen Schultern hängen. Gleichermaßen wirkungsvoll ist die Pendelübung für deine Beine: Lass sie hin- und herschwingen wie die Pendel einer Uhr.

sich an, in den Schultern wirklich loszulassen? Erinnere dich auch auf deinem Pferd daran, deine Arme immer wieder aus den Schultern locker fallen zu lassen!

Im Übrigen kannst du nach Belieben deinen ganzen Körper im Sattel ausschütteln wie eine Stoffpuppe. Horche dabei auf das Feedback deines Pferdes: Wann passierst du eine Haltung, die ihm angenehmer ist als dein bisheriger Sitz? Das gibt dir wertvolle Hinweise, wo noch Steifheiten in deinem Körper existieren, die es loszulassen gilt.

Vertiefe dein Verständnis

- Was macht einen elastischen Dressursitz aus?
- Ist der Dressursitz immer gleich oder gibt es Varianten?
- Welche Eigenschaft oder Fähigkeit ist für dich die entscheidende, um die Bewegungen deines Pferdes unter dir elastisch auszubalancieren?

Reiterhilfen im Sattel

Gelingt es dir, sportlich aktiv zu sitzen, bist du in der Lage, deine treibenden und aufnehmenden Impulse wie Strom durch deinen Körper fließen zu lassen. So kommen deine Hilfen bei deinem Pferd direkt und ohne „Reibungsverluste“ an.

Direkte versus indirekte Hilfen

Grundsätzlich lassen sich zwei Arten von Hilfen unterscheiden:

- direkte Hilfen – das sind die Hilfen, bei denen du dein Pferd berührst, ihr also im physischen Kontakt miteinander steht – und
- indirekte Hilfen – hierzu zählen alle Hilfen ohne physischen Kontakt, z. B. Gedankenbilder und Energielevel, Mimik und Gestik sowie optische und akustische Hilfen.

Im Spiel am Boden wie auch beim Reiten im Sattel gilt: Schöpfe möglichst erst dein Repertoire indirekter Hilfen aus, bevor du mit direkten Hilfen auf dein Pferd einwirkst. Das fordert manches Mal Disziplin …

Ein konkretes Beispiel: Du möchtest deinem Pferd den fliegenden Wechsel erklären. Wenn du das mit indirekten Hilfen gut vorbereitest, hast du bereits an der Longe das Kommando „Achtung – Gaaaa-loppp!“ zum Angaloppieren etabliert (akustische = indirekte Hilfe). Das kannst

1

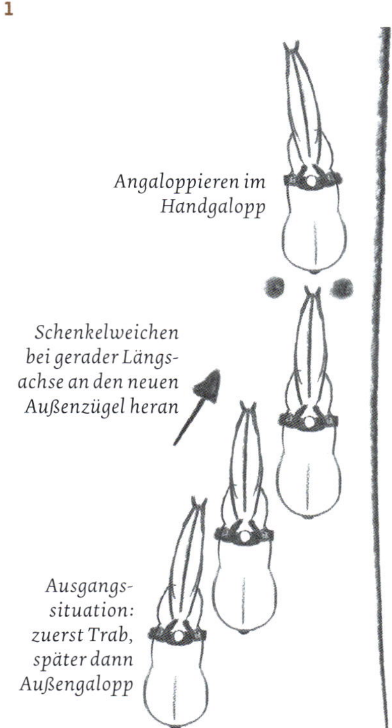

2

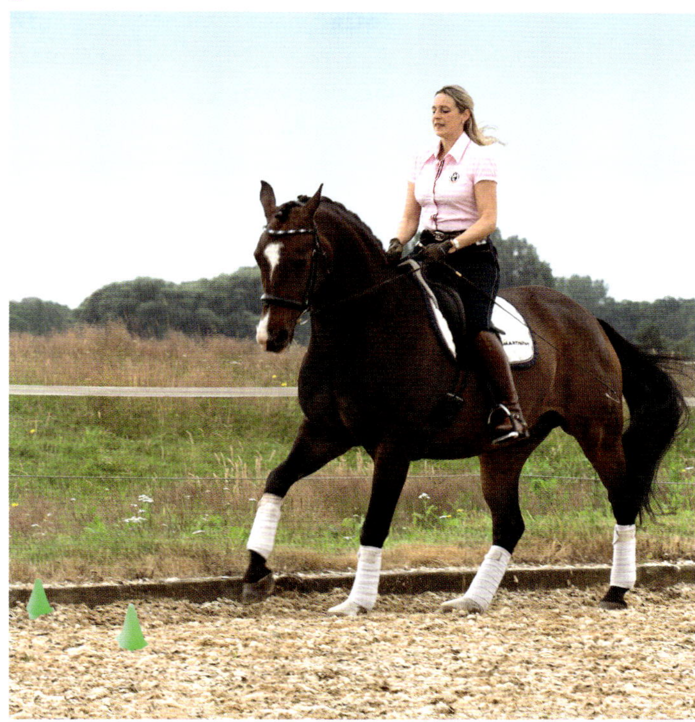

du dir nun im Sattel zunutze machen. Darüber hinaus könntest du einen geschickten Aufbau wählen und die Antizipationsfähigkeit deines Pferdes anregen, damit es das Prinzip des fliegenden Wechsels versteht: Baue beispielsweise ein Pylonentor (optische = indirekte Hilfe) am Zirkelpunkt auf. Trabe dann auf dem zweiten Hufschlag der langen Seite entlang, verschiebe dein Pferd kurz vor dem Pylonentor im Schenkelweichen zum Hufschlag und lass es im Tor im Handgalopp anspringen. Das machst du so lange, bis dein Pferd im Pylonentor den Galopp erwartet und ihn dir anbietet. Im nächsten Durchgang trabst du nicht an das Tor heran, sondern näherst dich im Außengalopp, vergrößerst das Viereck im Schenkelweichen und galoppierst im Tor aus dem Galopp an – unter Zuhilfenahme deines Stimmkommandos.

Du änderst also nichts an deiner Vorbereitung für das Angaloppieren außer der Gangart, in der du dich dem Pylonentor näherst. Wenn du die Vorarbeit sauber gemacht hast, wird dein Pferd umspringen, denn es hat verstanden, dass im Tor Handgalopp erwünscht ist.

1 *Mach dir mit geschickter Vorbereitung die Fähigkeit deines Pferdes zunutze, zu erkennen, was als Nächstes gewünscht ist.*

2 *Optische Hilfen wie Pylonen können dabei als Bodenanker dienen und den Prozess des Verstehens fördern. Mit dieser Vorbereitung macht sich das Pferd für den kommenden fliegenden Wechsel ganz von selbst bereit.*

In diesem Ablauf rahmst du dein Pferd zusätzlich mit deinen direkten Hilfen – Gewichts-, Schenkel- und Zügelhilfen – ein und signalisierst ihm über die mit ihnen vermittelten direkten Impulse, was du dir von ihm wünscht. Auf diese Wechselhilfen kommen wir an späterer Stelle im Detail zu sprechen.

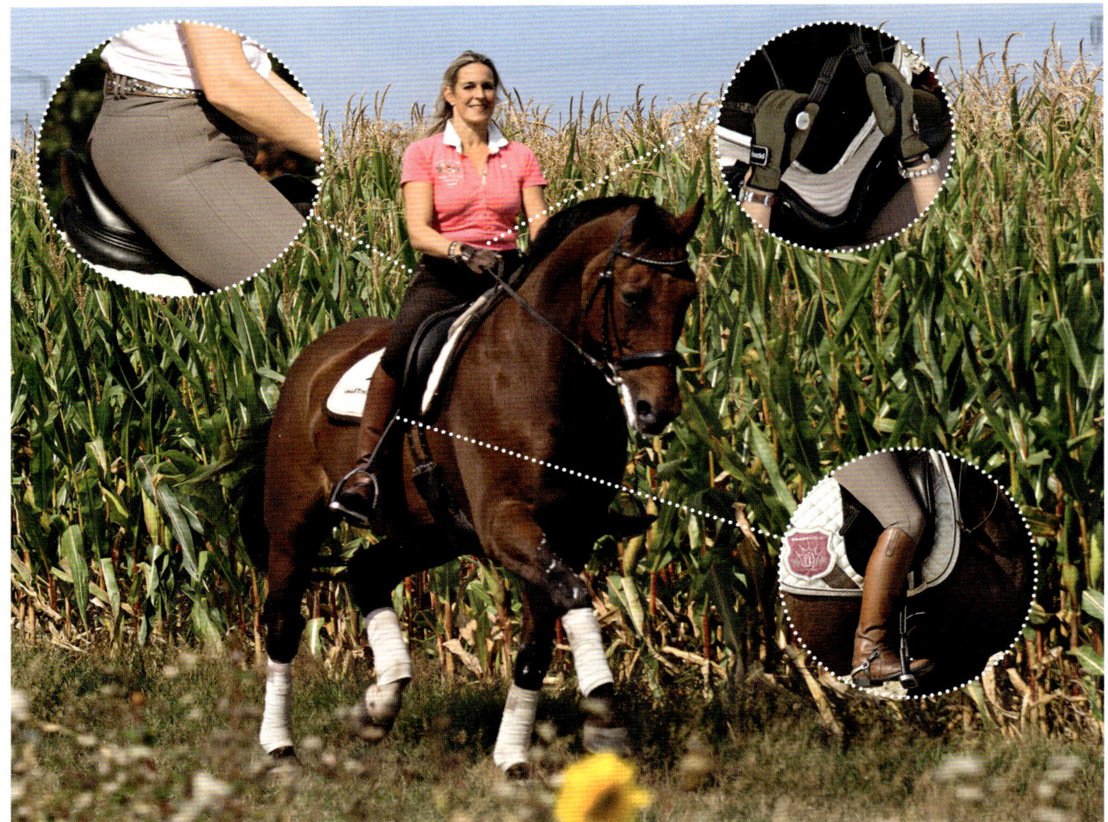

Direkte Reiterhilfen sind stets eine Kombination aus Gewichts-, Schenkel- und Zügelhilfen. Lass deine Gewichtshilfen immer dominieren – Schenkel und Hand unterstützen lediglich!

Gewichts-, Schenkel- und Zügelhilfen

Für eine direkte Kommunikation mit deinem Pferd sind immer alle drei Arten von Reiterhilfen beteiligt:

- Wie ist dein Gewicht im Sattel verteilt und wie schwingst du im Becken mit?
- Wo liegen deine Schenkel und wie wirken sie ein?
- Wie kommunizierst du über die elastische Hand-Maul-Verbindung?

Das Zusammenspiel dieser drei Hilfen entscheidet, wie effektiv du im Sattel bist. Ihre Koordination im richtigen Timing ist durchaus anspruchsvoll, weshalb es sinnvoll ist, die Hilfen zunächst isoliert voneinander zu betrachten. Wenn du sie einzeln erzeugen kannst, gelingt dir ihre Kombination letztlich viel leichter.

Deine Hilfen kurzgefasst

Gewichtshilfen: Je nachdem, ob du mittig im Sattel sitzt (1) und in beiden Steigbügeln gleichmäßig durchfederst oder ob du dein Becken horizontal zu einer Seite drehst (2) und den diesseitigen Bügel deutlicher austritts (Drehsitz), belastest du deine Gesäßhöcker gleichmäßig oder unterschiedlich. Sitzt du mittig, spricht man von beidseitigen Gewichtshilfen, belastest du einen Gesäßhöcker vermehrt, ist von einseitigen Gewichtshilfen die Rede.

Korrektes Treiben aus dem Sitz heraus passiert, indem du rhythmisch mit dem Becken im Sattel mitschwingst. Dadurch gibst du die Bewegungsrichtung vor: Sitzt du mittig, schwingst du von hinten nach

1

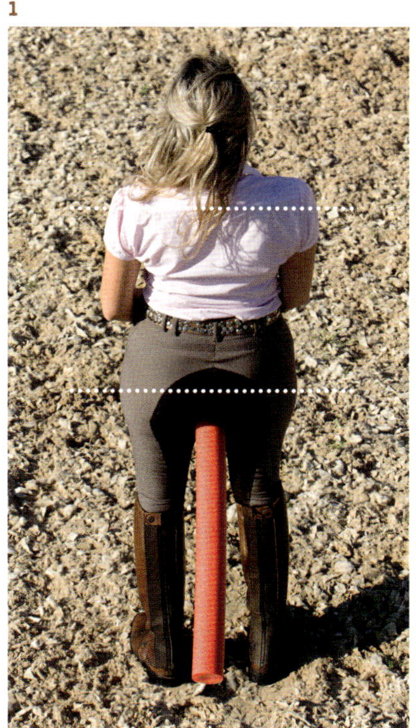

2

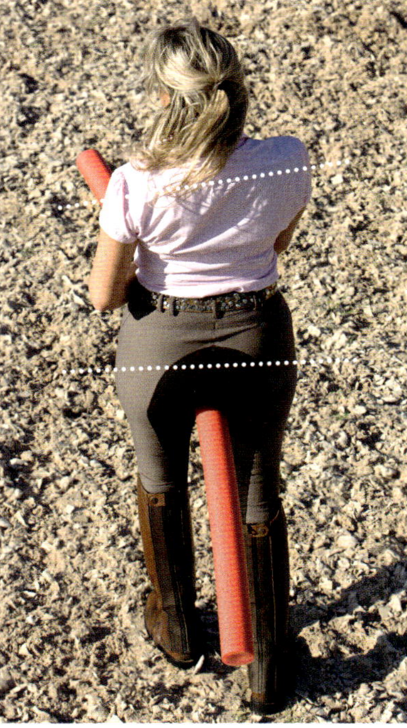

1 Gerade Beckenausrichtung – die Reitnudel stellt die geradegerichtete Längsachse deines Pferdes dar.

2 Beckenausrichtung im Drehsitz für eine gebogene Längsachse deines Pferdes.

1

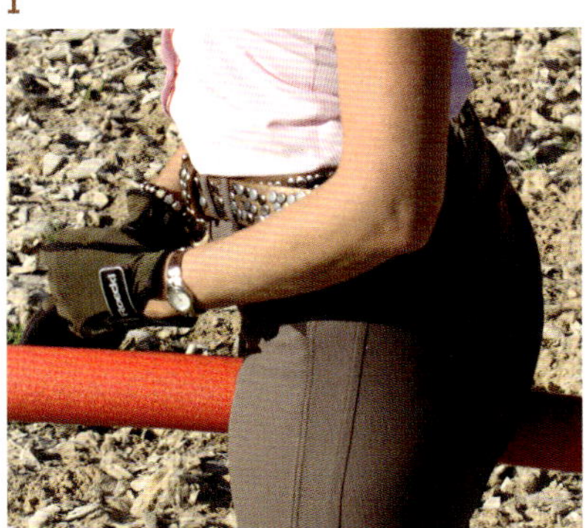

2

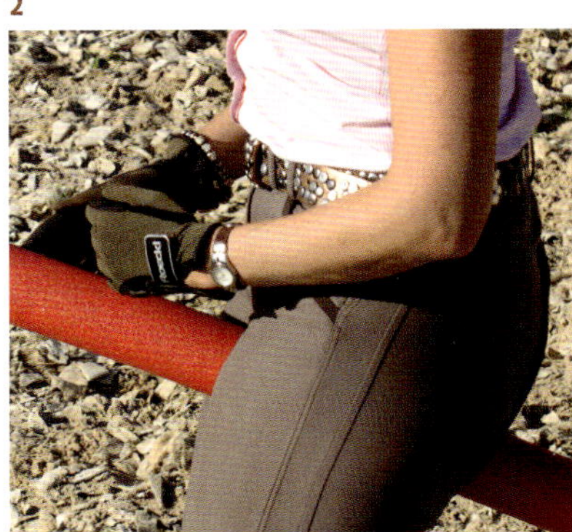

1 Ins Hohlkreuz nach vorn gekipptes Becken: Variiere zwischen den Positionen 1 und 2, um die Mittelstellung deines Beckens auszuloten, aus der heraus du im Sattel locker mitschwingen kannst.

2 Nach hinten gekipptes Becken: Dies ist die Position für einen Vorwärtsimpuls, in dem du das gekippte Becken aktiv vorschwingst.

vorn mit, um geradeaus zu reiten; sitzt du hingegen im Drehsitz, schwingst du vom vermehrt belasteten Gesäßhöcker ausgehend leicht diagonal Richtung Außenzügel mit und folgst dank der Biegung deines Pferdes einer gebogenen Linie.

Der Platz in einem Buch ist naturgemäß begrenzt, sodass sich vieles nicht unterbringen lässt, aber in unserem Video-Seminar mit Reitnudel **ReSi** – **RE**iten am **SI**tz – www.smartreiten.de/reiten-am-sitz – befassen wir uns intensiv mit dem effektiven Reiten aus dem Sitz heraus. Dort lernst du, wie du deine einrahmende Sitzposition mit der Beckenmitschwingrichtung so wirkungsvoll kombinierst, dass dein Pferd dich auf Anhieb versteht – und ein Betrachter von außen staunt, wie unsichtbar eure Kommunikation ist …

Um effektiv treiben zu können, musst du in jedem Fall zunächst die Mittelstellung deines Beckens finden: Kippe es dafür maximal nach vorn und nach hinten. So lotest du beide Extremstellungen aus und suchst dir dann dazwischen eine Position, in der du in beide Richtungen beweglich bist. Neben dem Vor- und Zurückschwingen, gilt es auch, ein Auf und Ab der Gesäßhöcker zuzulassen, denn dein Pferd bewegt sie dreidimensional. Außerdem lässt du deine Beine locker aus den Hüften baumeln, sodass diese sich beim Vorschwingen deines Beckens leicht nach vorne außen öffnen können. Andernfalls würden sie den Vorwärtsimpuls aus deinem Becken wie ein sich schließendes zweiflügliges Tor wieder abbremsen.

Ausgehend von dieser Mittelstellung lässt du dich im Sattel mitnehmen und verstärkst das Vorschwingen nach Bedarf durch einen mehr oder weniger deutlichen Vorwärtsimpuls. Dafür kippst du dein

Becken bei aufrechtem Oberkörper leicht nach hinten: Spanne deine Bauch- und untere Rückenmuskulatur an und schwinge dein Becken wie eine Schaukel energischer nach vorn (gerade oder diagonal, je nach Sitzposition und Reitrichtung) – und zwar in dem Maße deutlicher als dein Pferd dich mitnimmt, indem du es gerade vortreibend unterstützen willst. Im Zurückschwingen entspannst du deine Muskulatur wieder und lässt dein Becken ohne Aufwand in die Mittelstellung zurückkehren.

Dieser Wechsel zwischen An- und Abspannen ist wesentlich, um mit deinen Kräften im Sattel optimal zu haushalten. Reiten soll zwar sportlich sein, jedoch nicht erschöpfend.

Schenkelhilfen: Mit deiner Sitzposition geht deine Schenkelposition Hand in Hand: Im mittigen Sitz liegen beide Unterschenkel in einer Ebene (meistens am Gurt, nur im Schenkelweichen beide hinter dem Gurt). Im Drehsitz liegt der innere, biegende Schenkel vorn, der äußere, begrenzende etwa eine Handbreit hinter dem Gurt (wie auf den beiden Reitnudel-Bildern auf S. 95 gut zu erkennen ist).

1

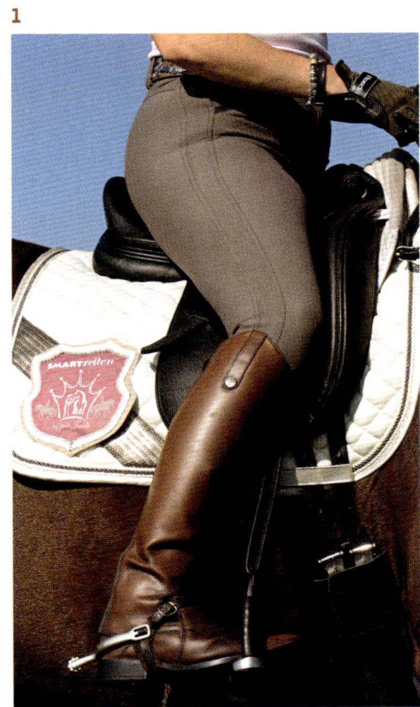

2

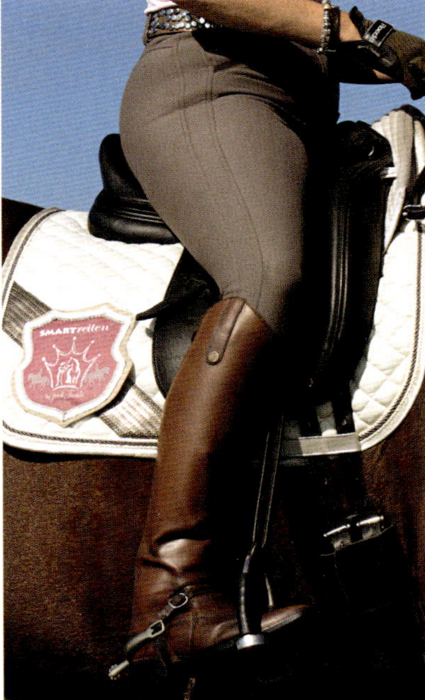

1 Wird das Knie an die Pausche gepresst, rotiert die Wade vom Pferd weg. Die treibende Einwirkung geht verloren oder überrascht das Pferd derart, dass es vor dem Schenkel wegläuft.

2 Die Lösung: das Knie leicht nach außen öffnen. Damit kann das Bein locker aus der Hüfte baumeln und die Wade bleibt auf Tuchfühlung.

1

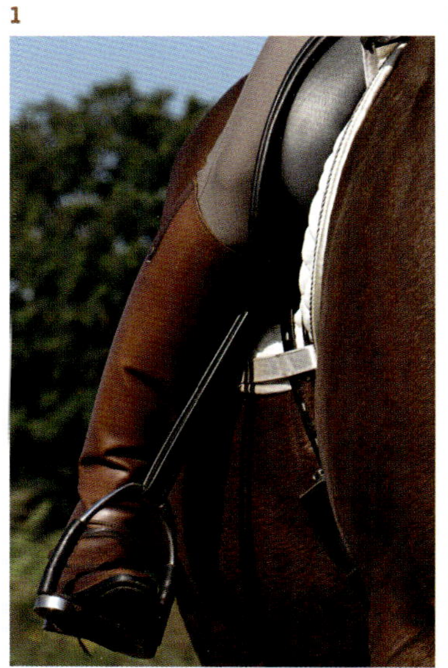

2

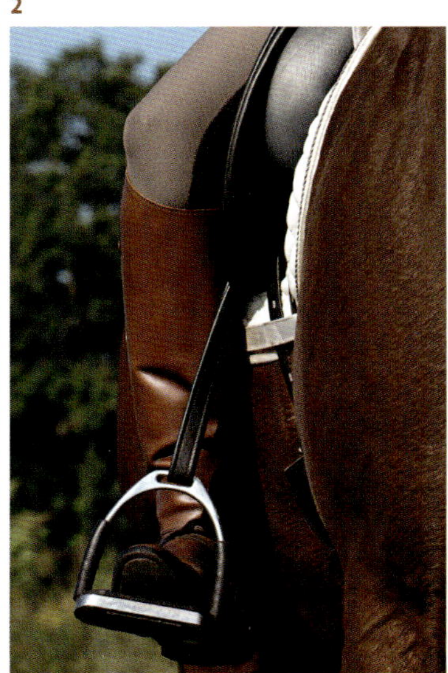

3

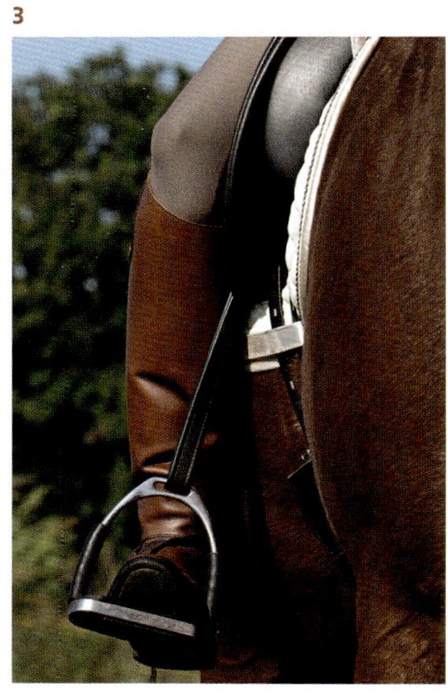

1 *Kontraproduktiv: Übertriebener Knieschluss bringt die Wade vom Pferd und das Gesäß aus dem Sattel.*

2 *Abhilfe: Durch bewusstes Einnehmen der gegensätzlichen Extremposition – ausgedrehtes Knie – begibt der Körper sich auf dem Weg zur Ausgangsposition für einen Moment in eine korrekte Position (3).*

3 *Korrekt: Das locker anliegende Bein hält einen mitatmenden Kontakt, ohne zu pressen.*

Korrektes Treiben mit den Schenkeln soll deine Impulse aus dem Becken heraus lediglich unterstützen. Indem du rhythmisch mit den Beinen „mitamest", d. h. die hintere Oberschenkelmuskulatur an- und abspannst, bleiben deine Waden auf Tuchfühlung mit dem Pferdeleib und dein Pferd holt sich die Schenkelhilfe quasi bei jedem Schritt, Tritt oder Sprung selbst ab. Für ein Aufmerksammachen kannst du bei Bedarf doppelfrequentes Treiben nutzen – gleich einem Trommelwirbel, den du kurzzeitig mit dem Schenkel veranstaltest.

Übrigens: Wer bewusst das Knie anpresst (1), um ein optisch flach anliegendes Bein zu erreichen, baut sich selbst eine Stolperfalle. Denn bei festem Knie löst sich die Wade vom Pferd, die Tuchfühlung geht verloren und das Gesäß hebelt sich aus dem Sattel. In der Folge kommen die Treibeimpulse nicht mehr beim Pferd an – oder es ist überrascht, weil Sitz oder Wade ohne Vorwarnung zum Einsatz kommen. Neigst du zum übertriebenen Knieschluss (1) (das gilt nicht beim Springen, hier ist der Knieschluss notwendig und deshalb erwünscht), schüttle die Beine aus und dreh deine Knie bewusst nach außen (2). Die Fußspitzen dürfen dabei ruhig nach außen weisen – schließlich nimmst du hier eine Korrektur vor und dabei sind Gegenmaßnahmen erlaubt, die kurzzeitig eine vermeintlich neue „Baustelle" auftun. Letztlich entwickelt sich daraus eine für dich optimale Beinlage (3).

Zügelhilfen: Die Verbindung zum Pferdemaul soll elastisch sein wie ein Gummiband. An dieses Gummiband dehnt dein Pferd sich dank deiner treibenden Einwirkung, dank des „Go!"s, den ihr vereinbart habt, idealerweise heran. Damit es dies vertrauensvoll tut, gilt es, niemals starr, steif oder fest in den Fingern oder im Handgelenk zu werden. Nur mit flexiblen Fingern gelingt es, wirklich gefühlvoll mit den Zügeln einzuwirken.

Dabei spannt vornehmlich dein äußerer Zügel dieses Gummiband, während der innere dein Pferd immer wieder in die Innenstellung lockt und anschließend leicht wird. Diese Gummibandanlehnung bleibt in allen Silhouetten – Versammlung, Arbeit, Dehnung – deines Pferdes unbedingt erhalten, es sei denn, du streichst bewusst mit beiden Zügeln in Richtung Pferdemaul über. Wie stark das Gummiband gespannt ist, hängt vom Pferd und seinem Ausbildungsstand ab. Je weiter fortgeschritten es ist, desto leichter wird in der Regel die Verbindung (vergleiche 4 – deutlich gespannt und 6 – leichte Verbindung).

1

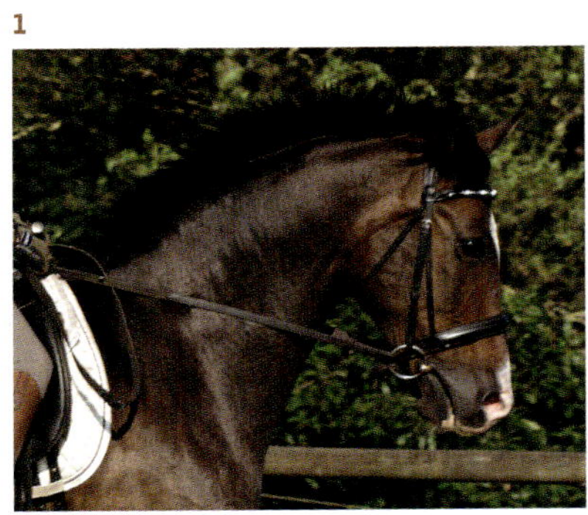

2

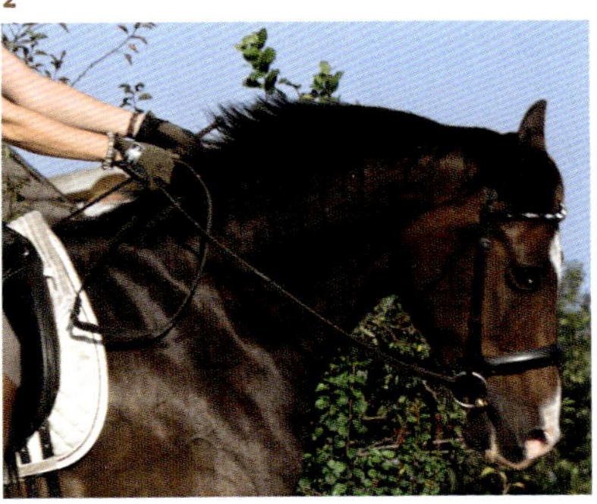

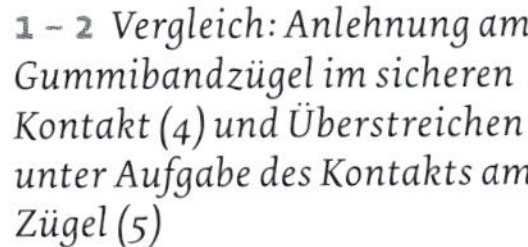

1 – 2 Vergleich: Anlehnung am Gummibandzügel im sicheren Kontakt (4) und Überstreichen unter Aufgabe des Kontakts am Zügel (5)

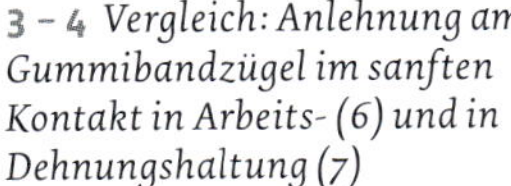

3 – 4 Vergleich: Anlehnung am Gummibandzügel im sanften Kontakt in Arbeits- (6) und in Dehnungshaltung (7)

3

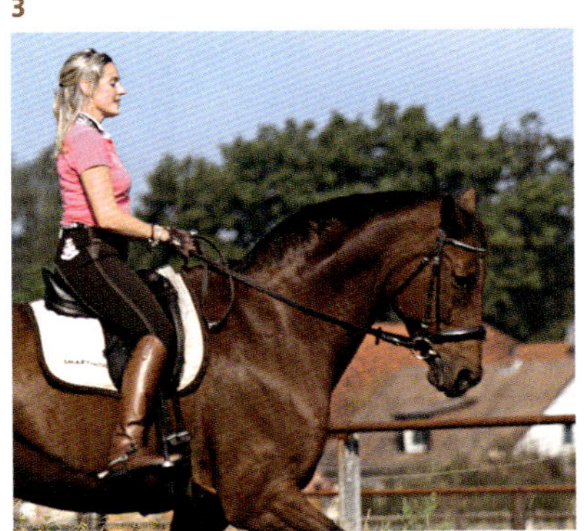

4

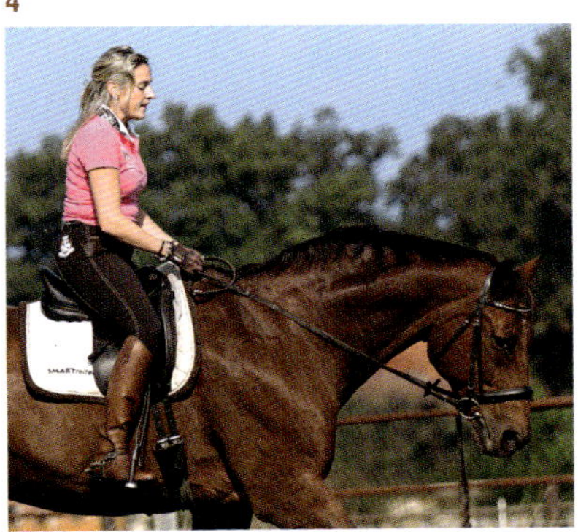

Steck dich mit deinen Gesäßhöckern in den Sattel ein wie einen Stecker in eine Steckdosen-Schaukel, atme bis tief in deine Fußspitzen hinein und spanne mit dem Außenzügel ein elastisches Gummiband, während der Innenzügel die Stellung sichert.

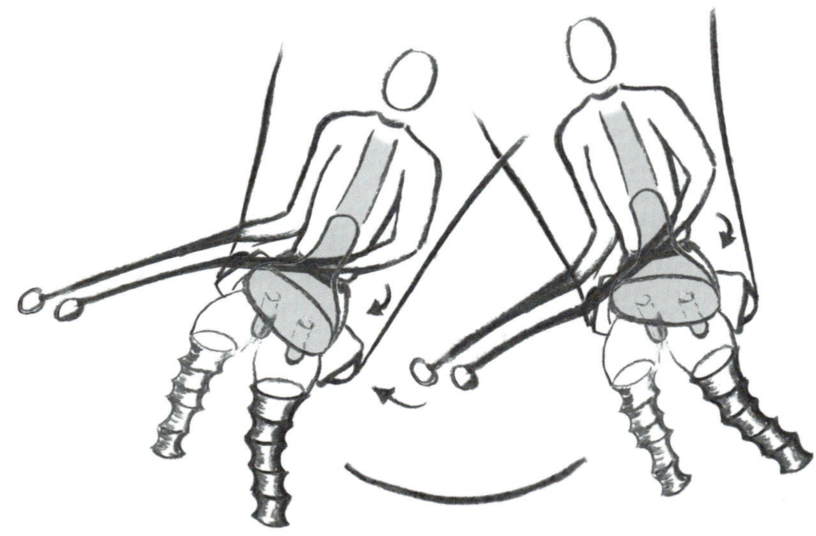

Stell dir vor …

… du sitzt mit deinen Gesäßhöckern im Sattel eingesteckt wie ein Stecker in der Steckdose. Verbinde dich gedanklich über deine Gesäßhöcker mit den Hinterbeinen deines Pferdes. Die Bewegungen, die sie vollführen, empfinden deine Gesäßhöcker im Kleinen nach. Lass dich im Sattel von deinem Pferd mitnehmen und verstärke das Vorschwingen deines Beckens, als ob du eine Schaukel höher hinausschwingen wolltest. Zieh deinen Bauchnabel dabei nach vorn oben.

Betrachte deine locker aus den Hüften baumelnden Beine als Verlängerung deiner Gesäßhöcker. Sie „atmen“ deren Bewegungen rhythmisch mit und halten einen sanften Kontakt mit dem Pferdeleib, als ob du ihn weich umschließen wolltest. Das Mitatmen kannst du unterstützen, indem du dir deine Beine als Atemrohre vorstellst. Atem durch sie hindurch bis tief in deine Fußspitzen hinein.

Schwinge die Schaukel mit deinem Becken imaginär durch deine Hüften hindurch, sodass sie sich bei jedem Vorwärtsschwung leicht nach außen rotierend öffnen. Schwinge die Schaukel gedanklich auch durch deine angewinkelten Ellenbogen hindurch, wobei deine Arme locker aus deinen Schultern herabhängen. Stell deine Zügelhände währenddessen vor dich hin, als ob du zwei Sektgläser in ihnen hieltest, deren Inhalt du nicht verschütten willst. Achtung: Das funktioniert nur, wenn deine Finger sich mit kleinsten Bewegungen ausbalancieren können, sprich locker und elastisch sind! So schwingst du dein Pferd an deine Hände heran.

Vielen Reitern hilft diesbezüglich die Vorstellung, mit den inneren, in Stellung lockenden Fingern kleinste Pinselstriche zu malen – bitte nach außen hin unsichtbar, dafür aber für dein Pferd fühlbar vibrierend – und mit den äußeren Fingern ein Schwämmchen zu kneten.

Fühl dich ein ...

... in den Energiefluss durch dein Pferd. Fühle wie deine Treibeimpulse aus Sitz und Schenkeln die Hinterbeine deines Pferdes engagieren, diese energisch abfußen lassen und ihre gespeicherte Energie in Bewegungsenergie verwandeln. Diese wiederum fließt über das gekippte Becken deines Pferdes durch seinen Rücken und sein losgelassenes Genick bis in sein Maul und von dort über die Gummibandanlehnung in deine Hand zurück.

Hol dir Feedback zur Feinheit deiner Handeinwirkung, bevor du sie deinem Pferd „zumutest“: Dafür benötigst du einen Übungspartner, der das Pferdegebiss mit beiden Händen umschließt. Lass ihn seine Augen schließen, spanne ein sanftes Gummiband mit den Zügeln und frag ihn nach seinem Empfinden:

- Spann deine Handgelenk an, lass sie dann wieder locker,
- vibriere mit dem Innenzügel, als ob du kleine Pinselstriche malst,
- bewege die Finger beider Hände gegeneinander wie beim Riegeln,
- variiere die Geschwindigkeit deiner Zügeleinwirkung ...

Was ist angenehm, was nicht? Was kommt wie beim „Pferd“ an? Im geschützten Rahmen dieser Partnerübung darfst du die negative Wirkung grober Methoden wie z. B. des Riegelns durchaus einmal ausprobieren und anschließend beim Rollentausch selbst erfühlen – das hat abschreckende Wirkung, glaub mir! Vielen meiner Seminarteilnehmer ist bei dieser Übung schon das entscheidende Licht aufgegangen – und seither reiten sie mit wesentlich liebevolleren Händen ...

Vertiefe dein Verständnis

- Welche Hilfen lassen sich unterscheiden?
- Was kennzeichnet die einzelnen Hilfen?
- Welche Hilfen sollten stets vorherrschen?

Halbe und ganze Paraden

In den halben Paraden – und jede Reitstunde besteht aus Tausenden von ihnen – koordinierst du deine vortreibenden Gewichts- und Schenkelhilfen so geschickt mit aufnehmenden Zügelhilfen, dass du deine Treibeenergie zur Hinterhand zurückleitest. Diese tritt in der Folge energischer unter den Schwerpunkt und nimmt mehr Last auf.

Die halbe Parade ist die Mutter der Durchlässigkeit – je öfter du sie benutzt, desto reibungsloser fließen deine Hilfen durch den Körper deines Pferdes. Ist die halbe Parade gelungen, kannst du innen loslassen, denn dein Pferd steht am Außenzügel.

Deine Hilfen kurzgefasst

In der Reitlehre unterscheiden wir halbe und ganz Paraden. Die halbe Parade dient dazu, dein Pferd aufmerksam zu machen und von hinten „einzusammeln", während die ganze Parade eine Abfolge mehrerer halber Paraden ist und im Halten endet.

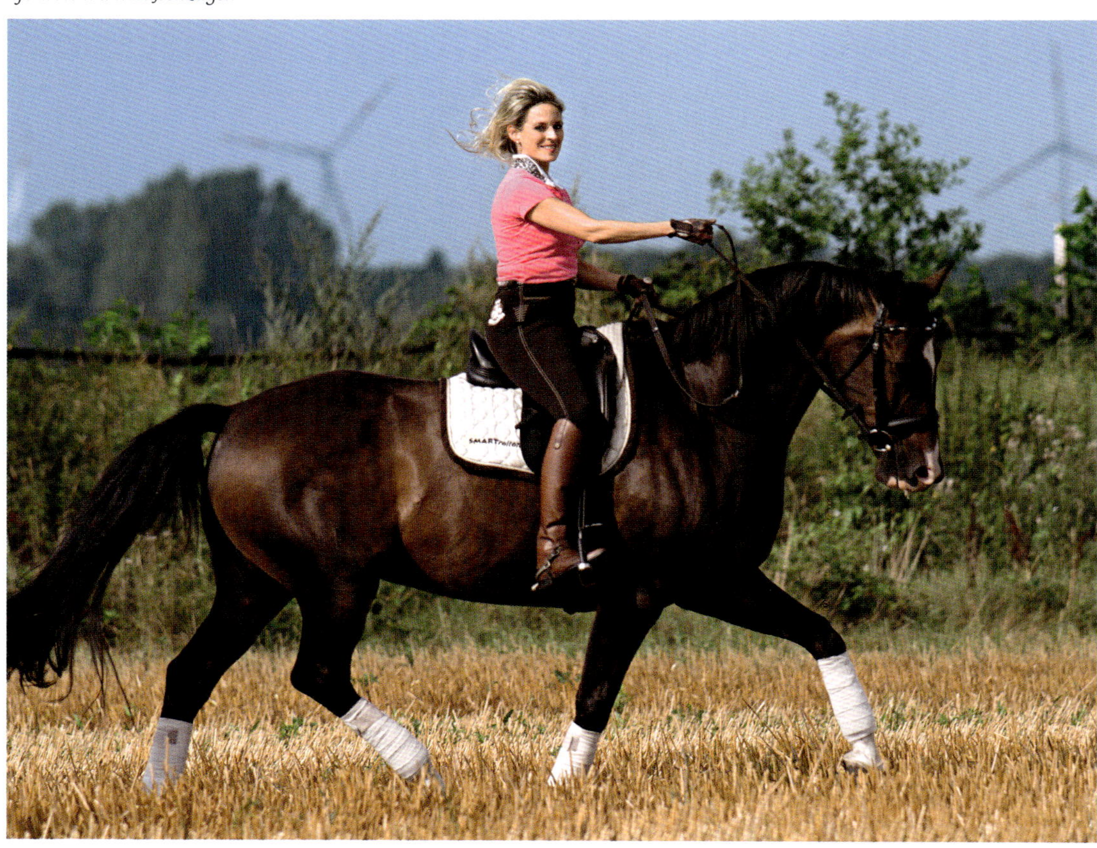

Um mit einer halben Parade mehr Last auf die Hinterhand deines Pferdes zu bringen, richte dich vermehrt auf und erhöhe deinen Energielevel. Sitze vortreibend, aber dabei aufnehmend: Indem du dich aus dem Becken heraus nach oben streckst, kann dein Becken nicht mehr im gleichen Maß wie zuvor nach vorn schwingen, sein Schwingradius wird durch das Aufrichten eingeschränkt. Dein Pferd fühlt dieses „Aufnehmen am Sitz" und verkürzt seinen Raumgriff entsprechend. Damit die gleiche Energie erhalten bleibt, atmest du mit beiden Beinen energisch mit.

Locke nun dein Pferd in die Innenstellung, treibe vom inneren Gesäßhöcker und vom inneren Schenkel dein Pferd diagonal an den Außenzügel heran und fang dieses Treiben dort sanft ab. Dafür drückst du deine äußere Hand zu, als ob du mit kurzen Impulsen ein Schwämmchen kneten wolltest. Lockere anschließend deine Finger, um deinem Pferd mittels der erreichten Leichtigkeit „Danke" zu sagen. Das ist der Moment, indem du innen auch komplett loslassen könntest.

Stell dir vor ...

... du sammelst dein Pferd mit jeder halben Parade etwas mehr von hinten ein, als ob du eine Ziehharmonika verkürzen würdest. Dadurch kommt die Hinterhand weiter unter dich, dein Pferd kippt sein Becken immer mehr und wird vor dir merklich größer. Hast du dir vorgenommen, eine ganze Parade zu reiten, dann sammelst du dein Pferd so weit

Einer Ziehharmonika gleich verkürzt sich dein Pferd mit jeder halben Parade, die du gibst, von hinten.

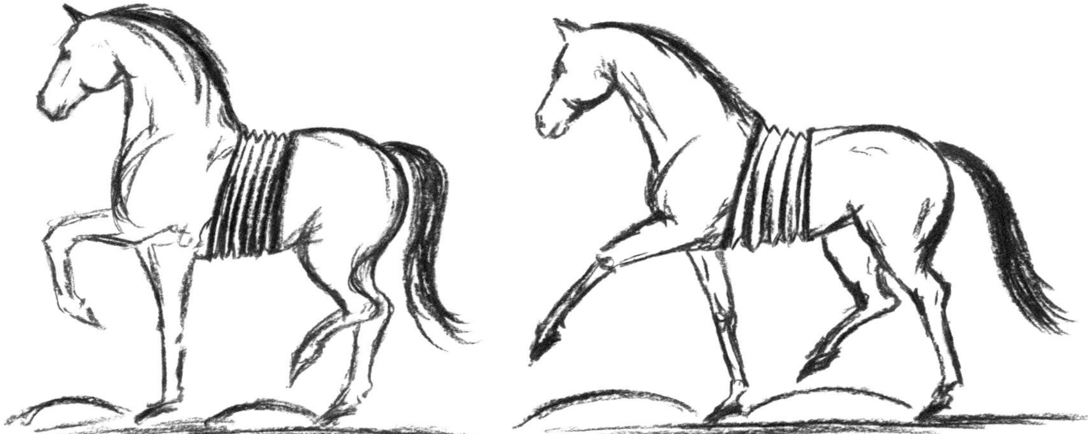

ein, dass es mit jeder halben Paraden nicht nur seine Oberlinie verkürzt, sondern auch seine Schritt-, Tritt- oder Sprunglänge. Die Aktivität der Hinterbeine bleibt dabei erhalten, jedoch fußen sie weniger vorwärts, dafür mehr aufwärts ab. Verkürze dein Mitschwingen im Becken, während du ins Halten hineinreitest, bis du es komplett einstellst und dein Pferd zum Stehen kommt.

Löse jetzt im Halten deinen Sitz nicht auf, sondern bleibe tief im Sattel sitzen, sodass du auch im Stehen dein Pferd vor deinen Hilfen behältst. So ist es ein Leichtes, daraus prompt wieder anzureiten.

Fühl dich ein ...

... in das korrekte Timing: Die versammelnden halben Paraden können ihre volle Wirkung nur entfalten, wenn das Hinterbein deines Pferdes am Boden ist, also kurz bevor es abfußt. Nur dann kann es mit diesem Hinterbein im nächsten Moment reagieren. Das erfühlst du so: Wenn das Hinterbein am Boden ist, steigt die Hüfte deines Pferdes auf dieser Seite an, deine eigene Hüfte wird dadurch angehoben.

Alles beginnt mit deiner eigenen Losgelassenheit! Verkrampfen wir in einem Körperteil, setzt sich das wie eine Kettenreaktion durch unseren Körper bis in den unseres Pferdes fort. Ausschütteln kann rasch Abhilfe schaffen.

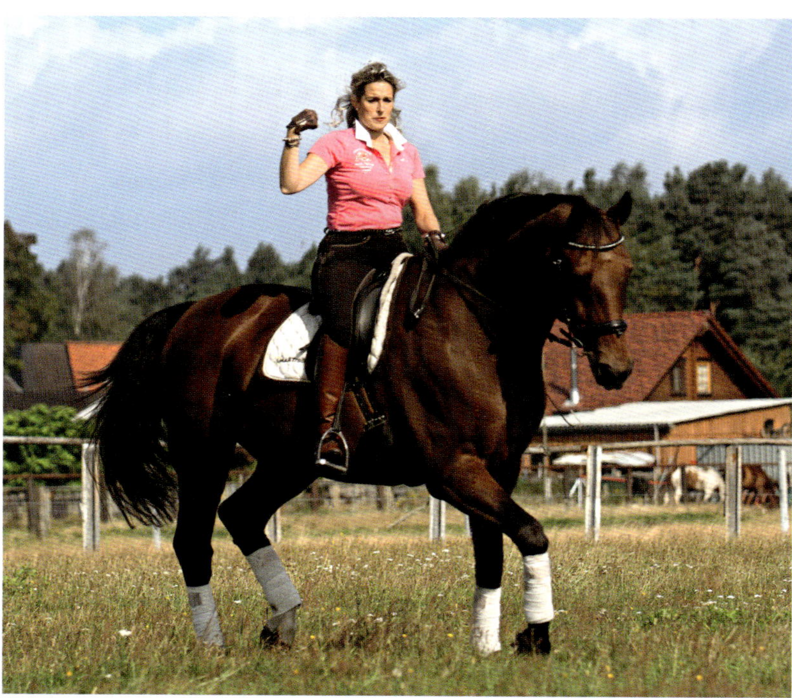

Normalerweise sprichst du mit den halben Paraden das innere Hinterbein an, weil es mehr Arbeit zu verrichten hat und deshalb mehr lasten soll. Auf gebogenen Linien ist es allerdings ratsam, auch das äußere Hinterbein zu beeinflussen, denn es hat den weiteren Weg. Damit du nicht in den Paraden hängen bleibst und das jeweilige Hinterbein blockierst, statt es zu aktivieren, nimm dir vor, dreimal in Folge anzunehmen und nachzugeben, während das Hinterbein am Boden ist.

Das Gefühl für das richtige Timing lässt sich mithilfe von Feedback verbessern: Bitte eine Reitfreundin zuzusehen, während du im Moment des Abfußens des Hinterbeines jeweils „Jetzt" sagst. Wechsle dann – in Absprache mit deiner Feedbackgeberin – zum Auffußen des Hinterbeines. So bekommst du ein Gefühl dafür, in welchem Zeitraum die halbe Parade wirkungsvoll durchkommen kann. Aber denk bei all dem bitte daran: Alles entwickelt sich aus der Losgelassenheit! Stellst du fest, dass du eine oder mehrere Muskelgruppen in deinem Körper versteifst, führe sogleich einen Re-Set aus: Schüttle diesen Körperteil oder deinen kompletten Körper aus. So schüttelst du die Spannung ab und fädelst locker nochmal neu in dein ursprüngliches Vorhaben ein …

Vertiefe dein Verständnis

- Welche Hilfen lassen sich unterscheiden?
- Was kennzeichnet die einzelnen Hilfen?
- Welche Hilfen sollten stets vorherrschen?

Innere Bilder für Reitersitz und Reiterhilfen – kurzgefasst

- Sitze sportlich aktiv: Presse dich nicht in eine bestimmte Form, sondern suche die bestmögliche Balance in der Bewegung.
- Lote für alle großen Gelenke (Fußgelenke, Knie, Hüfte, Becken, Schultern, Ellenbogen, Handgelenke, Genick) die Mittelstellung aus, sodass sie ihren Dienst tun: Mit kleinsten Bewegungen halten sie dich im Gleichgewicht.
- Lass dich von den Bewegungen deines Pferdes unter dir in Schwingung versetzen. So federst du die Energie ab und balancierst dich aus.
- Versteifst du dich in einem Bereich deines Körpers, schüttle die Spannung schlicht ab.
- Schöpfe erst dein Repertoire an indirekten Hilfen (Gedankenbilder, Energielevel, Mimik, Gestik, optische und akustische Hilfen) aus, bevor du direkte Hilfen (Berührung im physischen Kontakt) anwendest.
- Lass im Sattel deine vortreibenden Gewichtshilfen stets vorherrschen. Korrektes Treiben entsteht aus dem Sitz, indem du rhythmisch im Becken mitschwingst und das Vorschwingen durch einen Vorwärtsimpuls verstärkst, als wolltest du eine Schaukel anschwingen. Deine Schenkelhilfen unterstützen lediglich, ebenso wie deine Zügelhilfen.
- Kombiniere diese Hilfen zu Tausenden halben Paraden, um dein Pferd mehr zu setzen.

Regie-Hilfen von E bis L

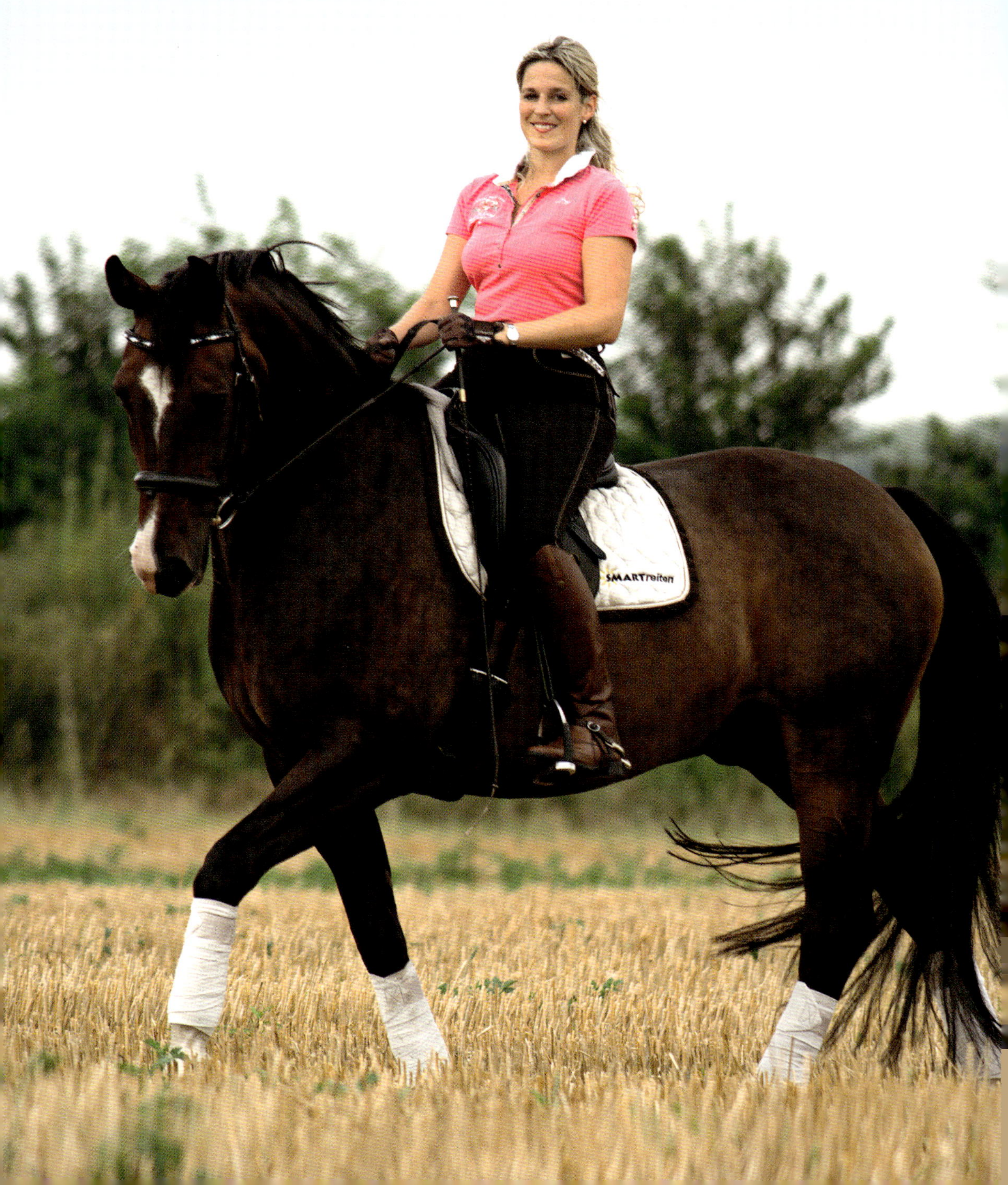

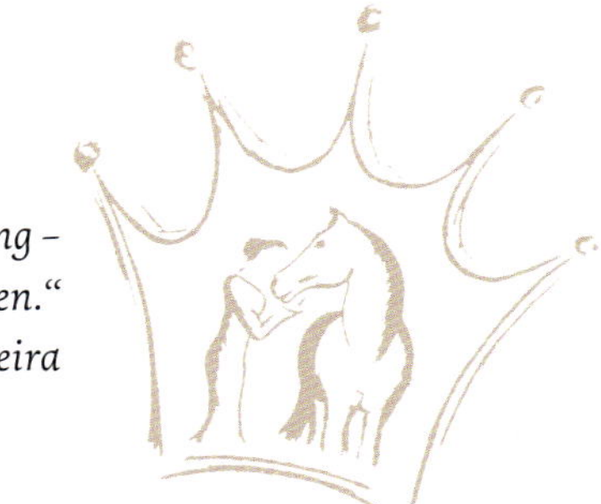

*„Gib dem Pferd die Haltung –
und lass es gewähren.“
Nuno Oliveira*

Im Fluss: Übergänge und Tempounterschiede

Die Haltung, auf die Nuno Oliveira im obigen Zitat verweist, ist die jeweilige Positur, die dein Pferd benötigt, um dein aktuelles Vorhaben mit Leichtigkeit auszuführen. Diese Haltung vermittelst du ihm über deine Sitzposition und deine Körpersprache via indirekter und direkter Hilfen, so wie wir sie im letzten Kapitel besprochen haben.

Dabei beziehst du dich ganz konkret auf die neun grundlegenden Vereinbarungen aus dem dritten Kapitel (ab S. 60), die du mit deinem Pferd getroffen hast. Aus diesem ABC setzt du nun alle Dressurlektionen und ihre Grundlagen zusammen. Stößt du dabei auf ein Problem, finde heraus, welche der neun Grundvereinbarungen gerade den Engpass darstellt, bei dem es hakt. Geh dann zurück zur Basis und kläre erst wieder diese Grundvereinbarung mit deinem Pferd, bevor du die Übung oder Lektion neu beginnst.

Deine Hilfen kurzgefasst

Das Spiel mit Gangarten und Tempi lässt sich sinnvoll in drei übergeordnete Kategorien einteilen: Übergänge ...

- ... zwischen den Gangarten,
- ... zum Halten und mit Richtungswechsel ins Rückwärtsrichten,
- ... innerhalb der Gangarten = Tempounterschiede.

Das Prinzip der halben Paraden stellt das Fundament gelungener Übergänge dar. Beherrschst du die Skala von Königin bis Kartoffelsack (du erinnerst dich sicher, s. S. 90) und kannst dein Beckenmitschwingen bewusst einsetzen, werden dir die Übergänge im Fluss gelingen.

Übergänge zwischen den Gangarten: Erarbeite jeden Übergang, indem du dein Pferd einige Schritte, Tritte bzw. Sprünge von hinten einsammelst und reite dann aktiv in der neuen Gangart wieder an. Zum Ein-

1

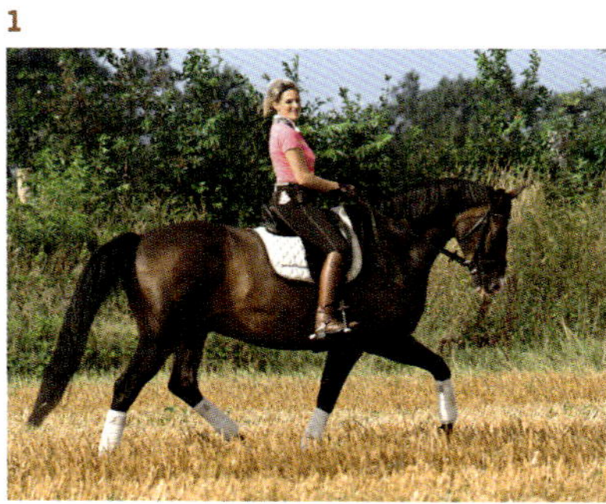

2

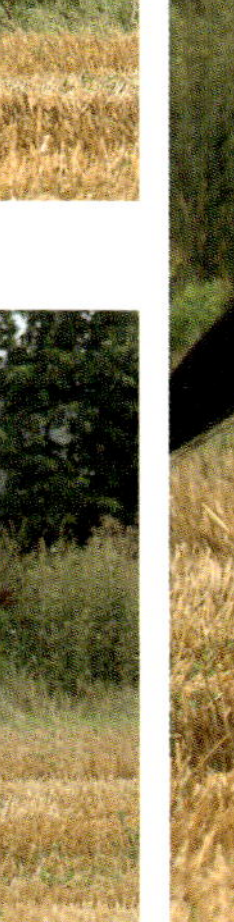

3

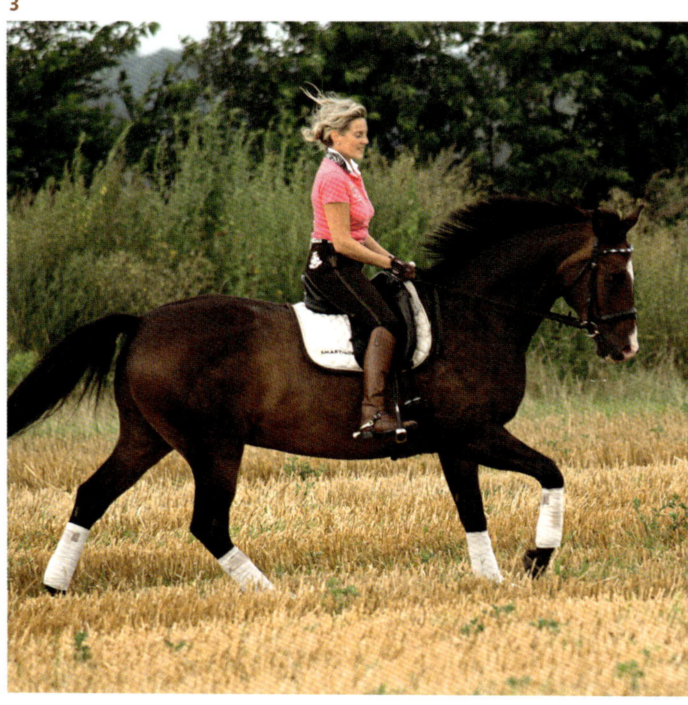

Angaloppieren aus dem Trab: Reite dein Pferd in Stellung, rahme es über deine Sitzposition in einem leichten Schultervor ein (1) und schwinge es per Beckenimpuls (2) in den Galopp (3).

sammeln mit mehreren halben Paraden wirst du zur stolz aufgerichteten Königin und schwingst dein Becken mit jedem Schritt, Tritt bzw. Sprung etwas weniger weit nach vorn. Zugleich atmest du mit deinen Unterschenkeln deutlicher mit, sodass die Aktivität der Hinterhand erhalten bleibt. Bei Übergängen in eine höhere Gangart kannst du dir vorstellen, „über alle vier Backen zu lächeln", wie Pat Parelli gern kokettiert, und lässt dein Becken impulsartig in die neue Gangart hineinschwingen.

Für Übergänge in eine niedrigere Gangart atme tief aus und entspanne deinen Sitz leicht, um anschließend mit dem Becken den ersten Schritt oder Tritt wieder aktiv nach vorn hinauszuschwingen.

Eine Besonderheit gilt für den Galopp: Während du im Schritt und im Trab die Längsachse deines Pferdes exakt auf die gerade oder gebogene Linie einstellst, die du reiten möchtest, positionierst du für den Galopp die Vorhand eine Nuance weiter innen. Damit sicherst du ab, dass das innere Hinterbein deines Pferdes wirklich unter den Schwerpunkt anspringt, statt innen an ihm vorbei. Dreh dich dafür aus dem

Becken minimal nach innen und bring dein Pferd in eine leichte Schultervorposition (s. a. S. 132). Dass es dabei über die äußere Schulter ausbricht, verhinderst du über die stetige, elastisch federnde Gummibandanlehnung an deinem Außenzügel.

Übergänge zum Halt und mit Richtungswechsel zum Rückwärtsrichten: Sammle dein Pferd nach dem gleichen Prinzip bis zum Halten ein bzw. leite die Vorwärtsenergie mit sanft abfangenden Zügelhilfen in die entgegengesetzte Richtung um, um dein Pferd rückwärtstreten zu lassen. Im Rückwärts kommuniziert deine schwämmchen-knetende Hand mit dem jeweils diagonal gegenüberliegenden Hinterbein.

Während du im Halten aufrecht und schwer sitzen bleibst, neigst du im Rückwärtsrichten deinen Oberkörper minimal vor und öffnest so deinem Pferd den „Rahmen“ nach hinten.

Übergänge innerhalb der Gangarten = Tempounterschiede: Das Spiel mit dem Tempo gestaltest du über das gezielte Mitschwingen deines Beckens: Schwinge es groß bzw. klein nach vorn, um große bzw. kleine Schritte, Tritte oder Sprünge zu erreiten.

Eine Besonderheit gibt es hier in puncto der Silhouette deines Pferde zu beachten: Verlängerst du die Schritte, Tritte oder Sprünge, so geht das immer mit einer sogenannten Rahmenerweiterung einher, also mit einer Verlängerung der Silhouette deines Pferdes. Indem du mit deinen Händen „nach vorne denkst“, verlängerst du dein Pferd wie eine Ziehharmonika und lässt die notwendige Rahmenerweiterung zu.

Deine Zutaten aus eurem ABC

Wohlfühlzone: Sorge für eine ruhige, freundliche Atmosphäre.
„Hooo …“: Senke deinen Energielevel für Übergänge in niedrigere Gangarten im letzten Moment vor dem Übergang ab.
„Go!“: Steigere deinen Energielevel zum Einsammeln und im Moment des Übergangs, um daraus wieder groß (nach vorn oder hinten) anzureiten bzw. dein Pferd im Halten weiterhin vor dir zu behalten.
Richtung: Strahle deine Energie in die Reitrichtung aus – vorwärts aus deinem Bauchnabel oder rückwärts aus deinem Rücken heraus.
Vorhandposition: Positioniere die Vorhand so vor der Hinterhand, dass dein Pferd stets mit beiden Hinterbeinen unter die Last fußt.

Hinterhandposition: Positioniere die Hinterhand in der Bewegung auf der Hufschlaglinie, entlang der du reiten möchtest.
Genickdurchlässigkeit: Reite dein Pferd in der korrekten Innenstellung und sorge vor, während und nach den Übergängen für ein durchgängig lockeres Genick.
Silhouette: Wähle die Positur deines Pferdes präzise, je nachdem, ob du es in der Arbeits- oder Versammlungshaltung reiten möchtest, und sammle diese Silhouette für die Übergänge entsprechend etwas ein. Erweitere und verkürze sie in Tempounterschieden wie eine Ziehharmonika. Lass dabei die verlängerten Schritte bei aufgewölbtem Rücken vorwärts-abwärts hinaus, während du zu Mittel- oder starken Tempi verstärkte Tritte und Sprünge nach vorn oben herauslässt.
Rahmen: Rahme dein Pferd über deine Sitzposition so ein, dass seine Längsachse in Bezug zu der zu reitenden Linie geradegerichtet bzw. für den Galopp in einem leichten Schultervor ausgerichtet ist. Öffne den Rahmen in die Richtung, in die du reiten möchtest.

Lass dein Pferd in den Verstärkungen nach vorn oben länger werden und so seinen Rahmen erweitern, indem du mit deinen Händen nach vorne denkst.

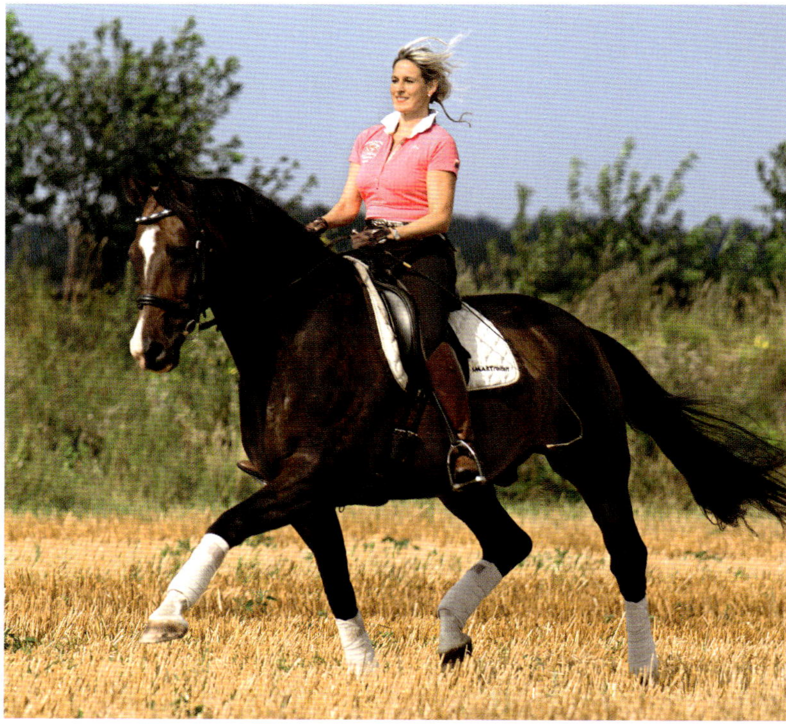

Stell dir vor …

… du lässt dein Pferd wie einen Jet in die neue Gangart starten bzw. landen. Der Jet senkt sich hinten, bevor er vom Boden abhebt oder wieder aufsetzt. Dieses Gefühl des Hinten-Senkens-und-vorne-Wachsens ist es, das dein Pferd dir vermittelt, wenn du es aufnimmst, zulegst oder in einer anderen Gangart wieder anreitest. Das erreichst du, indem du jeden Übergang gut vorbereitest: Stell dir einen Marionettenfaden am Hinterkopf vor, der dich aus dem Becken aufrichtet, und einen weiteren am Brustbein, der dich in den Rhythmus der neuen Gangart dirigiert.

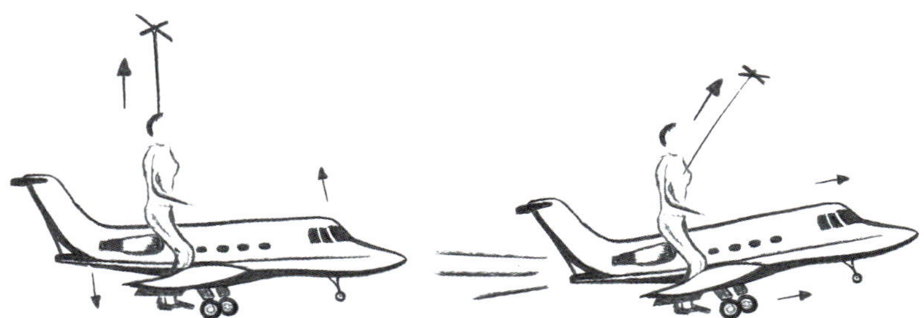

Stell dir vor, die Marionettenfäden an Hinterkopf und Brustbein dirigierten deine Aufrichtung und Reitrichtung. Lass so vorbereitet den Jet in die neue Gangart oder in das neue Tempo starten.

Fühl dich ein …

… ins Reiten aus dem Sitz heraus: Gönn dir den Spaß und „reite" Übergänge und Tempounterschiede in den Hufen deines Pferdes. Während du also selbst z. B. auf einem Zirkel Schritt gehst, antrabst, angaloppierst und wieder durchparierst, leitest du alle Bewegungen über das mehr oder weniger große Schwingen deines Beckens ein. Schwinge es im Schritt- (4-Takt), Trab- (2-Takt) bzw. Galopprhythmus (3-Takt) nach vorne und lass deine Beine folgen. So setzt du dich in Bewegung. Arbeite nun die Übergänge anspruchsvoll aus, sodass dein „Pferd" sich vor jedem Übergang mehr setzt und die neue Gangart oder das neue Tempo mit dem gewünschten kadenzierten Ausdruck vollführt.

Nun, wie fühlt es sich an, die Anstrengungen deines Pferdes am eigenen Leib nachzuvollziehen? Wie viele Übergänge hältst du in der gleichen anspruchsvollen Manier durch? Wann ist dir eine Pause willkommen? Diese Übung eröffnet dir nicht nur einen Einblick in die Perspektive deines Pferdes, sondern vermittelt dir auch ein Gefühl für ein gelungenes Pausenmanagement.

Vertiefe dein Verständnis

- Wie lassen sich Übergänge sinnvoll einteilen?
- Welches Grundprinzip liegt allen Übergängen zugrunde?
- Wie setzt du deinen Körper in welchen Übergängen ein?

In den Sand gemalt: Perfekte Bahnfiguren

Um unser Pferd optimal zu gymnastizieren, bedienen wir uns verschiedener Bahnfiguren, die aus geraden sowie verschiedenartig gebogenen Linien innerhalb der Reitbahn bestehen. Insgesamt lassen sich vier Arten von Hufschlagfiguren differenzieren:

1. Bahnfiguren ohne Handwechsel: Du bleibst auf einer Hand.
2. Bahnfiguren mit Handwechsel: Du wechselst die Hand.
3. Schlangenlinien ohne und mit Handwechsel in variablen Bögen.
4. Kreative Linien: Deiner Fantasie sind keine Grenzen gesetzt!

Deine Hilfen kurzgefasst

Das Hauptaugenmerk beim Reiten jeglicher Bahnfiguren liegt stets darauf, die Längsachse deines Pferdes möglichst exakt auf diese Linien einzustellen. Eine Schwierigkeit ergibt sich dabei: Die Hüften des Pferdes sind breiter als seine Schultern und es ist obendrein von Natur aus mehr oder weniger schief, d. h. zu einer Seite biegsamer als zur anderen. Diese Umstände bedingen, dass wir immer darauf bedacht sein müssen, seine Hinterhandposition möglichst genau zu koordinieren und seine Vorhandposition darauf einzustellen.

Auf die Hinterhandposition nimmst du Einfluss über die Ausrichtung deiner eigenen Hüftachse, auf seine Schulterposition über die Ausrichtung deiner Schulterachse. Führe dein Pferd stets sicher am Außenzügel und – Achtung: das ist absolut entscheidend! – wenn du die Hand wechselst, bereite die Umstellung gut vor, indem du rechtzeitig mit dem neuen Außenzügel die Führung übernimmst (s. S. 115)!

Bahnfiguren ohne Handwechsel: Sie bestehen aus einem Wechsel zwischen geradeaus und gebogenen Linien in den Ecken (ganze / halbe Bahn, durch die Länge der Bahn geritten, Viertellinien, Quadratvolten) oder aus einer gleichmäßig (Zirkel, Volten) bzw. wechselnd stark gebo-

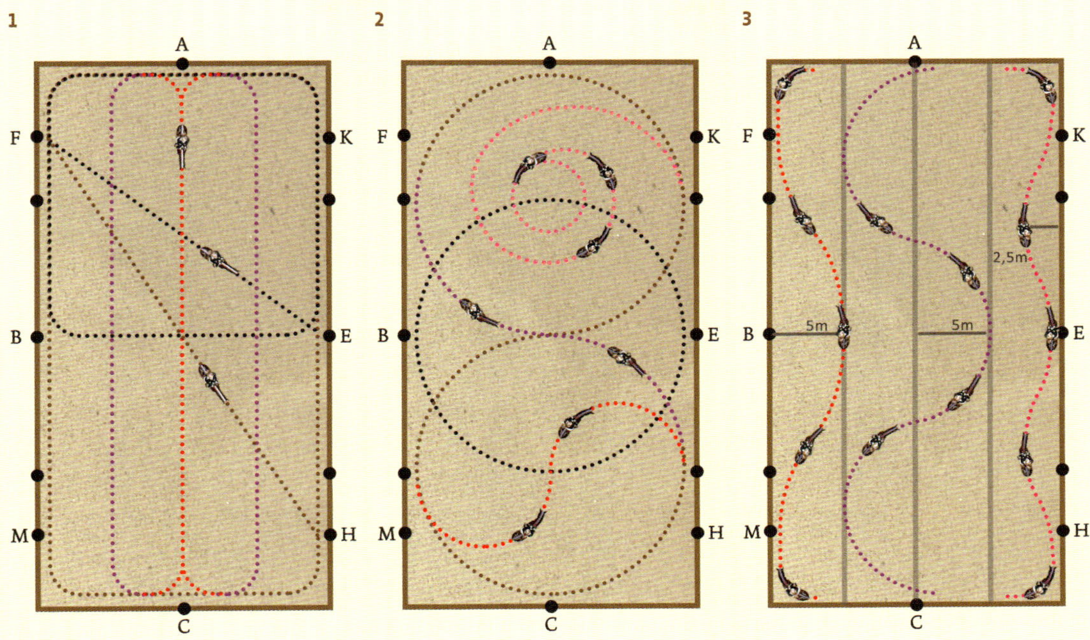

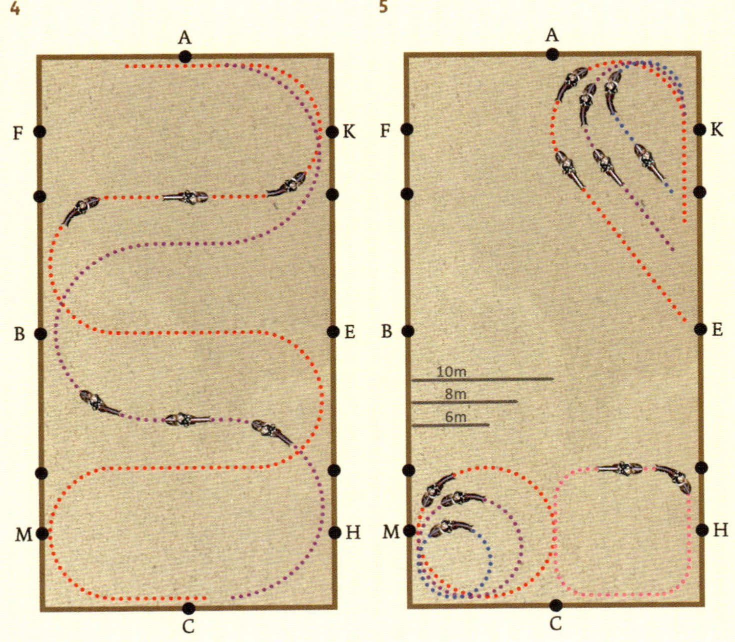

Die gängigen Bahnfiguren:

1 *Ganze Bahn, halbe Bahn, durch die ganze Bahn wechseln, durch die halbe Bahn wechseln, Mittellinie (= durch die Länge der Bahn wechseln bzw. geritten, rot) und Viertellinien (lila).*

2 *Zirkel, Mittelzirkel, aus dem (lila) und durch den (rot) Zirkel wechseln und Spirale (Zirkel verkleinern, rosa).*

3 *Einfache Schlangenlinie (rot links), doppelte Schlangenlinie (rosa rechts), Schlangenlinie entlang der Mittellinie mit drei Bögen (lila).*

4 *Schlangenlinien durch die Bahn mit drei (lila) bzw. vier (rot) Bögen, du kannst sie auch birnenförmig reiten.*

5 *10-m-Quadratvolte (rosa), 6-m- (blau), 8-m- (lila) und 10-m- (rot) Volten sowie -Kehrtvolten, hier speziell: aus der Ecke kehrt. Das lässt sich als „in die Ecke kehrt" auch in entgegengesetzter Richtung reiten.*

genen (Spirale) Linie. Um die Längsachse deines Pferdes geradezurichten bzw. zu biegen, wechselst du vor allem den Rahmen, den du ihm mit deiner Sitzposition gibst (Nr. 9 aus eurem ABC, s. S. 83 ff.): gerade Schienen im Geradeaus und gebogene Schienen auf gebogenen Linien.

Je mehr du dein Pferd biegen möchtest, je kleiner also der Durchmesser der gebogenen Linie ist, die du reitest, desto mehr verdeutlichst du deinen Drehsitz, desto mehr lässt du also deine Hüft- und Schulteraugen in die Drehrichtung blicken (die Schulteraugen schauen weiter nach innen, wie du dir bestimmt gemerkt hast, s. S. 75 f.).

Übrigens haben die Ecken der Bahnfiguren eine besondere Bedeutung: Sie legen den Grundstein für die Geraderichtung. Denn du kannst – und solltest – jede einzelne davon aktiv nutzen, um dein Pferd mit halben Paraden einzusammeln und gut um deinen inneren Schenkel herumzuwickeln. So förderst und sicherst du seine Durchlässigkeit sowie seine Geschmeidigkeit und kontrollierst seine Hinterhand. Lege also besonderen Wert auf sauber und tief ausgerittene Ecken:

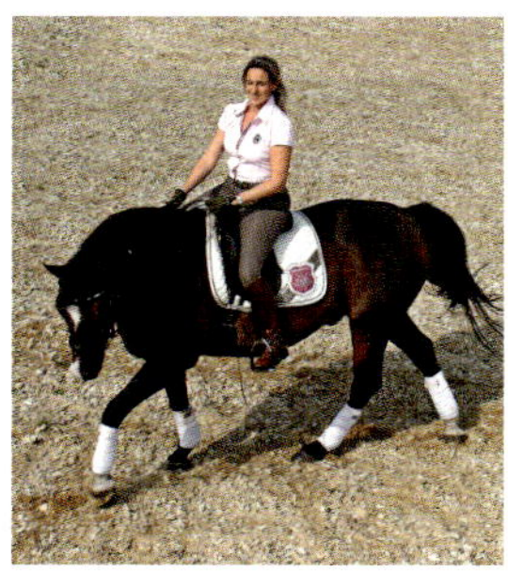

Ecken lassen sich nicht nur in den Ecken reiten, sondern auch mitten in der Reitbahn, z. B. auf einer Quadratvolte oder an einem beliebigen Platz auf einem Stoppelfeld, solange du nur den Rahmen für den Viertelkreis exakt anlegst …

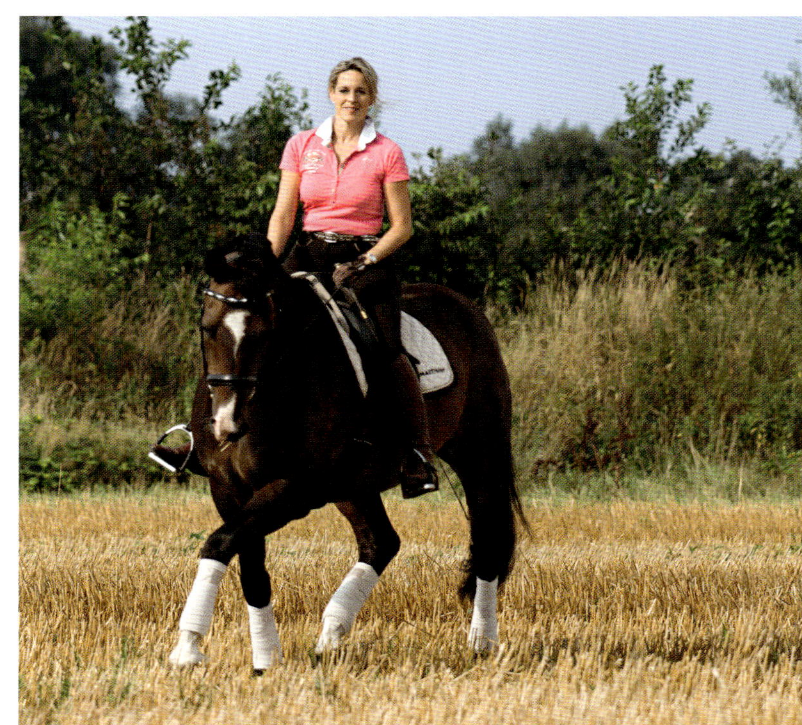

- Sammle dein Pferd vorher am Sitz ein,
- locke es in die Innenstellung,
- setze dich in den Drehsitz,
- treibe es mit dem mehr belasteten inneren Gesäßhöcker diagonal (dein Becken schwingt nach vorn außen) an den Außenzügel,
- unterstütze das diagonale Treiben mit dem Innenschenkel am Gurt,
- begrenze die Hinterhand mit dem Außenschenkel hinter dem Gurt,
- fange dein Treiben mit einem sanft knetenden Außenzügel ab,
- werde am Innenzügel „Danke"-sagend wieder leicht und
- löse deinen Drehsitz beim Herausreiten aus der Ecke ins Geradeaus auf (im Galopp behältst du eine leichte Schultervorposition, um das innere Hinterbein zu kontrollieren), locke dein Pferd erneut in die Stellung, um die Genickdurchlässigkeit aus der Ecke mitzunehmen.

Bahnfiguren mit Handwechsel: Auf diesen Linien baust du in die obigen Linien einen Handwechsel ein (durch die ganze / halbe / Länge der Bahn wechseln, aus dem / durch den Zirkel wechseln, aus der / in die Ecke kehrt). Damit die Umstellung geschmeidig gelingt, spanne rechtzeitig vor der Umstellung (je nach Ausbildungsstand und Reaktionsfreude deines Pferdes 1 bis 15 m vorher) mit dem neuen Außenzügel ein Gummiband, sodass du kurzzeitig dein Pferd an zwei „Außenzügeln" führst. Beginne dann mit dem neuen Innenzügel dein Pferd in die neue Stellung zu locken und treibe es mit dem neuen inneren Gesäßhöcker und dem neuen Innenschenkel am Gurt gegen den neuen Außenzügel. Sobald dein Pferd die neue Stellung angenommen hat, wirst du mit dem neuen Innenzügel leicht und sagst „Danke".

1

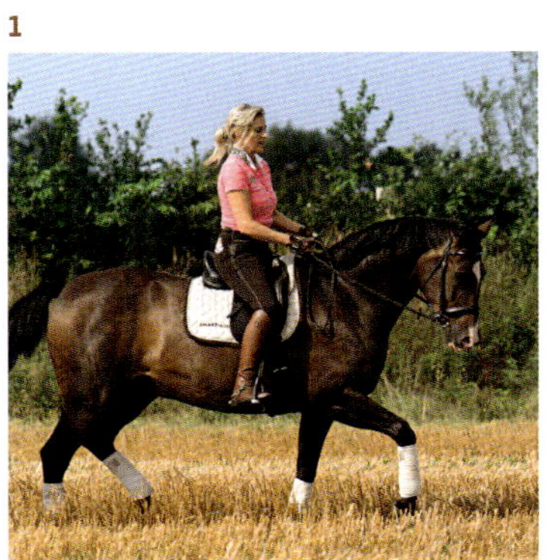

2

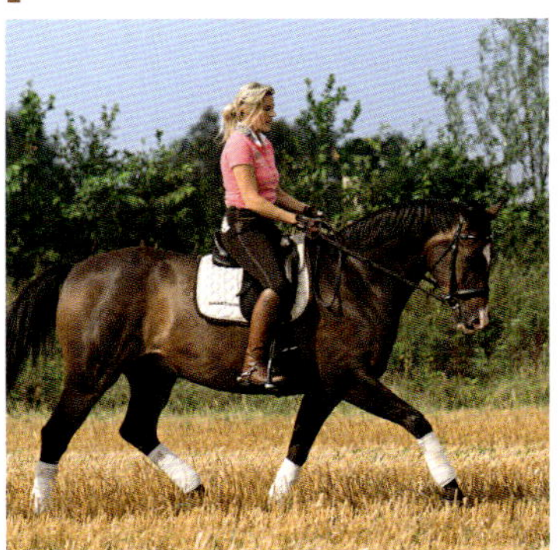

3

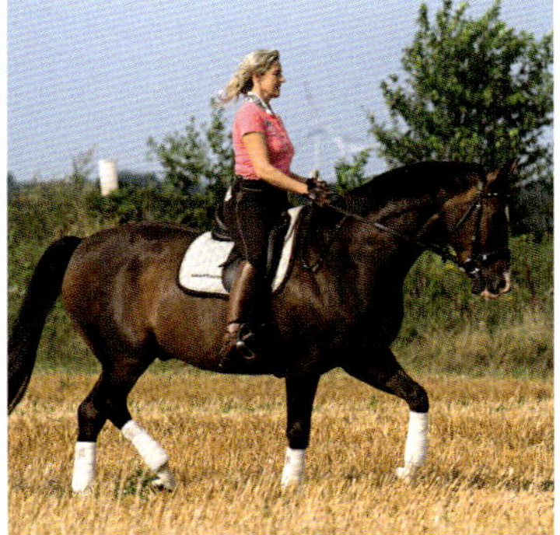

1 Noch rechts gebogener Rahmen mit bereits angenommenem neuen Außengummiband.

2 Kurzer Moment gerader Schienen bei zwei Gummiband-„Außenzügeln".

3 Locken in die Linksstellung und neu nach links gebogener Rahmen.

Schlangenlinien aller Couleur: Schlangenlinien lassen sich ohne (entlang der langen Seiten, durch die Bahn oder entlang der Mittellinie mit einer ungeraden Anzahl an Bögen) und mit Handwechsel (durch die Bahn oder entlang der Mittellinie mit einer geraden Anzahl an Bögen) reiten. Es gelten die gleichen Kriterien für das Biegen und Wechseln von Stellung und Biegung wie bisher beschrieben.

Kreative Linien: Nun bist du an der Reihe, deiner Fantasie freien Lauf zu lassen und die Bahnfiguren neu miteinander zu kombinieren. Wenn du Ideen bekommen möchtest, um mehr Abwechslung in deinen Trainingsalltag zu bringen, schau doch einmal bei unserem Onlinetrai-

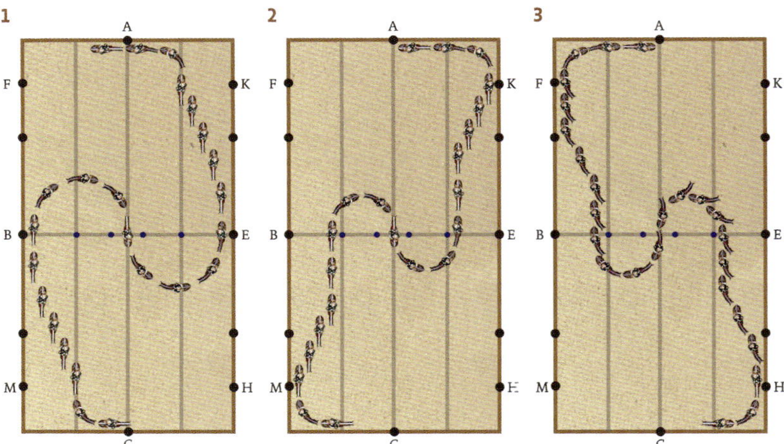

4

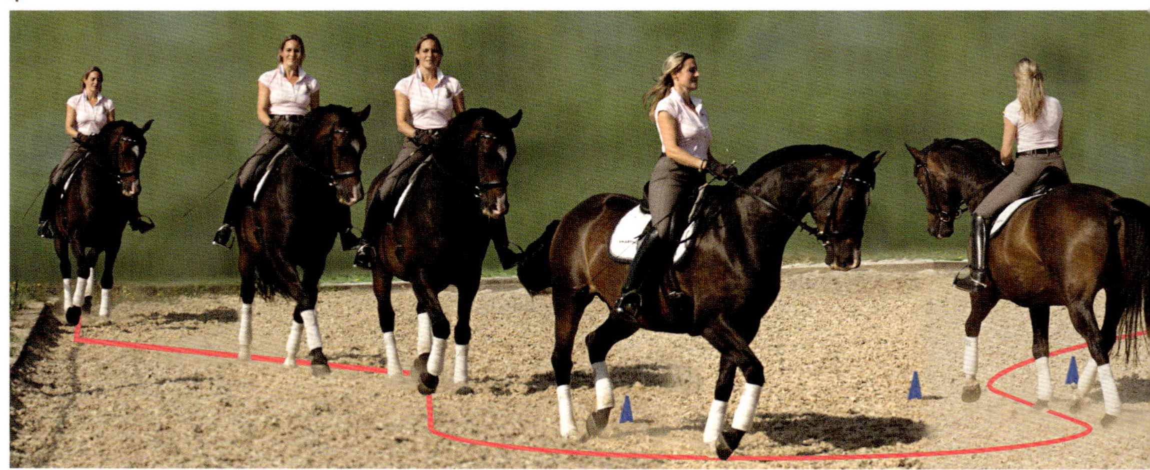

Die DressurCoach-Übung „Der doppelte Bogen“ in einer leichten (1), einer mittleren (2) sowie einer sehr anspruchsvollen (3 + 4) Variante. Aus: DressurCoach.de

ning DressurCoach.de vorbei. Dort stelle ich – neben optimalen Trainingsstunden, Wissensthemen und konkreten Problemlösungen – jeden Monat neue Übungen zum 1:1-Nachreiten vor: jeweils für verschiedene Level vorgeritten und erklärt. So stammt beispielsweise die Übung „Der doppelte Bogen" aus unserem DressurCoach-Training:

Leicht (1): Auf die Viertellinie abwenden, Viereck vergrößern, durch den Mittelzirkel wechseln, Viereck verkleinern zur Viertellinie.

Mittelschwer (2): Viereck verkleinern bis einen Meter außen neben die Viertellinie, halbe Volte bis X (6 m), halbe Volte (6 m) zur anderen Seite bis einen Meter außen neben die Viertellinie, Viereck vergrößern.

Anspruchsvoll (3 + 4): Gleiche Linienführung wie in der mittleren Variante, aber mit Traversalen statt Schenkelweichen, Schulterherein bzw. Konterschulterherein auf den Geraden sowie gleichbleibender Stellung auf den halben Volten (die zweite halbe Volte wird also in Außenstellung geritten oder als Steigerung im Konterschulterherein).

Wiederhole die Übung – sie lässt sich in allen Gangarten reiten – auf der anderen Hand, um beide Seiten gleichmäßig zu trainieren.

Stell dir vor ...

... dein Körper ist mit dem deines Pferdes verbunden: Dein Unterkörper und seine Hinterhand, dein Oberkörper und seine Vorhand stehen in Einklang miteinander. Indem du deine Körperhälften gezielt parallel oder gedreht ausrichtest, positionierst du die deines Pferdes.

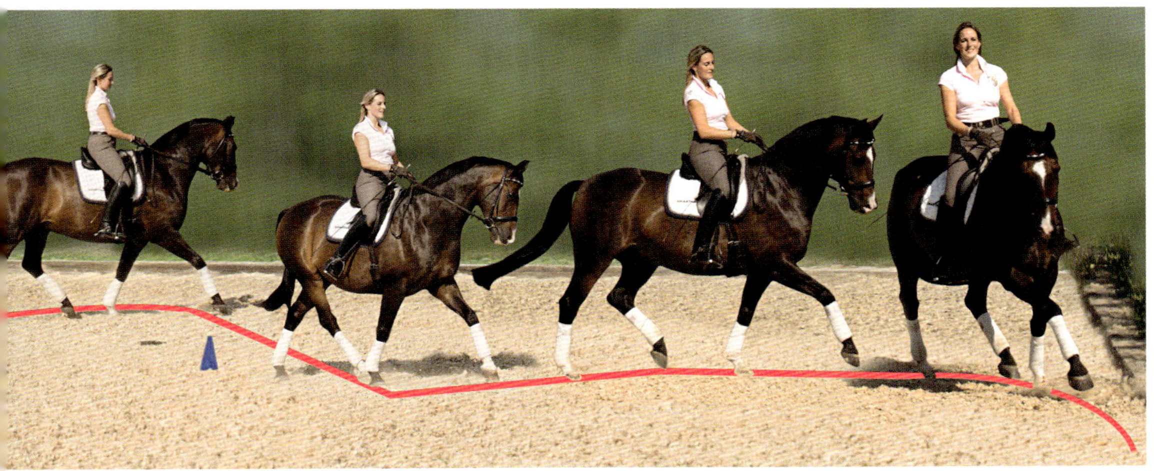

Die Pferdehüften folgen den Reiterhüften, die Pferdeschultern den Reiterschultern. Positioniere deine Körperhälften gezielt und richte die deines Pferdes entsprechend aus.

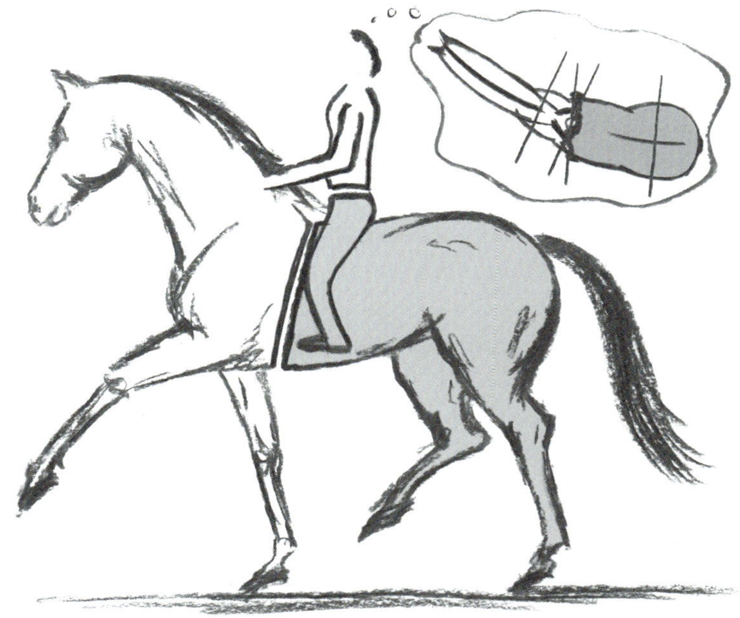

Fühl dich ein …

… in die Bob-Bahn: Mach dir zunächst die Geometrie der Bahnfiguren bewusst. Vielleicht möchtest du sie aufzeichnen, vielleicht auch mit dem Finger in den Sand malen oder sie lieber in der Reitbahn ablaufen, wo dir die Bahnpunkte als räumliche Orientierung dienen. Visualisiere sie dabei als Bob-Bahn, auf der du deinen Bob in Schwung bringst!

Vertiefe dein Verständnis

- Welche Bahnfiguren gibt es?
- Wie kannst du sie für mehr Abwechslung sinnvoll erweitern?
- Worauf genau kommt es beim Reiten von Bahnfiguren an?

Zur Seite bitte: Erste Seitengänge

Als Vorstufe für gebogene Seitengänge eignen sich Seitwärtsbewegungen mit gerader Längsachse: Vorhandwendung und Schenkelweichen. Beide lehren dein Pferd das Übertreten und mobilisieren zugleich sein Becken, sodass es seine Hinterhand aktiver engagieren kann.

Deine Hilfen kurzgefasst

Vorhandwendung: Starte aus dem Halten auf dem zweiten Hufschlag. Stelle dein Pferd nach außen und treibe die Hinterhand mit dem optisch äußeren Gesäßhöcker und Schenkel (hinter dem Gurt) in einem Halbkreis um die Vorhand. Mit dem optisch inneren Schenkel begrenzt du den Übertritt hinter dem Gurt und fängst dein Treiben mit dem Innenzügel ab (dank der Umstellung ist er für dein Pferd der äußere).

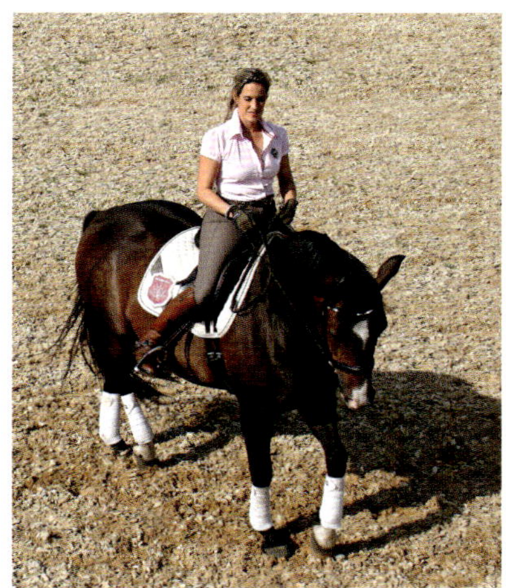
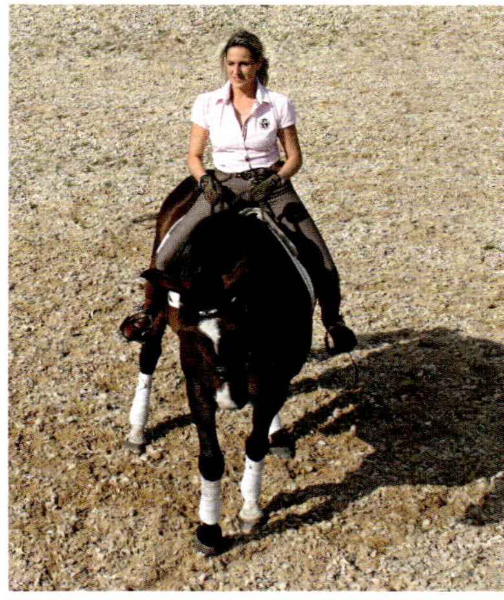

Vorhandwendung vom rechten Schenkel weg: Die Hinterhand beschreibt bei gerader Längsachse einen Halbkreis um die Vorhand.

Schenkelweichen: Blicke mit Hüft- und Schulteraugen nach vorn, stell dein Pferd gegen die neue Bewegungsrichtung und schwing dein Becken diagonal nach vorne in die neue Richtung (rechts: 5 nach 11 Uhr, links: 7 nach 1 Uhr). Unterstütze das Vorwärts-Seitwärts-Treiben deines Beckens mit deinem inneren (dort, wo die Stellung ist) Schenkel hinter dem Gurt. Begrenze den Übertritt mit dem anderen Schenkel in der gleichen Ebene, sprich hinter dem Gurt, und fange dein Treiben mit dem Außenzügel (für dein Pferd) sanft und ebenso rhythmisch auf.

Deine Zutaten aus eurem ABC

Wohlfühlzone: Du bist der Ruhepol für dein Pferd. Punkt.
„Hooo …“: Nimm dich für das Ende der Übung energetisch zurück.
„Go!“: Sichere den Go! über deine Energie und deinen Beckeneinsatz.
Richtung: Lass deine Energie in der Vorhandwendung seitlich, im Schenkelweichen diagonal vorwärts in Richtung Außenzügel strahlen.

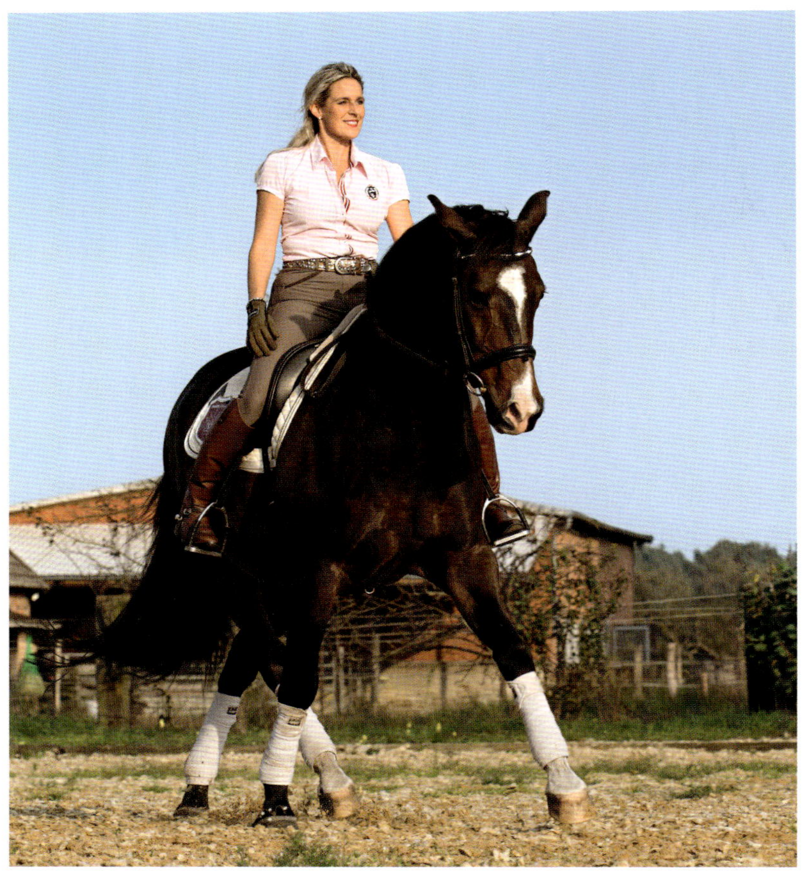

Schenkelweichen: Vor- und Hinterhand bewegen sich parallel zueinander vorwärts-seitwärts, sodass beide Beinpaare kreuzen.

Vorhandposition: Halte die Vorhand parallel zur Hinterhand.
Hinterhandposition: Nimm die Hinterhand im Seitwärts mit.
Genickdurchlässigkeit: Stell dein Pferd gegen die Bewegungsrichtung ein und halte mit dem Außenzügel den Hals in sich gerade.
Silhouette: Beides sind lösende Übungen in der Arbeitshaltung.
Rahmen: Rahme dein Pferd über deine Sitzposition gerade ein.

Stell dir vor ...

... du drehst für die Vorhandwendung den Stecker mitsamt Steckdose, sodass sich die Hinterhand um die Vorhand bewegt. Im Schenkelweichen verschiebst du hingegen den Stecker mitsamt Steckdose diagonal nach vorn, indem du dein Becken in diese Richtung schwingst.

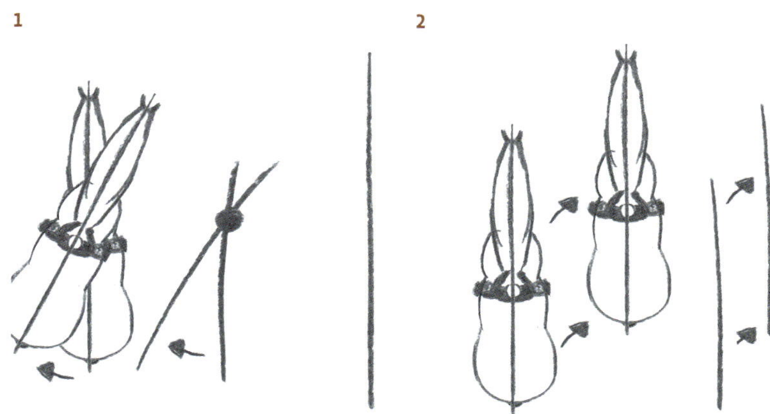

In der Vorhandwendung (1) beeinflusst du die Hinterhand seitwärts-weisend, im Schenkelweichen (2) verschiebst du die Vorhand und die Hinterhand diagonal vorwärts-seitwärts.

Fühl dich ein ...

... in deinen Stecker: Suche dir einen Übungspartner, der sich als Hinterhand hinter dich stellt. Er legt seine Hände mit ausgestreckten Armen seitlich auf deine Hüften. Wie musst du deinen Körper – insbesondere in Bezug auf deine Hüftachse – bewegen, damit ihr eine Vorhandwendung vollführt oder im Schenkelweichen die Beine kreuzt?

Vertiefe dein Verständnis

- Was kennzeichnet die Vorhandwendung, was das Schenkelweichen?
- Welche Hilfen setzt du für diese beiden Lektionen ein?
- Wie kannst du den Fluss im Schenkelweichen verbessern?

Dein Pferd einsammeln – mental und physisch

Je weiter die Ausbildung deines Pferdes und mit ihr die Lektionsreiterei fortschreitet, desto mehr geht es darum, dein Pferd zu versammeln. Das beinhaltet nicht nur das physische Zusammenschließen, in dessen Sinne der Begriff „Versammlung" zumeist gebraucht wird. Es kommt auch darauf an, dein Pferd mental zu sammeln, seine Konzentrationsfähigkeit zu fördern und es zum Mitdenken anzuregen.

Hast du dich der ABC-Vorarbeit mittels der neun Vereinbarungen konsequent gewidmet, statt der Verlockung einer Abkürzung zu verfallen, wie man es heute allzu oft sieht, so kannst du nun beginnen, die Früchte dieser detaillierten Vorbereitung zu ernten:

> „Versuche statt einer harten Spannung eine sanfte Stetigkeit zu finden."
> Ray Hunt

- Dein Pferd hat in den neun Vereinbarungen gelernt, seinen Fluchtinstinkt hinten anzustellen und sich stattdessen an dir zu orientieren.
- Es konzentriert sich zunehmend länger und fokussierter auf dich, je liebevoller und bestimmter du eben dieses von ihm einforderst.
- Es lauscht auf dein Flüstern und denkt mit, denn es hat verstanden, was du tust, bevor du deutlicher erfragst, um was du es gerade bittest. Es macht sich bereit, eben dieses auf deine kleinste Aufforderung hin auszuführen.
- Deine feinen Signale kennt es in- und auswendig und ist in der Lage, auf unsichtbare Hilfen prompt die gewünschte Antwort zu geben.
- Du brauchst nun nur noch die Lektionen in ihrer Grobform zusammenzusetzen und sie mit zunehmender Übung allmählich zur Feinform reifen zu lassen.
- Diese Grobform kannst du auf Basis eures ABCs leicht im Spiel erreiten – durchaus wieder einmal komplett ohne die Einwirkung deiner Zügel. Damit bietest du deinem Pferd die Chance, sich die Lektion selbst zu erspielen und sie damit gedanklich zu durchdringen. Nichts ist leichter abrufbar als das, was wirklich verstanden ist.

Wer sein Pferd Lektionen wie z.B. die Hinterhandwendung selbstdenkend erspielen lässt, fördert Achtsamkeit und Selbstvertrauen. Ein Lob an der richtigen Stelle unterstützt den Lerneffekt – und führt rasch zur korrekten Lektion.

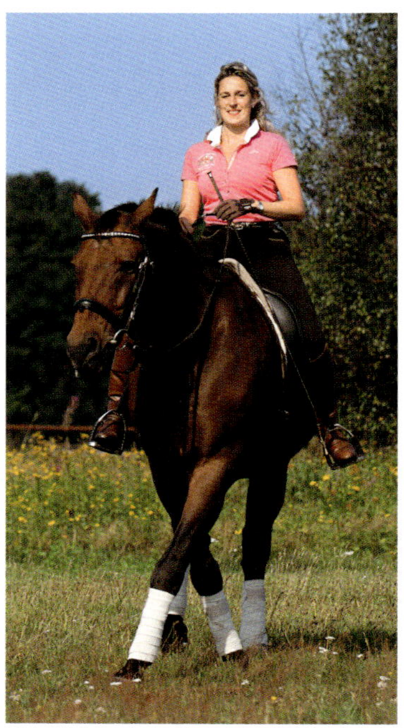

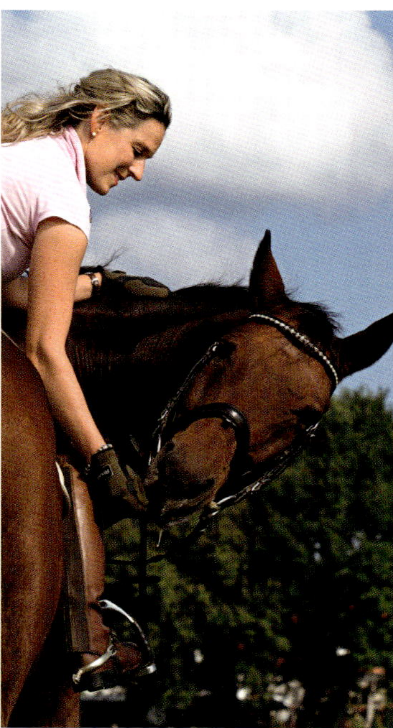

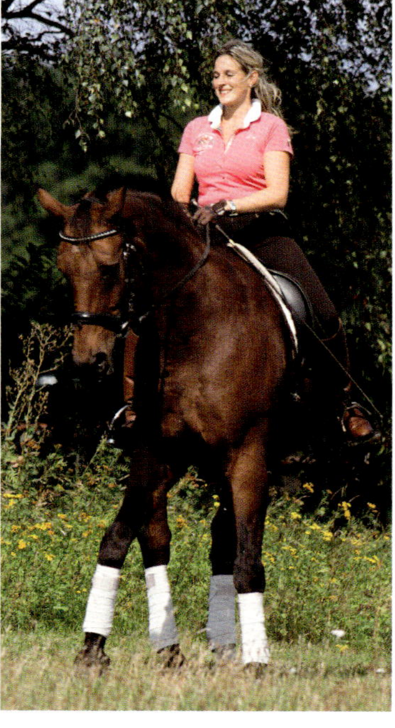

L-Lektionen im Kopf und im Sattel

In der Klasse L werden erstmals versammelte Tempi abgefragt. Für sie, ebenso wie für die Verstärkungen bis zu mittleren Tempi, bist du mit dem häufigen Reiten halber Paraden und mit dem Spiel der verschiedenen Silhouetten und Tempi bereits bestens gerüstet. Der Durchmesser der Volten, der bisher bei komfortablen zehn Metern lag, wird jetzt auf acht Meter reduziert. Auch für diese Herausforderung kennst du bereits deine Hilfengebung, indem du deine gebogenen Schienen (s. S. 83 ff.) verstärkt biegst und somit die Volten verkleinerst.
Zudem werden auf L-Niveau versammelte Lektionen eingeführt:

- Kurzkehrt und Hinterhandwendungen (der Unterschied besteht lediglich darin, dass die Kurzkehrtwendung aus der Bewegung eingeleitet wird und die Hinterhandwendung aus dem Halten),
- einfache Galoppwechsel und
- Außengalopp.

Deine Hilfen kurzgefasst

Kurzkehrt / Hinterhandwendung: Starte aus dem Schritt (Kurzkehrt) bzw. aus dem Halten (Hinterhandwendung). Lockere das Genick deines Pferdes nach innen und setze dich selbst in den Drehsitz, um den Körper deines Pferdes in eine Schulterhereinposition zu bringen (s. S. 132) und seine Längsachse zu biegen. Sammle dabei dein Pferd vermehrt von hinten ein und dirigiere dann seine Vorhand mit deinem

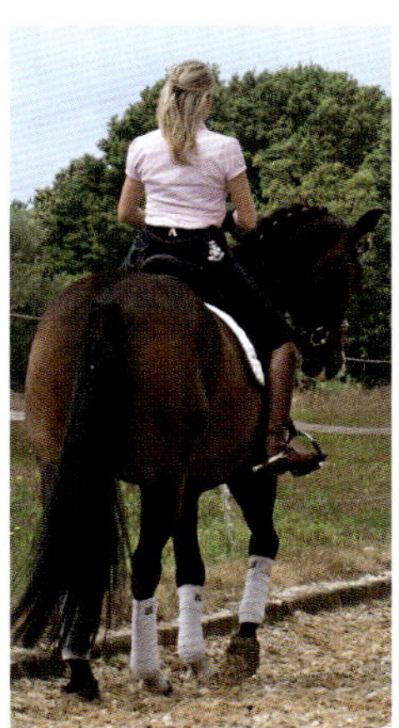
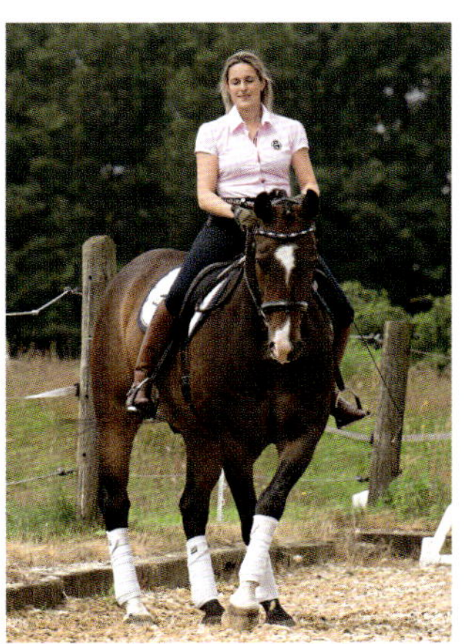
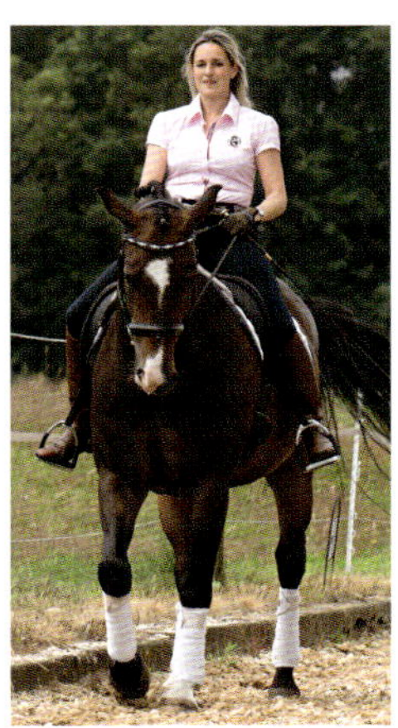

Kurzkehrtwendung aus dem Schritt: Biege dein Pferd in die Bewegungsrichtung und löse die Biegung beim Herausreiten aus der Wendung wieder auf.

seitwärts in die Biegerichtung schwingenden Becken (rechts: 9 nach 3 Uhr, links: 3 nach 9 Uhr) – unterstützt von seitwärts weisenden Zügeln – in einem Halbkreis um seine Hinterhand herum. Damit diese aktiv mittritt, treibst du wechselseitig mit den Schenkeln mit, der innere biegt und treibt am Gurt, der äußere verwahrt und treibt hinter dem Gurt. Fang dein Treiben sanft mit dem Außenzügel ab.

Einfache Galoppwechsel: Starte im Handgalopp und vollführe auf einer beliebigen Hufschlagfigur (s. S. 113) einen Handwechsel. Nimm dir exakt vor, an welchem Punkt du den einfachen Wechsel reiten möchtest und bereite den Übergang zum Schritt entsprechend früh vor: Im Galopp sitzt du in der leichten Schultervorposition, um das innere Hinterbein in Schach zu halten. In dieser Position richtest du dich auf und sammelst dein Pferd per halber Paraden und kürzerem Beckenmitschwingen von hinten ein. Zähle die letzten drei bis fünf Sprünge bewusst mit und lass jeden von ihnen eine Nuance kürzer werden – bei gleicher Aktivität. Atme tief aus und reite aus diesem verkürzten Galopp im Schritt groß nach vorn an, spanne am neuen Außenzügel ein Gummiband, stelle und biege dein Pferd über deine neu gebogenen Schienen in die neue Schultervorposition an diesen neuen Außenzügel heran, erhöhe deinen Energielevel und schwinge dein Pferd mit deinem Becken in den neuen Galopp hinein (s. S. 108).

Um den Schwierigkeitsgrad zu steigern, kannst du den einfachen Wechsel auch ohne Handwechsel vom Außengalopp zum Handgalopp reiten oder mit Handwechsel vom Außengalopp zum Außengalopp.

Die Schrittphase im einfachen Wechsel entscheidet, ob der neue Angalopp bergauf und gerade gelingt: Lass dein Pferd an den neuen äußeren Zügel heranschreiten und positioniere es nach kurzem Geradeaus ins neue Schultervor.

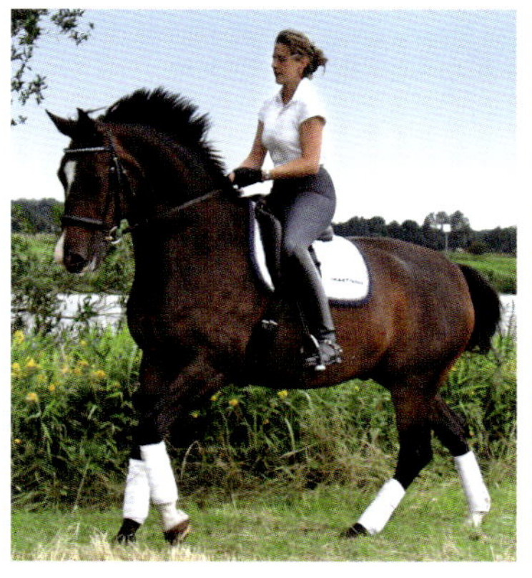

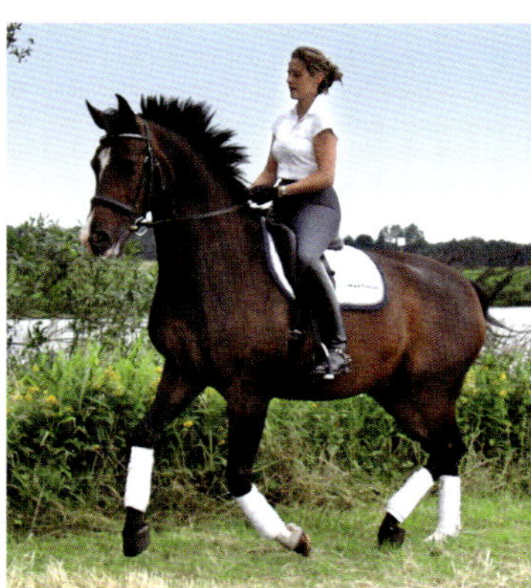

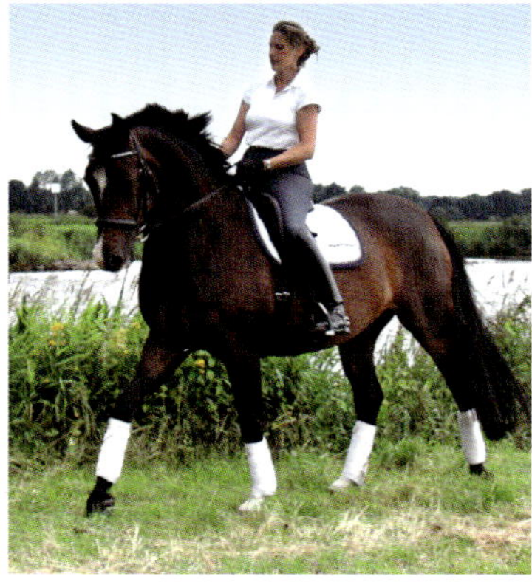

Außengalopp: In der Ausbildung schulen wir unser Pferd zunächst im Handgalopp, in dem das innere Vorderbein weiter nach vorn ausgreift. Der Außengalopp ist die Spiegellektion zum Handgalopp, die deutlich mehr Balance erfordert, diese aber zugleich auch fördert. Entsprechend der Schultervorposition des Handgalopps bringst du dein Pferd für den Außengalopp in eine Konterschultervorposition, um das optisch äußere Hinterbein (das durch die Außenstellung aus der Perspektive deines Pferdes das innere ist) unter die Last springen zu lassen.

Deine Zutaten aus eurem ABC

Wohlfühlzone: Das ist Gesetz: Bei dir fühlt dein Pferd sich wohl!
„Hooo …“: In den Wendungen um die Hinterhand benötigst du das „Hooo …“, um die Schrittlänge zu verkürzen und die Hinterhand auf einen möglichst kleinen Raum zu zentrieren. In den einfachen Wechseln nimm dich zur Einleitung des Übergangs vom Galopp zum Schritt energetisch zurück. Im Außengalopp ist das „Hooo …“ wiederum wertvoll, um Spannungen abzubauen, die gern mal aufkommen, wenn dein Pferd lernen muss, sich neu auszubalancieren.

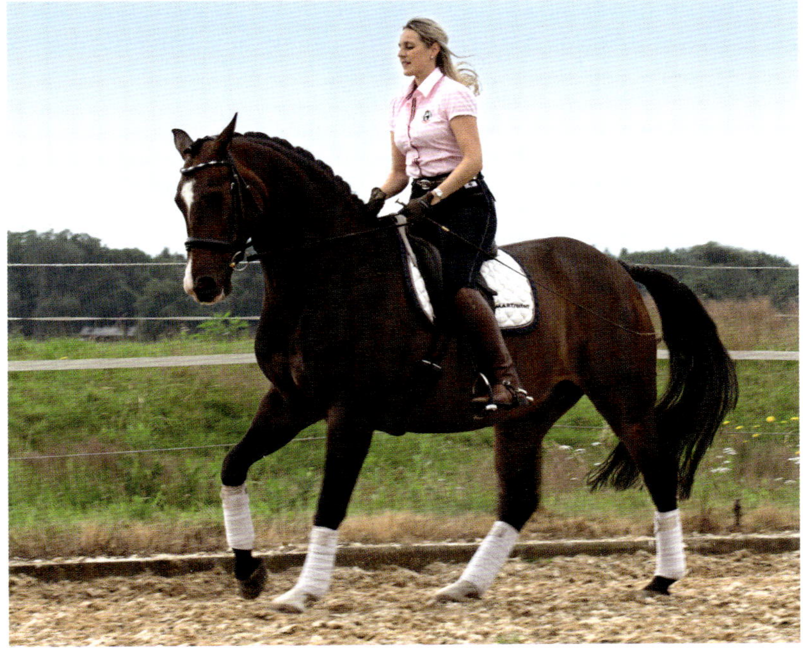

Im Außengalopp stellst du dein Pferd konterschultervorartig ein, um das optisch äußere Hinterbein unter der Last zu halten und den Galopp in guter Balance geradezurichten.

„Go!“: Dein aktiver Beckeneinsatz, sprich indem du impulsartig verstärkst, wenn dein Pferd dich im Sattel nach vorn mitnimmt, sorgt für den notwendigen „Go!“ in allen drei versammelten Lektionen. Fehlt es dir an Energie, überprüfe deine eigene Ausstrahlung und sichere im Zweifel diese Vereinbarung auf ein Neues mit deinem Pferd. Denn nur, wenn der Motor, die Hinterhand, aktiv ist, ist Versammlung möglich.
Richtung: Lass deine Energie in der Hinterhandwendung seitlich, in den Wechseln und im Außengalopp gen Außenzügel strahlen.
Vorhandposition: Positioniere die Vorhand durch deinen Drehsitz in der Wendung um die Hinterhand deutlich (gebogene Längsachse) und in den einfachen Wechseln sowie im Außengalopp minimal vor der Hinterhand (leicht im Schultervor gebogene Längsachse).
Hinterhandposition: Aktiviere die Hinterhand, wobei du sie in der Wendung, engagiert mittretend, möglichst auf der Stelle zentrierst. In den Wechseln sowie im Außengalopp lässt du sie hingegen vorwärts-aufwärts sauber unter den Schwerpunkt springen.
Genickdurchlässigkeit: Stell dein Pferd in der Hinterhandwendung in die Bewegungsrichtung ein und lasse die Biegung zu. Sorge in den Wechseln und im Außengalopp für ein lockeres Genick.
Silhouette: Alle drei sind versammelte Lektionen, die du entsprechend in der Versammlungshaltung reitest.
Rahmen: Rahme dein Pferd stark (Wendung um die Hinterhand) bzw. minimal gebogen (einfache Wechsel und Außengalopp) ein.

Im Galopp wischst du den Boden mit deinem Sattel leicht diagonal nach vorne in Richtung Außenzügel aus, in der Hinterhandwendung wischst du seitwärts in Richtung der Wendung zum Innenzügel hin.

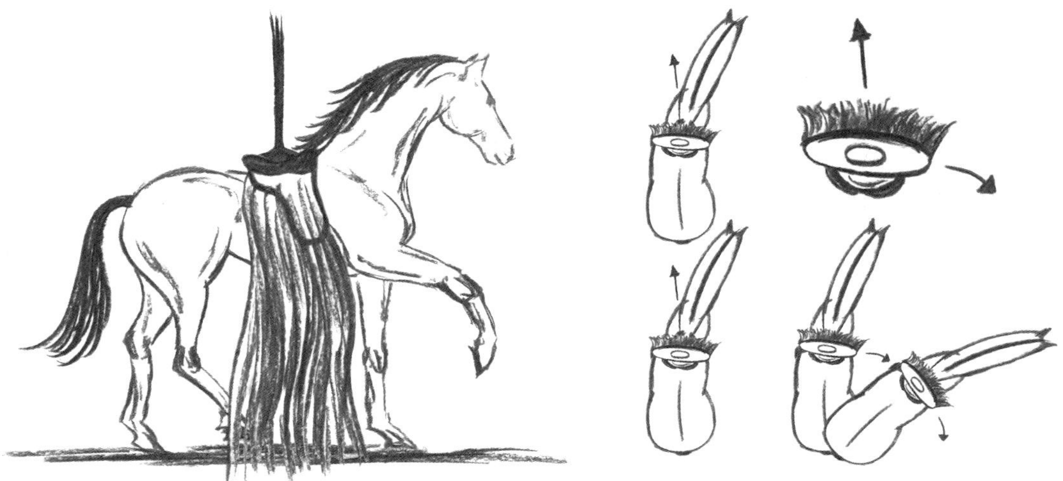

Stell dir vor …

… du drehst für die Hinterhandwendung den Stecker mitsamt Steckdose, sodass sich die Vorhand um die Hinterhand bewegt. Für die Galopplektionen hilft dir vielleicht die Vorstellung, mit deinem Becken den Boden zu wischen, wobei an deinem Gesäß der Sattel als Wedel hängt.

Fühl dich ein …

… in deinen Stecker: Suche dir einen Übungspartner, der sich als Vorhand vor dich stellt. Lege deine Hände seitlich auf seine Hüften. Probiere aus, wie du deinen Körper – insbesondere in Bezug auf deine Hüft- und Schulterachsen – bewegen musst, damit ihr eine Hinterhandwendung oder einfache Galoppwechsel vollführt.

Vertiefe dein Verständnis

- Worin liegen Unterschiede und Gemeinsamkeiten dieser Lektionen?
- Wie gelangst du von einer Richtung in die andere, wie von einem Galopp in den anderen?
- Wie kannst du deinem Pferd helfen, sich im Außengalopp sicher auszubalancieren?

Regie-Hilfen von E bis L – kurzgefasst

- Die halbe Parade ist das Grundprinzip aller Übergänge und Tempounterschiede.
- Kannst du deinen Energielevel und dein Beckenmitschwingen bewusst variieren, vermagst du dich deinem Pferd körpersprachlich klar mitzuteilen, um mit Gangarten und Tempo zu spielen.
- Nimm dein Pferd vor jedem Übergang auf und lass es dann wie einen Jet in die neue Gangart oder das neue Tempo starten.
- Reite Bahnfiguren mit und ohne Handwechsel sehr bewusst. Je genauer du die Linien planst, desto genauer kannst du die Längsachse deines Pferdes auf sie einstellen. Dafür sorgst du mit deinem einrahmenden Sitz.
- Mach deinem Pferd die biegenden Seitengänge mit Vorübungen bei gerader Längsachse schmackhaft: Vorhandwendung und Schenkelweichen mobilisieren sein Becken und seine Hinterhand und haben einen lösenden Effekt.
- Hast du die neun Vereinbarungen konsequent mit deinem Pferd getroffen, sodass sie euch in Fleisch und Blut übergegangen sind, kannst du auf sie zurückgreifen, um dein Pferd die Lektionen zu lehren – und um sie zu verbessern, falls es einmal in einer Lektion hakt.
- Biege in der Kurzkehrtwendung (Start aus der Bewegung) sowie der Hinterhandwendung (Start aus dem Halten) dein Pferd in die Bewegungsrichtung und wende die Vorhand im Halbkreis um die Hinterhand.
- Reite einfache Wechsel, indem du den Galopp schultervorartig einsammelst, daraus groß im Schritt anreitest, dein Pferd zur neuen Seite in einem leichten Schultervor positionierst und es im neuen Galopp anspringen lässt.
- Sichere unbedingt die Konterschultervorposition im Außengalopp.

Drehbücher für die höheren Klassen

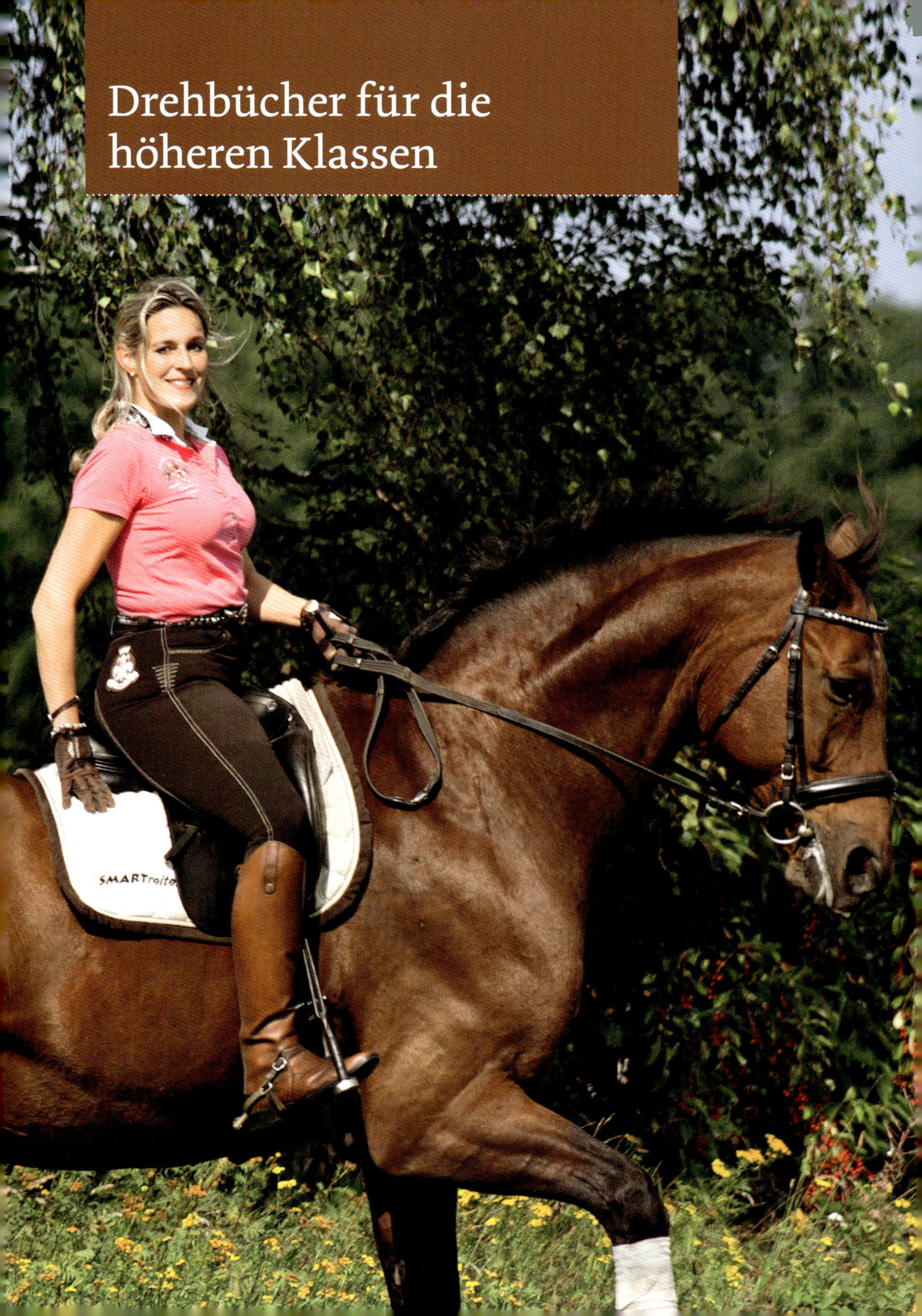

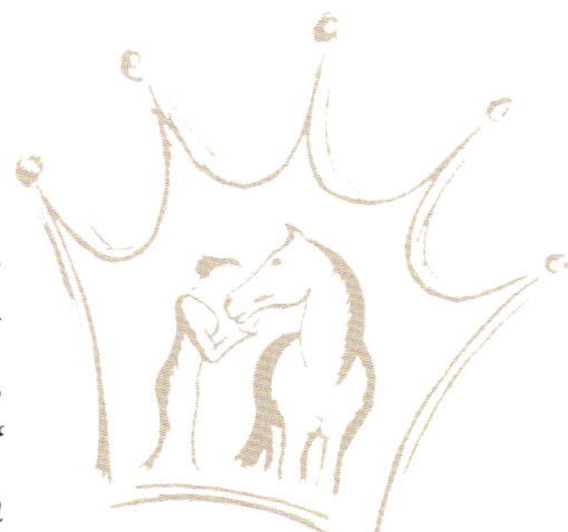

„Erlaube deinem Pferd, Fehler zu machen.
Es lernt aus seinen Fehlern genau wie wir Menschen –
und es sollte sich niemals davor fürchten müssen,
etwas falsch zu machen.“
Buck Brannaman

Fördern durch Fordern – maßvoll

Der Schritt vom L-Niveau zur M-Dressur ist durchaus anspruchsvoll. So werden die Silhouetten- und Tempo-Kontraste innerhalb der Gangarten bis zu den starken Tempi (starker Schritt, Trab und Galopp mit maximalem Raumgriff und Rahmenerweiterung) weiter ausgebaut und es kommen eine Menge neue Lektionen hinzu. In den Dressuraufgaben werden die Lektionen Schlag auf Schlag abgefragt, sodass sich mit der Versammlungsbereitschaft auch die Durchlässigkeit deines Pferdes auf ein neues Level entwickeln muss.

Damit ihr beide in diesem Prozess des Lernens und Wachsens Spaß habt, heißt es, die Grenzen des bisherigen Könnens nach und nach weiter auszudehnen. Mit anderen Worten bist du gefragt, dein Pferd immer wieder dazu anzuregen, seine Komfortzone zu verlassen und neue Dinge auszuprobieren, sich in kürzerer Zeit für kommende Lektionen bereit zu machen, schneller auf deine Hilfen zu reagieren, bunt durcheinandergewürfelte Lektionsfolgen dennoch prompt auszuführen und dabei immer gelassen zu bleiben.

Indem du dein Pferd forderst, es auch einmal sprichwörtlich „ins kalte Wasser wirfst“ und Dinge abfragst, die es eigentlich noch nicht kann, gibst du ihm die Chance, über sich selbst hinauszuwachsen.

Ein Beispiel: Wenn du die einfachen Galoppwechsel verbessern möchtest, frage nach schnellen Abfolgen Galopp – Halten – Galopp. Zuerst mag dein Pferd davon überrascht sein und sich verhaspeln, aber recht schnell wird diese Übung zur Dehnzone und liegt nicht mehr gänzlich außerhalb seiner Komfortzone. Du wirst wahrscheinlich merken, dass die Galopp-Schritt-Übergänge ihm plötzlich wesentlich leichter fallen, da es eine anspruchsvollere Variante kennengelernt hat.

Damit du dein Pferd nicht überforderst, wenn du es forderst, achte auf eine gute mentale Balance und ein ebenso gutes Pausenmanagement. Hier sind kurze Arbeitsintervalle mit ausreichend langen Pausen zum Nachdenken und Verschnaufen die Mittel der Wahl. Ebenso dazu gehört das regelmäßige Überprüfen, ob du den Stecker ziehen und dein Pferd komplett entspannen kannst. Ist das gegeben, befindest du dich noch auf dem schmalen Grat zwischen Unter- und Überforderung. Bleibt dein Pferd hingegen aufgedreht, gilt es, zur Basis zurückzukehren und „Hooo …" sowie das Miteinander-Wohlfühlen zu sichern.

M-Lektionen mental und tatsächlich reiten

Eine ganze Palette neuer Lektionen reichern das Dressurprogramm auf M-Niveau an. Sie lassen sich in drei Themenbereiche untergliedern:

- Schrittpirouetten,
- geraderichtende Seitengänge: Schulterherein und Travers mitsamt ihren Vorstufen und Spiegellektionen sowie Traversalen und
- fliegende Galoppwechsel.

Deine Hilfen kurzgefasst

Schrittpirouetten: Sie unterscheiden sich von der Kurzkehrtwendung (s. S. 123 f.) lediglich dadurch, dass der Versammlungsgrad höher ist und du die Hinterhand auf einen kleineren Kreis zentrierst – etwa auf die Größe eines Tellers, idealerweise sogar auf das innere Hinterbein als Drehpunkt. Neben halben Schrittpirouetten, die dem Richtungswechsel um 180° dienen, lassen sich auch ganze oder doppelte reiten.

In der Kurzkehrtwendung zentrierst du die Hinterhand auf einen kleinen Kreis, der Drehpunkt liegt leicht hinter der Hinterhand. In der Schrittpirouette ist idealerweise das innere Hinterbein, der Drehpunkt. Achtung: Es tritt aktiv mit!

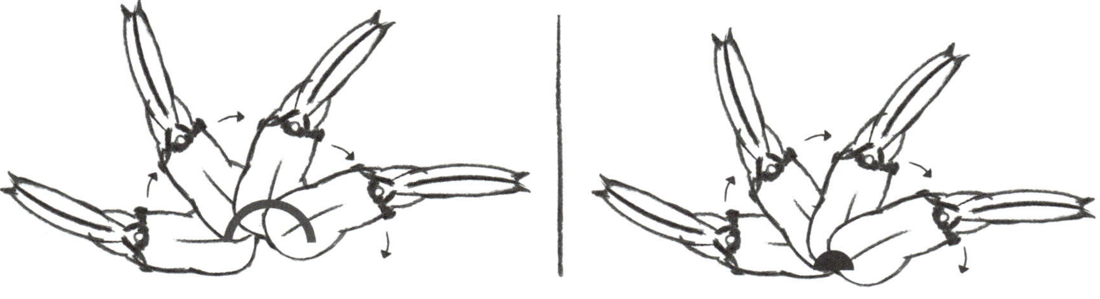

Geraderichtende Seitengänge: Sie zielen darauf ab, dein Pferd mittels konsequenter Biegearbeit in sich geradezurichten. Dafür stellst du dein Pferd, biegst seine Längsachse zur gleichen Seite und lässt es in der Biegung vorwärts oder vorwärts-seitwärts treten. Demgemäß sitzt du in den biegenden Seitengängen immer im Drehsitz:

- das Becken leicht, die Schultern deutlich nach innen rotiert,
- innerer Gesäßhöcker vermehrt belastet,
- innerer Schenkel biegend und treibend am Gurt,
- äußerer Schenkel verwahrend und treibend hinter dem Gurt,
- innere Zügelhand immer wieder in die Stellung lockend und
- äußere Zügelhand sanft führend.

Welchen Seitengang du in dieser Sitzposition reitest, bestimmst du wiederum durch deine Beckenbewegungen. Schwinge es in die Richtung mit, in die du dein gebogenes Pferd verschieben möchtest:

- Schulterherein: Biege dein Pferd Richtung Bahninneres, sodass die Hinterhand auf dem Hufschlag und die Vorhand weiter innen läuft. Schwinge dein Becken entlang der Hufschlaglinie leicht diagonal nach vorn in Richtung Außenzügel, um dein Pferd mit der Biegung gegen die Bewegungsrichtung zu verschieben (rechts: 5 nach 11 Uhr, links: 7 nach 1 Uhr). Die Hinterhand bewegt sich dabei geradeaus, während die Vorderbeine kreuzen.
- Konterschulterherein: Spiegle die Hilfen für das Schulterherein: Biegung nach außen gegen die Bewegungsrichtung, Hinterhand auf dem zweiten Hufschlag, Vorhand weiter außen.
- Travers (= Kruppeherein): Biege dein Pferd Richtung Bahninneres, sodass die Vorhand auf dem ersten Hufschlag und die Hinterhand auf dem zweiten läuft. Schwinge dein Becken entlang der Hufschlaglinie leicht diagonal nach vorn in Richtung Innenzügel, um dein Pferd mit der Biegung in die Bewegungsrichtung zu verschieben (rechts: 7 nach 1 Uhr, links: 5 nach 11 Uhr). Die Vorhand bewegt sich dabei geradeaus, während die Hinterbeine kreuzen.
- Renvers (= Kruppeheraus): Spiegle die Hilfen für das Travers: Biegung nach außen in die Bewegungsrichtung, Vorhand auf dem zweiten Hufschlag, Hinterhand auf dem ersten.
- Traversale: Verlege das Travers auf eine Diagonale und achte dabei darauf, dass die Hinterhand deines Pferdes sich parallel zum Hufschlag bewegt, während die Vorhand leicht führt.

1

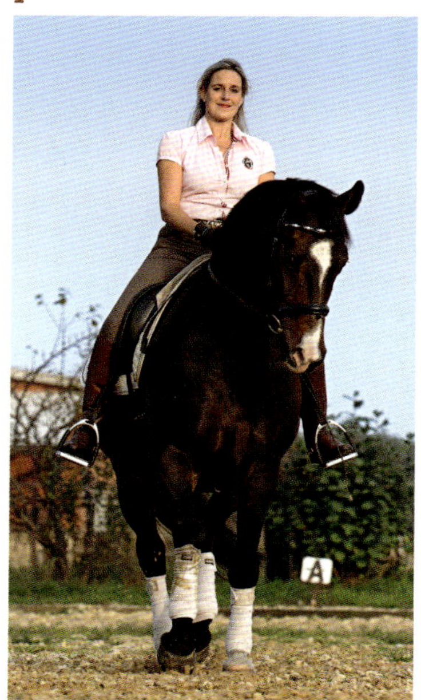

2

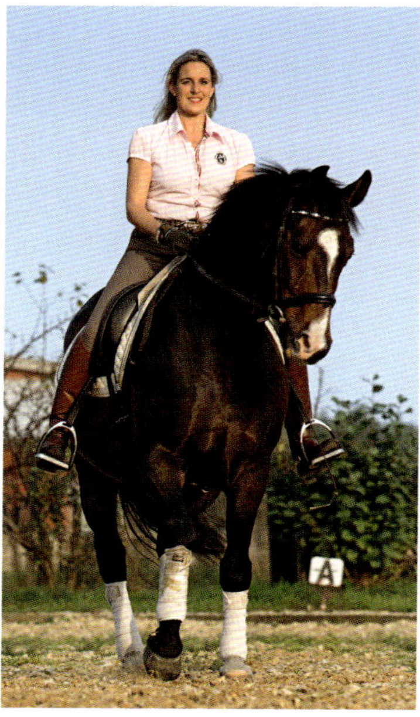

3

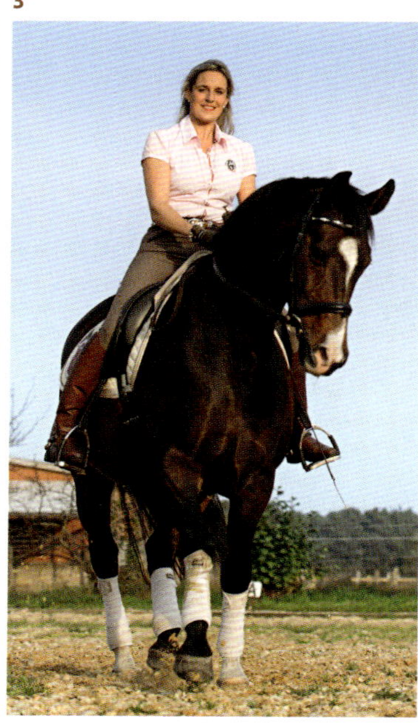

1 *Schultervor*

2 *Schulterherein auf drei Huflinien*

3 *Schulterherein auf vier Huflinien*

Die Mutter aller gebogenen Seitengänge ist die Volte. Sie ist das Ergebnis deines Drehsitzes: Je deutlicher du deine Schulterachse in Bezug zur Hüftachse rotierst, desto mehr Biegung erzeugst du in der Längsachse deines Pferdes, desto kleiner wird der Durchmesser der zugrunde liegenden Volte. Je nachdem, wie stark du dein Pferd biegst, wendet die Vorhand mehr oder weniger schnell auf die imaginäre Kreislinie ab.

- Schulterherein: Um in ein Schulterherein zu gelangen, leite eine Volte ein und nimm die Biegung mit, sobald die Vorhand die Voltenlinie betritt. Indem du den Grad der Biegung bewusst wählst, kannst du zwischen Schultervor (wenig gebogene Vorstufe, auf Basis einer 10-m-Volte), Schulterherein auf drei Huflinien (8-m-Volte) oder auf vier Huflinien (6-m-Volte) variieren.
- Travers: Um ein Travers zu erreiten, beende eine Volte, z. B. die Viertellinie einer Ecke, und nimm die Biegung mit, sobald die Vorhand die Voltenlinie verlässt und die gerade Hufschlaglinie betritt.
- Traversale: Um eine Traversale zu entwickeln, leite eine Volte ein und erzeuge die Schulterhereinposition, ändere dann deine Mitschwingrichtung im Becken und schwinge dein Pferd diagonal Richtung Innenzügel ins Vorwärts-Seitwärts – dennoch gilt: Außen führt!

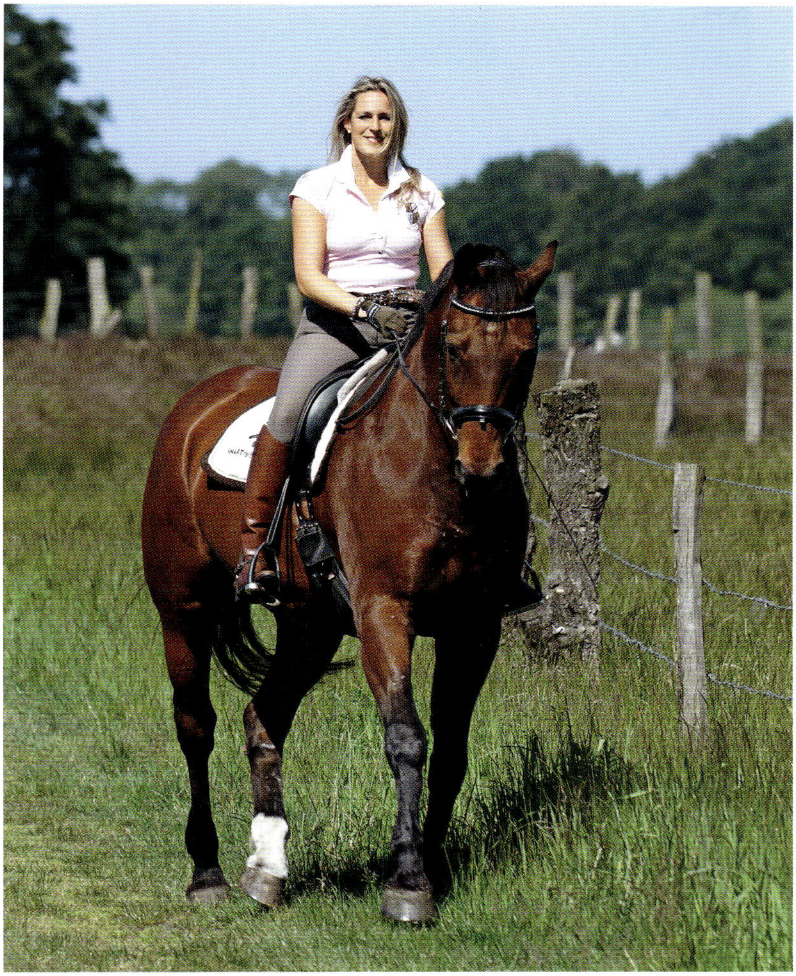

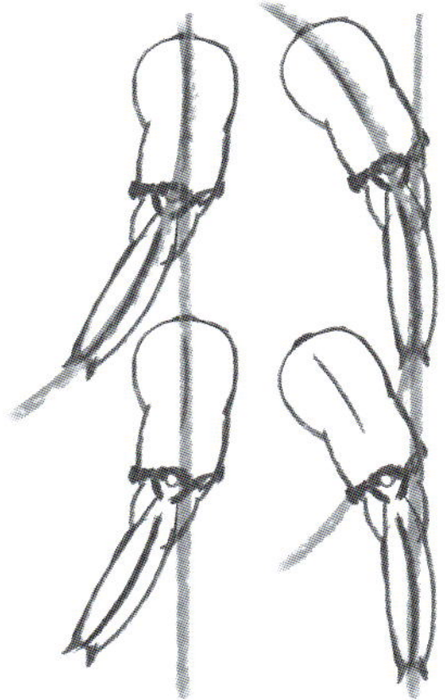

Schulterherein entsteht, wenn du den Beginn einer Volte mit ins Geradeaus nimmst (links). Ins Travers (rechts und wie hier auf einem Feldweg) gelangst du, wenn du stattdessen aus dem Ende einer Volte vorwärts-seitwärts reitest.

Ein Tipp zu Traversalen: Drehe in Gedanken das Viereck so weit, dass die Diagonale, entlang der du traversieren willst, deinen ersten Hufschlag bildet. Lege dort ein Travers an. Dabei hast du die Wahl:

- ganze Traversale: traversiere die gesamte Diagonale entlang,
- halbe Traversale: reite die halbe Diagonale entlang,
- doppelte halbe Traversale: über die halbe Diagonale und nach einem Richtungswechsel bei X wieder zurückgeritten und
- Zickzacktraversale: traversiere von der Mittellinie ausgehend mit mehreren Richtungswechseln um sie herum.

Denke in der Traversale mit deinen Händen in die Reitrichtung voraus. So folgt dein Pferd deinen vorwärts-seitwärts weisenden Händen, während du es durch deinen Drehsitz in die Bewegungsrichtung biegst.

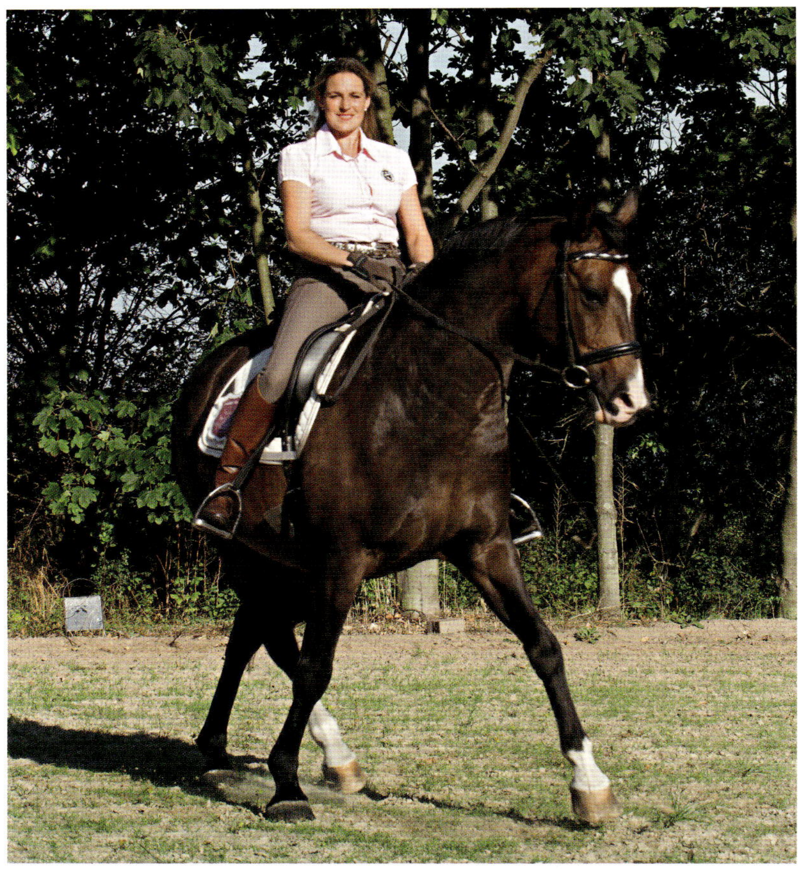

Fliegende Galoppwechsel: Der fliegende Wechsel ist in puncto Verständnis und Timing eine der anspruchsvollsten Lektionen. Letztlich jedoch handelt es sich um nichts anderes als um das Angaloppieren aus dem Galopp. Entsprechend ähnelt die Vorbereitung der zum Angaloppieren aus dem Schritt oder Trab (s. S. 108 f.): Sammle dein Pferd mit halben Paraden ein, halte seinen Hals in sich gerade und treibe es einige Sprünge vor dem Wechsel vom neuen inneren Schenkel an den neuen Außenzügel heran. Lege dann einen Sprung zu, um im nächsten Moment die Hilfe zum Angaloppieren zu platzieren. Die Phase, in der du deine körpersprachlichen „Schienen" wechselst wie beim einfachen Wechsel im Schritt: gebogen – gerade – gebogen (s. S. 124 ff.), findet hier im Galopp statt, beim Heranreiten an den neuen Außenzügel.

1

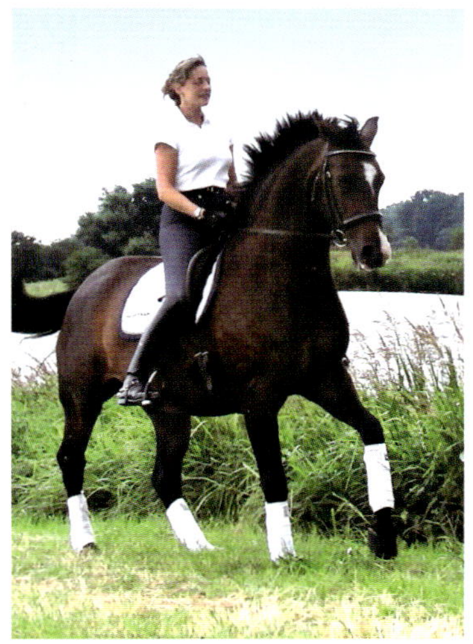

2

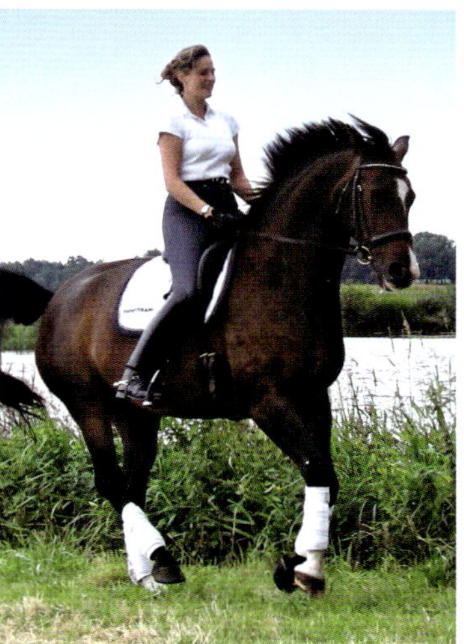

3

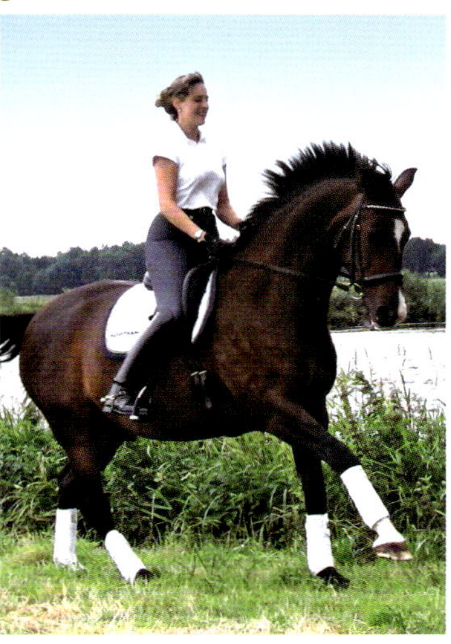

Der fliegende Wechsel: Bring dein Pferd an den neuen Außenzügel und aktiviere es am neuen Innenschenkel (1), schwinge es in den neuen Galopp (2) und locke es in die neue Stellung (3), wobei du den Galoppsprung sanft nach vorn herauslässt.

Deine Zutaten aus eurem ABC

Wohlfühlzone: Auch wenn du bewusst Anspannung durch neue Herausforderungen riskierst, solltest du immer wieder die Basis sichern: Du musst jederzeit die Energie komplett herausnehmen können, sonst läuft etwas gehörig schief. Stelle deinem Pferd eine neue Aufgabe, gib ihm die Chance, sie zu lösen und bring es sofort wieder zur Ruhe zurück. Das sorgt für nachhaltige Leistungsfähigkeit und motiviert!

„Hooo …“: Um die Schrittpirouette auf das innere Hinterbein als Drehpunkt zu zentrieren, muss das „Hooo …“ sitzen. In den Seitengängen dient es dir zum Aufnehmen und Versammeln, aber auch, um zwischendurch die durch die Versammlung natürlicherweise aufkeimende Muskelanspannung wieder in eine deutlichere Losgelassenheit zu überführen. Reite oft einen Wechsel der Silhouetten, denn das resultierende Intervalltraining hilft dir, die Losgelassenheit in die Versammlung zu übertragen. Auch in den fliegenden Wechseln ist das „Hooo …“ wertvoll, um aufkeimende Spannungen abzubauen: Pariere nach einem gelungenen Wechsel durch und lass dein Pferd entspannen. Wird es beim nächsten Mal dennoch heftig, bereite den Wechsel vor, täusche ihn aber nur an. Statt der neuen Galopphilfe, zerfließt du gemeinsam mit deinem Pferd in die Entspannung des Schritts oder Haltens. Das schult es, wirklich auf deine Wechselhilfe zu warten, statt falsche Schlussfolgerungen zu ziehen und dir zuvorzukommen.

„Go!“: Indem du dein Becken aktiv und sehr gezielt einsetzt, leitest du sowohl die Schrittpirouette – hier schwingst du seitwärts, aber kurz, um die Hinterhand zu zentrieren – als auch jeglichen Seitengang ein und erhältst die Aktivität deines Pferdes innerhalb dieser Lektionen. Damit dein Pferd sich dauerhaft engagiert, brauchst du lediglich erinnernde Impulse mit deinem Becken zu geben, sofern du den „Go!“ einmal nachhaltig geklärt hast.
Richtung: Lass deine Energie in der Schrittpirouette seitlich strahlen. In den Seitengängen strahlst du jeweils dahin, wohin du reiten möchtest: Im (Konter-)Schulterherein Richtung Außenzügel, im Travers, Renvers und in den Traversalen strahlst du Richtung Innenzügel, sodass dein Pferd gegen bzw. in die Bewegungsrichtung gestellt und gebogen ist. In den fliegenden Wechseln variierst du wie folgt: Schon in der Vorbereitung, also einige Sprünge vor dem Wechsel, schwingst du dein Becken tendenziell in Richtung des vormals inneren, also neuen Außenzügels und dann energisch in den neuen Galopp hinein. Die Mitschwingrichtung bleibt anschließend erhalten.
Vorhandposition: Positioniere die Vorhand durch deinen Drehsitz in der Schrittpirouette, wie auch in den biegenden Seitengängen, deutlich vor der Hinterhand (abhängig vom Grad der Biegung, die du deinem Pferd gibst). Sorge in der Wechselvorbereitung zunächst für eine saubere Schultervorposition im Galopp, richte dich dann im Sattel gerade aus, um den Wechsel durch Heranschieben deines Pferdes an den neuen Außenzügel vorzubereiten, und positioniere im neuen Galopp die Vorhand wieder schultervorartig vor der Hinterhand.
Hinterhandposition: Zentriere und aktiviere die Hinterhand in der Schrittpirouette durch wechselseitiges Treiben. „Fixiere“ in den Seitengängen die Hinterhand in der Bewegung auf ihrer Linie und stell die Vorhand entsprechend auf sie ein.
Genickdurchlässigkeit: Halte das Genick durchlässig, indem du dein Pferd immer wieder mit unsichtbar vibrierenden Fingern sanft in die Innenstellung lockst. Stell dein Pferd für den fliegenden Wechsel erst nach dem Umspringen um, damit es seine Balance leichter hält.
Silhouette: Allesamt sind dies versammelte Lektionen, für die du dich und dadurch dein Pferd entsprechend versammelst.
Rahmen: Rahme dein Pferd gebogen ein und wähle deinen gebogenen Rahmen dafür sehr genau: Wie viel Drehsitz willst du gerade einneh-

men und wie viel Biegung damit ausdrücken? Sei dir bitte bewusst: Wenn du einen fliegenden Wechsel reitest, passierst du einen kleinen Moment, in dem du deinen Drehsitz durch den Geradeaussitz tauschst. Das ist der Moment der Vorbereitung, in dem du dein Pferd an den neuen Außenzügel herantreibst, obwohl du noch im ursprünglichen Galopp verharrst, also kurz bevor du dich in die neue Schultervorposition setzt, um dein Pferd im neuen Galopp anspringen zu lassen.

Stell dir vor ...

... du drehst für die Schrittpirouette den Stecker mitsamt Steckdose, sodass die Vorhand einen Kreis um die Hinterhand beschreibt wie ein Zirkel um seinen Mittelpunkt. Eine bewährte Vorstellung für die Seitengänge ist der Gummiball: Lass ihn in die Richtung abschnellen, in die du reiten möchtest. Biege den Ball dabei unter dir wie eine Banane – wohin zeigt jeweils deren gebogene Seite?

Nutze dieses Bild, um dein Pferd in die korrekte Galoppposition zu bringen – eine sanft gebogene Banane. Willst du den Galopp fliegend wechseln, richte die Banane kurz gerade und bring sie in die Biegung zur anderen Seite, um daraus den neuen Galopp zu entwickeln.

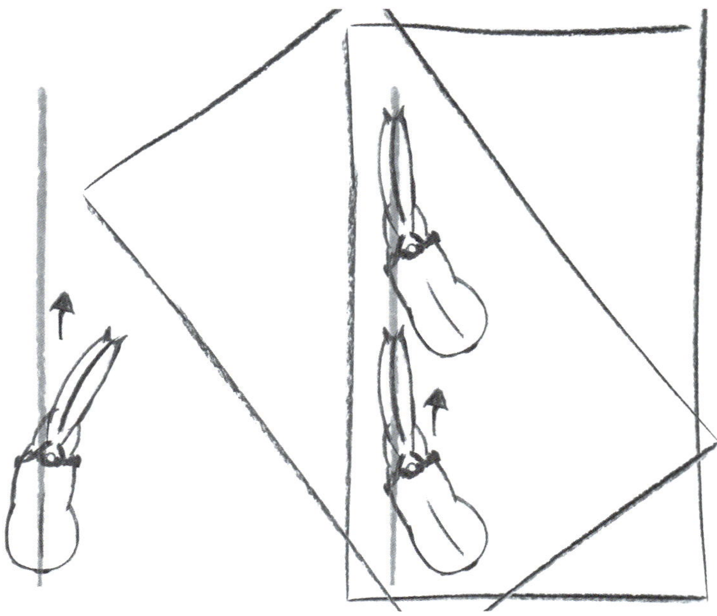

Aus Sitz und Bewegungsrichtung kreierst du jede beliebige Lektion: z. B. Schulterherein, Travers oder Traversale. Drehe für die Traversale in Gedanken dein Viereck und reite Travers auf der Diagonalen!

Fühl dich ein ...

... in die Biegung der Wirbelsäule deines Pferdes. Ein sehr effektives Trockentraining ist das mit Reitnudel **RESI** (= **RE**iten am **SI**tz). Denn sie verdeutlicht die imaginäre Banane plastisch. Indem du die Reitnudel zwischen deine Schenkel platzierst, kannst du auf einen Blick sehen und obendrein erfühlen, ob du deinen Körper in den Seitengängen und auch bei den Wechseln korrekt einsetzt.

Die gedachte Banane nimmt als Reitnudel Form an: Das Training mit ihr ist nicht nur voller Aha!-Effekte, sondern macht auch viel Spaß! smartreiten.de/reiten-am-sitz

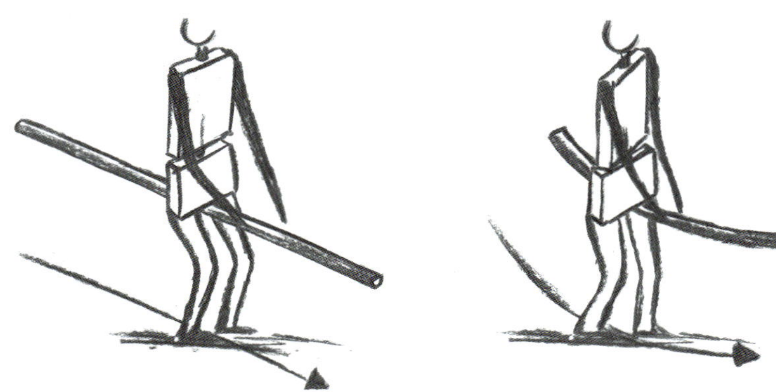

Vertiefe dein Verständnis

- Was kennzeichnet die Schrittpirouette?
- Wie unterscheiden sich die einzelnen Seitengänge?
- Worauf ist beim fliegenden Wechsel zu achten?

Feinschliff bis zur Perfektion – mit Spaß!

Sitzen die Lektionen der Klasse M, sind mit den Übergängen, Wendungen, Seitengängen und Wechseln die Grundlagen für die nächste Stufe bereits gelegt. In der schweren Klasse werden sie bis zur Perfektion verfeinert und die Versammlung zum Höchstmaß ausgebaut. Es gilt, die Durchlässigkeit so zu fördern, dass dein Pferd sich quasi „am kleinen Finger" reiten lässt.

Die Kontraste in den Tempi werden auf das Maximum erhöht: Das Spektrum im Trab reicht nun vom starken Trab mit größtmöglichem Raumgriff bis zur Piaffe, einem Trab mit kleinstmöglichem Raumgewinn fast auf der Stelle. Etwas mehr Boden gewinnt das Pferd in der

Passage, einem Trab mit verlängerter Schwebephase. Im Galopp bilden die Enden der Temposkala auf der einen Seite der starke Galopp, auf der anderen die Pirouette, eine Hinterhandwendung im Galopp. Seitengänge bis hin zu Zickzacktraversalen werden nun auch im Galopp verlangt, Volten verkleinern sich auf sechs Meter und zudem reihen sich fliegende Wechsel wie Perlen auf einer Schnur aneinander – mit fest definierten Anzahlen von Galoppsprüngen dazwischen.

Diese Lektionen ohne Druck zu meistern, ist das große Ziel. Denn ein Tanz ist nur in Leichtigkeit zu genießen und schön anzusehen, wenn der Tänzer Freiheit hat, sich zu entfalten. Das gelingt wiederum, indem du dein Pferd die Lektionen hin und wieder mit durchhängenden Zügeln erspielen lässt. Hier ist nicht Präzision das Ziel, sondern das Mitdenken deines Pferdes. Indem du eine Lektion, wie z. B. eine Pirouette, zunächst mit Zügelkontakt reitest und anschließend die Zügel auf den Hals legst und das Gleiche noch einmal abfragst, lehrst du es, ganz genau auf deinen Sitz zu horchen.

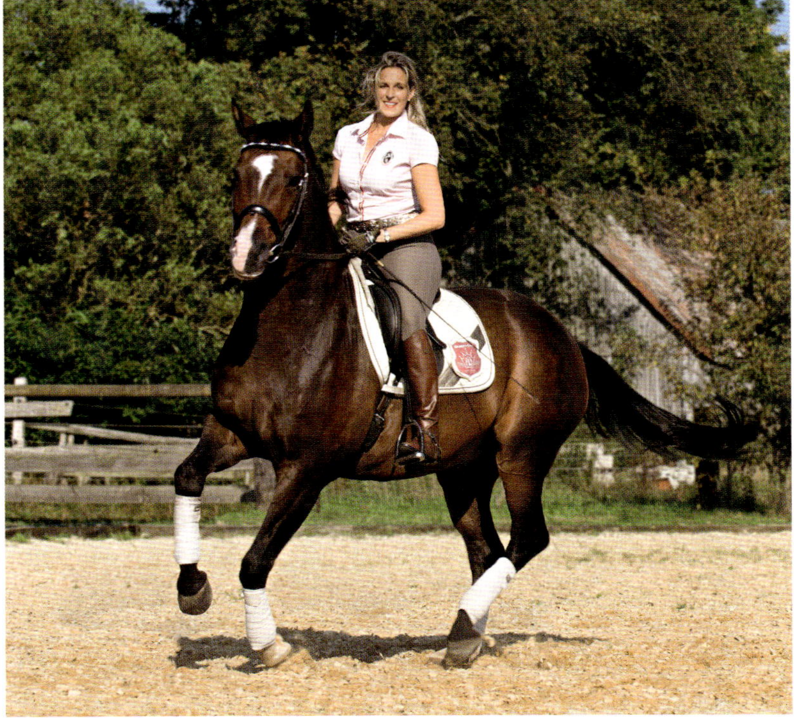

Die Pirouette erfordert maximale Versammlung im Galopp, damit das Pferd nahezu auf der Stelle springend um seine Hinterhand wenden kann.

„Reiten ist das Zwiegespräch zweier Körper und zweier Seelen, das dahin zielt, den Einklang zwischen ihnen herzustellen.“
Waldemar Seuning

Wann soll die Pirouette beginnen, wann enden, wie groß sein? Schnell wird dein Tanzpartner erfassen, dass er die gleiche Aufgabe nun ohne Zügelkontakt lösen soll. Das erfordert und fördert zugleich seine Eigeninitiative – und die wiederum ist die beste Motivation. Denn jede erfolgreich gelöste Herausforderung birgt für dein Pferd auch eine neue Chance auf Lob und darauf, stolz auf sich selbst zu sein. Und wer ist das nicht gern?

Schwere Lektionen leicht geritten

Neben dem Feinschliff der bisherigen Lektionen widmet sich die Dressur auf S-Niveau diesen drei Schwerpunkten:

- Serienwechsel,
- Galopppirouetten,
- Piaffe und Passage.

Deine Hilfen kurzgefasst

Serienwechsel: Die Hilfengebung kennst du bereits von den einzelnen fliegenden Wechseln (s. S. 134 ff.). Nun wird auf einer Linie (in Dressurprüfungen auf einer Geraden, im Training sind aber auch gebogene Linien wie Schlangenlinienbögen oder Zirkel reitbar) mehrfach der Galopp gewechselt – zu vier, drei, zwei Sprüngen oder von Sprung zu Sprung. Auch hier gilt es, den neuen Galopp durch diagonales Treiben an den neuen Außenzügel gut vorzubereiten. Allerdings wird die Vorbereitungsphase stark verkürzt, sodass das Einsammeln und Schwungholen vor dem Wechsel nur einmalig vor der Wechselreihe erfolgen kann. Zwischen den einzelnen Wechseln in Reihe bleibt dann nur noch Zeit für einen kleinen vorbereitenden Impuls aus dem Becken, das Richtung neuem Außenzügel schwingt.

Galopppirouetten: Diese Hilfen sind ebenfalls schon bekannt, von den Schrittpirouetten (s. S. 123 ff., 130 ff.), nur dass du diese nun im Galopp reitest. Den setzt du dafür so weit, dass du fast auf der Stelle galoppierst und dabei die Vorhand um die Hinterhand wendest. So entsteht ein kleiner Kreis, den die Hinterhand springt. Je nachdem, wie groß du diesen Kreis anlegst, differenziert man in Arbeitspirouetten (Travers-

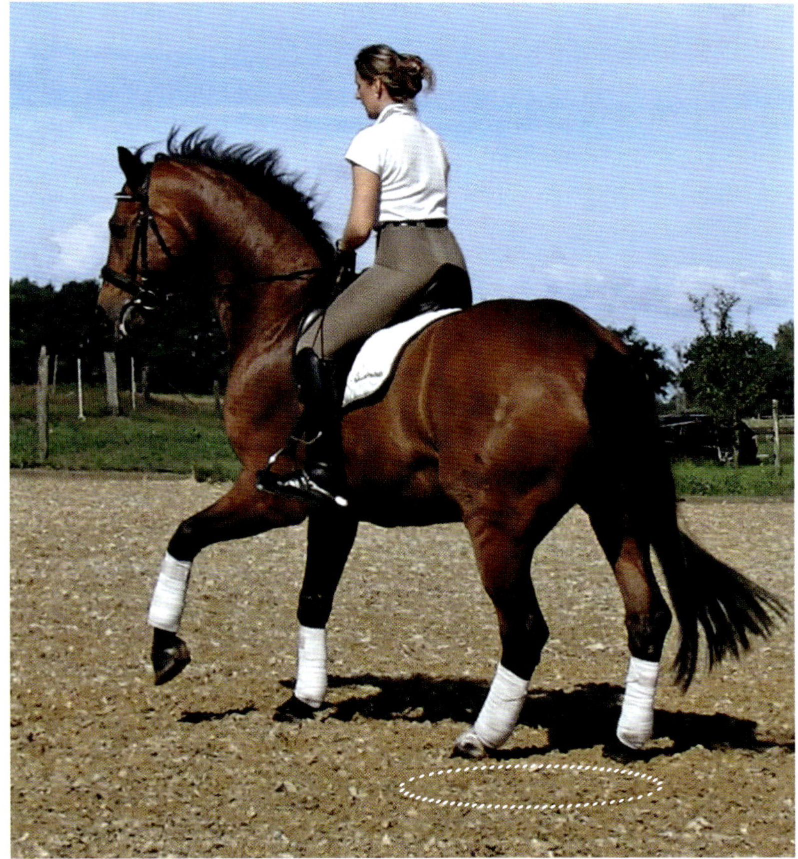

In der Galopppirouette wendest du die Vorhand deines Pferdes auf einem möglichst kleinen Kreis um seine Hinterhand.

galopp auf Voltengröße) und Pirouetten (Traversgalopp auf einem möglichst kleinen Kreis, den die Hinterhand beschreibt). Wichtig ist, dass der Takt erhalten bleibt. Deshalb ist es sinnvoll, die Pirouetten im Training zunächst größer anzulegen. So verhinderst du, dass dein Pferd ausfällt oder dreht, statt weiter im Galopprhythmus zu springen.

Piaffe und Passage: Diese beiden Lektionen sind neu, allerdings bauen sie auf bekannten Übergängen auf, den Tempounterschieden im Trab (s. S. 109 ff.). Sie wiederum fußen auf den halben Paraden (s. S. 102 ff.).

- Piaffe: Verkürze den Trab so weit, dass er kaum noch Raumgewinn hat. Richte dich dafür vermehrt im Sattel auf und schwing im Becken kürzer mit, um den Trab einzusammeln, erhöhe aber deinen Energielevel deutlich. Treibe im Trabtakt mit beiden Unterschenkeln beidseitig rhythmisch mit und fange dieses Treiben mit sanft knetenden Zügeln ab. Deine Unterschenkel kannst du etwas weiter hinter dem Gurt platzieren, um deinem Pferd zu verdeutlichen, dass es sich noch mehr aufnehmen möge als im versammelten Trab.

- Passage: Verlängere die Schwebephase des versammelten Trabs. Um dies zu erreichen, richtest du dich ebenfalls vermehrt im Sattel auf und erhöhst deine Energie, aber du schwingst im Becken verzögert vorwärts-aufwärts mit und treibst mit beiden Schenkeln wechselseitig – gleich einem Pendel – ebenfalls etwas weiter hinter dem Gurt.

Deine Zutaten aus eurem ABC

Wohlfühlzone: Je höher die Versammlung wird, desto mehr Wert solltest du auf Erholungsphasen in der Wohlfühlzone legen, damit Vertrauen und Freude auch Einzug in die höchste Versammlung halten.
„Hooo …“: Nur, wenn du dein Pferd mit feinen Hilfen aufnehmen und das Tempo beliebig zurückführen kannst, werden dir die S-Lektionen mit leichter Hand gelingen. Übe vor allem immer wieder das Durchparieren nur aus dem Sitz, damit dein Pferd auf deinen Wunsch, es aufzu-

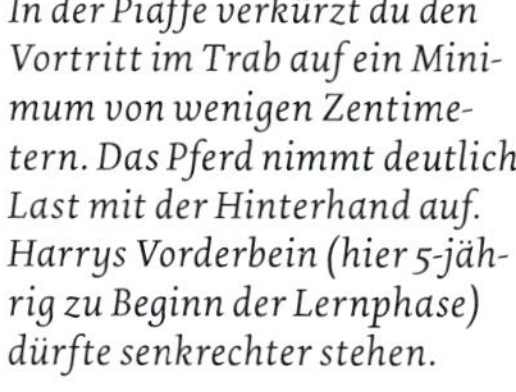

In der Piaffe verkürzt du den Vortritt im Trab auf ein Minimum von wenigen Zentimetern. Das Pferd nimmt deutlich Last mit der Hinterhand auf. Harrys Vorderbein (hier 5-jährig zu Beginn der Lernphase) dürfte senkrechter stehen.

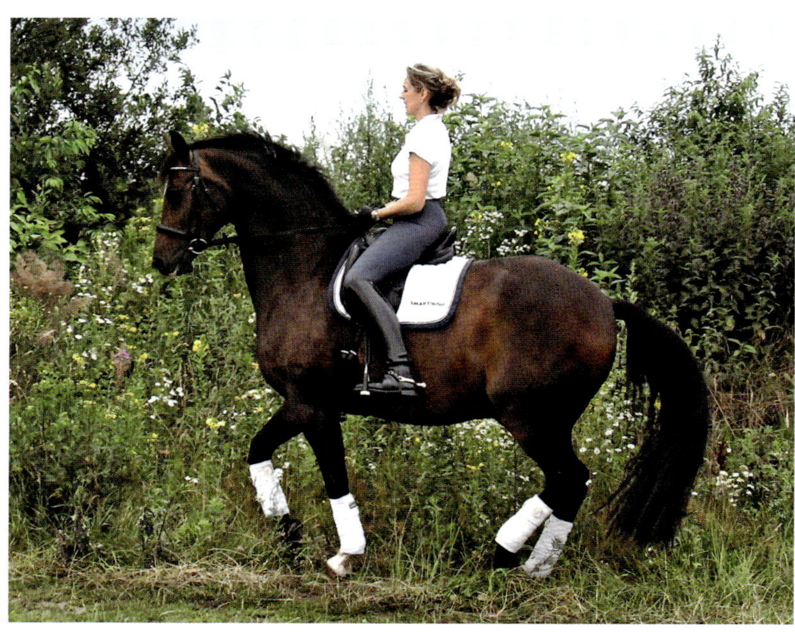

nehmen, stets prompt reagiert – auch ohne, dass du deine Hand dafür einsetzen musst. So gelingt jedes vorbereitende Aufnehmen leichter.

„Go!“: Differenziere die S-Lektionen, indem du dein Becken gezielt einsetzt. In den Wechseln positionierst du es im jeweils neuen Galopp im minimalen Drehsitz (s. S. 108 und 134) und gibst so den Wechselimpuls. In den Pirouetten nimmst du den Galopp durch kürzeres Mitschwingen auf und dirigierst die Vorhand dann seitwärts schwingend um die Hinterhand. Piaffe bzw. Passage erreitest du durch verkürztes Aufwärts- bzw. verzögertes Vorwärts-Aufwärts-Mitschwingen.

Richtung: Lass deine Energie in den Wechseln geradeaus strahlen, damit die Wechselreihe schnurgerade wird. In den Galopppirouetten richtest du deinen Energiestrahl seitlich aus, in der Piaffe nach oben und in der Passage nach vorn-oben.

Vorhandposition: Positioniere die Vorhand durch deinen minimalen Drehsitz in den Galoppwechseln, um dein Pferd in jedem Sprung exakt geradezurichten. In den Pirouetten hingegen sitzt du im deutlichen Drehsitz, um dein Pferd klar in die Bewegungsrichtung zu biegen, sodass du die Vorhand leicht wenden kannst. Für die Piaffe und die Passage richtest du die Vorhand exakt gerade vor der Hinterhand aus.

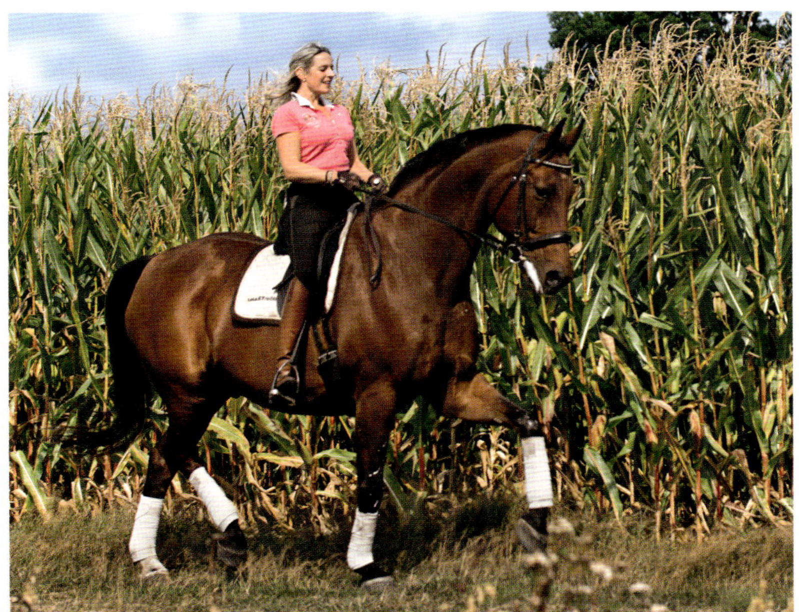

In der Passage verzögerst du die Schwebe im Trab. Das Pferd federt energischer mit dem diagonalen Beinpaar ab und verlängert seine Schwebephase, ohne, im Vergleich zum versammelten Trab, den Raumgriff zu vergrößern.

Hinterhandposition: Halte die Hinterhand in den Serienwechseln wie auch in der Piaffe und der Passage exakt auf einer Spur, zentriere sie hingegen in der Pirouette möglichst auf der Stelle.
Genickdurchlässigkeit: Lockere das Genick immer wieder, denn je höher die Versammlung, desto leichter müssen deine Hilfen durch den ganzen Körper deines Pferdes fließen können.
Rahmen: Rahme dein Pferd exakt ein: nur tendenzieller Drehsitz für den jeweils kommenden Galoppsprung in den Serienwechseln, deutlich gebogener Rahmen in den Pirouetten und gerade Schienen für Piaffe und Passage. Fühle, wenn dein Pferd aus deinem Rahmen schwankt und korrigiere es in die entgegengesetzte Richtung. Dadurch weist du es auf seinen Balanceverlust hin und förderst seine Eigeninitiative, die Spur genauer einzuhalten.

Stell dir vor ...

... du reihst die fliegenden Galoppwechsel wie Perlen auf eine Schnur. Knüpfe vor jede Perle einen „Vorbereitungsknoten", indem du dein Becken im Moment der Wechselhilfe im neuen Galopp positionierst: im leichten Drehsitz zur neuen inneren Seite. Für die Galopppirouetten hat sich als inneres Bild bewährt, die Vorhand um die Hinterhand zu dirigieren, wie ein Tänzer seine Tanzpartnerin in eine Walzerdrehung führt. Für die Piaffe und die Passage lässt sich wiederum der

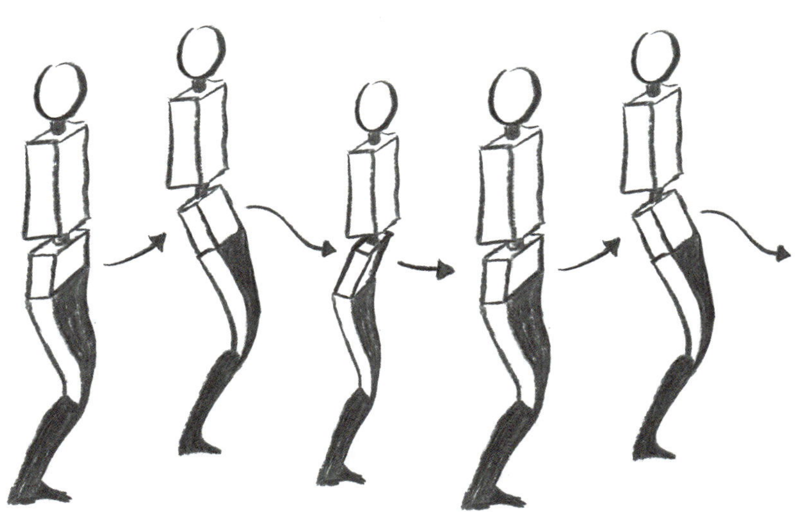

Du teilst deinem Pferd in erster Linie durch deine Sitzposition und deine Beckenbewegungen mit, welche Lektion du reiten möchtest. Stell dir vor, auf einer Welle zu sitzen und gestalte die Wellenlänge bewusst.

Gummiball heranzitieren: In der Piaffe lässt du ihn auf der Stelle abschnellen, in der Passage durch energisches Abfedern bei leichtem Raumgewinn möglichst lange in der Luft verweilen. Vielleicht helfen auch an deinem Kopf angebrachte Luftballons, die euch fliegen lassen.

Fühl dich ein ...

... in den Raumgewinn der Hinterbeine. Verbinde dich imaginär mit den Hinterbeinen deines Pferdes und vollführe die Bewegungen, die du dir von ihnen wünschst mit deinen Gesäßhöckern. Reite die Lektionen so trocken durch: Deine Gesäßhöcker mimen die Hinterbeine, dein Becken kippt und schwingt, wie du das von deinem Pferd erwartest. Deine Beine folgen einfach den Bewegungen, die von oben kommen. Auf diese Weise kannst du ganze Dressuraufgaben einüben, ohne dein Pferd zu beanspruchen – vielleicht einmal mehr mit Reitnudel **RESI**.

Vertiefe dein Verständnis

- Was macht die Dressur auf S-Niveau und ihre Lektionen aus?
- Wie setzt du deinen Körper lektionsspezifisch differenziert ein?

Drehbücher für die höheren Klassen – kurzgefasst

- Fördere dein Pferd, indem du es herausforderst, seine Komfortzone zu verlassen und neue Dinge, wie unbekannte Lektionen, gesteigerte Reaktionsschnelligkeit oder mehr Tempo in den Lektionsabfolgen zu bewältigen.
- Nimm es dabei an die Hand, damit es diese Herausforderungen mit Bravour meistert und stolz auf sich selbst sein kann.
- Du solltest jederzeit wieder den Energie-Stecker ziehen und dein Pferd in die Entspannung zurück führen können.
- Zentriere die Schrittpirouette möglichst auf das aktiv mittretende innere Hinterbein.
- Setze dich konsequent in den Drehsitz, um biegende Seitengänge zu reiten und bestimme die Richtung – und damit die Lektion – lediglich aus deinem Becken heraus.
- Denke den fliegenden Galoppwechsel als Angaloppieren aus dem Galopp und bereite ihn entsprechend sauber vor.
- Verfeinere die bisherigen Lektionen und erweitere sie bis zur Perfektion, indem du dein Pferd zum Mitdenken anregst: Reite hin und wieder die Lektionen komplett ohne Zügelkontakt. Das schult dich in der korrekten Hilfengebung aus dem Sitz und dein Pferd, genau zuzuhören.
- Reihe fliegende Galoppwechsel wie Perlen auf eine Schnur. Verkürze die Vorbereitungsphase für jedes Angaloppieren aus dem Galopp auf ein Minimum und gib den entscheidenden Wechselimpuls aus dem Becken.
- Minimiere in den Galopppirouetten den Raumgewinn auf ein Minimum und wende die Vorhand fast auf der Stelle um die aktiv springende Hinterhand.
- Bestimme Raumgriff und Schwebephase im Trab immer genauer, sodass du den Raumgewinn bis zur Piaffe zurücknehmen und die Schwebe bis zur Passage verlängern kannst.

Wenn aus Zielfilmen Intuition wird ...

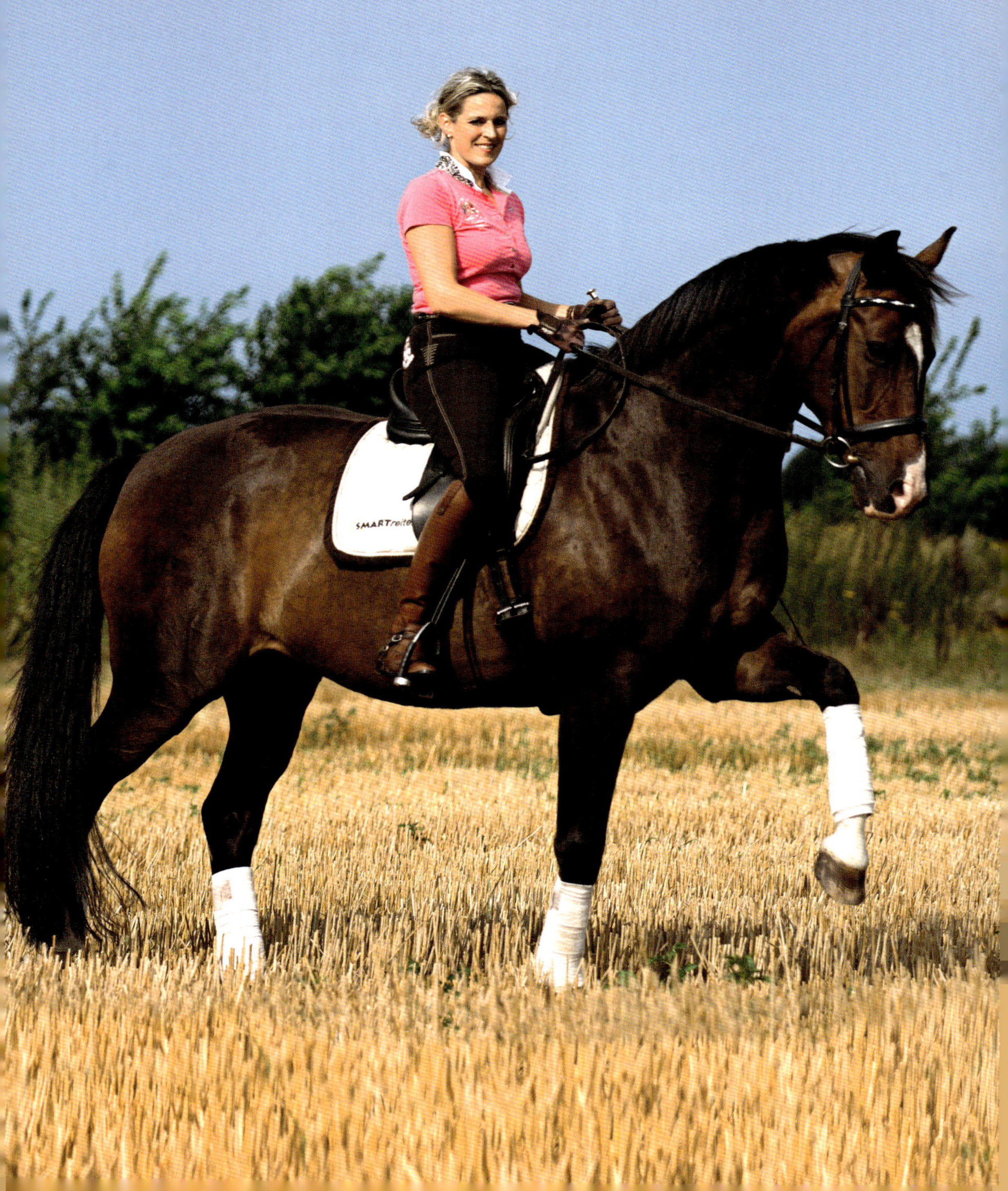

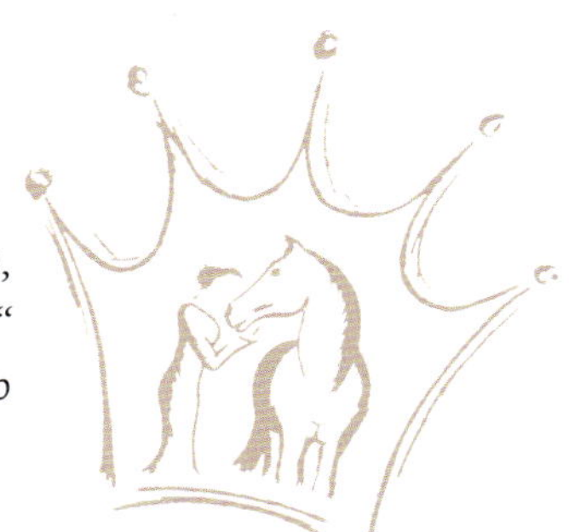

„Ein Traum ist unerlässlich,
wenn man die Zukunft gestalten will."
Victor Hugo

Ein Kapitel für deinen persönlichen Reittraum

Du bist auf dieser Seite angelangt, weil du das Buch gerade begonnen hast, oder du bist zurückgekehrt, nachdem du es durchgearbeitet hast. Halte also nun deinen persönlichen Reittraum hier schriftlich fest bzw. lass ihn noch einmal vor deinem geistigen Auge Revue passieren. Male dir hier deine reiterliche Zukunft mit allen Sinnen aus und vergiss nicht, diesem Kapitel einen passenden Titel zu geben:

Stell dir vor, du hast einen Wunsch frei, dein Unterbewusstsein wird ihn für dich in die Tat umsetzen. Was wäre, wenn alles möglich wäre? Welcher Traum, liebe Reiterin und lieber Reiter, verbindet dich mit deinem Pferd? Was macht euren Tanz aus?

Vergiss alles und reite im Flow!

Nun, liebe Reiterin, lieber Reiter, wie war es, am Ende dieses Buches wieder an den Startpunkt unserer gemeinsamen Reise zu gelangen, zu dem, was du am Anfang als deinen persönlichen Reittraum definiert hast? Was hat sich seitdem getan, was hast du gemeinsam mit deinem Pferd erreicht und wie willst du weiterhin diesen Weg beschreiten?

Ich hoffe, dass sie dir gefallen hat, unsere gemeinsame Reise – und ich hoffe noch mehr, dass du viele Drehorte aufgesucht hast und in Zukunft immer wieder aufsuchen wirst. Ich wünsche mir jedenfalls, dass du die eine oder andere Idee aufgreifen und dir zu eigen machen wirst, dass du deine persönliche Art findest, dir wirklich wirkungsvolle Zielfilme zu kreieren und sie zu verinnerlichen. Denn dann kannst du alles vergessen und einfach nur reiten. Dann entsteht das, was uns auf dem Rücken unseres Pferdes Raum und Zeit vergessen lässt: Flow!

In diesem Flow zapfen wir die Quelle unserer Intuition an: unser Unterbewusstsein. Hier ist all das Wissen gespeichert, das wir uns in mühevoller Kleinarbeit angeeignet haben. Hier sind alle Zielfilme griffbereit verwahrt wie in einer eigens für uns persönlich angelegten Bibliothek. Lass sie nicht im Regal verstauben, sondern gönn dir immer wieder ein paar Augenblicke in deinem persönlichen Kinosaal – in „3D Virtual Reality“! Das entspannt dich, bringt eine motivierende Wirkung mit sich und verbessert deine Reittechnik komplett mühelos.

Häufige Wiederholung sorgt dafür, dass deine Zielfilme zu tief in dir verwurzelter Intuition werden. Du brauchst nicht mehr darüber nachzudenken, was du tun musst, um eine bestimmte Lektion zu reiten. Das kannst du getrost deinem inneren Autopiloten überlassen. Dein Unterbewusstsein koordiniert deine Hilfen gemäß deiner Zielfilme, während du dich ganz dem Genuss des Augenblicks hingibst.

Damit dein Pferd deine Zielfilme in der Praxis ebenso leicht in Bewegung ummünzen kann, bediene dich aktiv der neun Vereinbarungen mit ihm. Ich hoffe, dass mit diesem Werk ein tiefes Bewusstsein für dieses so wertvolle, fundamentale ABC mit deinem Pferd erwacht ist. Wenn dies auch das Einzige sein sollte, was du von unserer gemeinsamen Reise mitnimmst und umsetzt, habe ich mein Ziel erreicht.

Denn eines ist klar: Aus diesen neun Vereinbarungen kannst du spielend leicht jede beliebige Lektion entwickeln und verfeinern.

Wenn beides erfüllt ist, läuft alles, wie du es dir ausgemalt hast: Du gibst die Hilfen, wie du sie trainiert hast, dein Pferd reagiert, wie du es erwartest. In diesem Flow fühlt sich der Ritt genau richtig an. Ein Lächeln liegt auf deinen Lippen, denn alles fließt. Ohne Aufwand. Leicht und doch voller Energie. Frei und doch hoch konzentriert. Ohne dich bewusst den Details widmen zu müssen, überlässt du dich diesem Fluss und gehst vollkommen darin auf, die kostbare Zeit mit deinem Pferd im Einklang mit diesem wundervollen Wesen zu verbringen.

Das jedenfalls wünsche ich dir und deinem Pferd von Herzen. Denn das ist es, was wirklich zählt. Durch dieses innige Erleben entsteht das optimale Lektionsergebnis wie von selbst. Möge dieses Buch dazu beitragen, dass du diese Erfahrung immer wieder aufs Neue machst!

In diesem Sinne: Genieße jeden Ritt, reite **SMART** mit Köpfchen, sei **eins** mit deinem Pferd – heute!

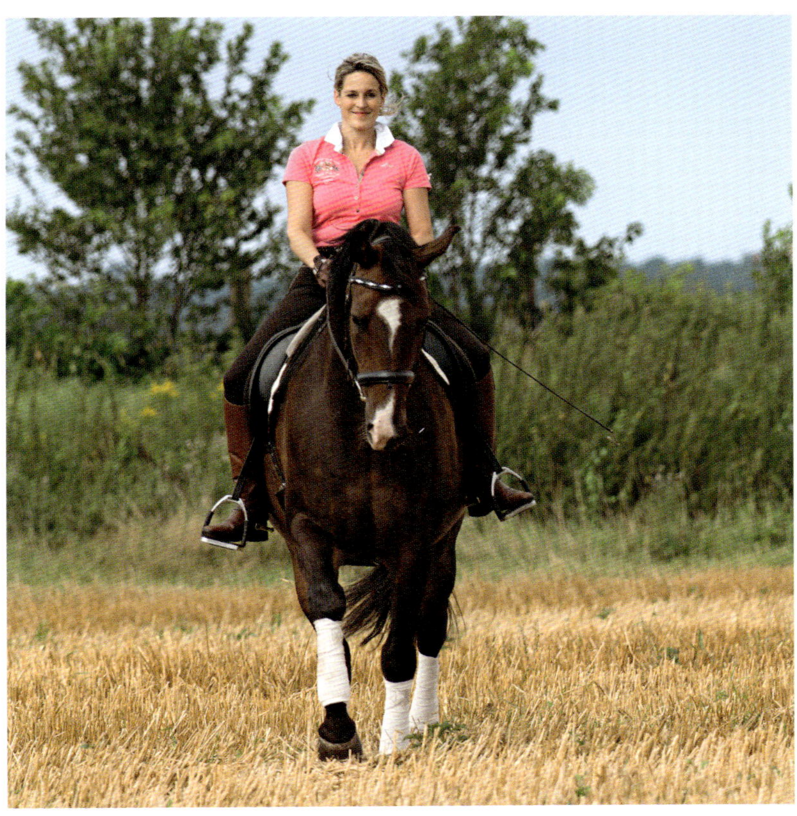

Service

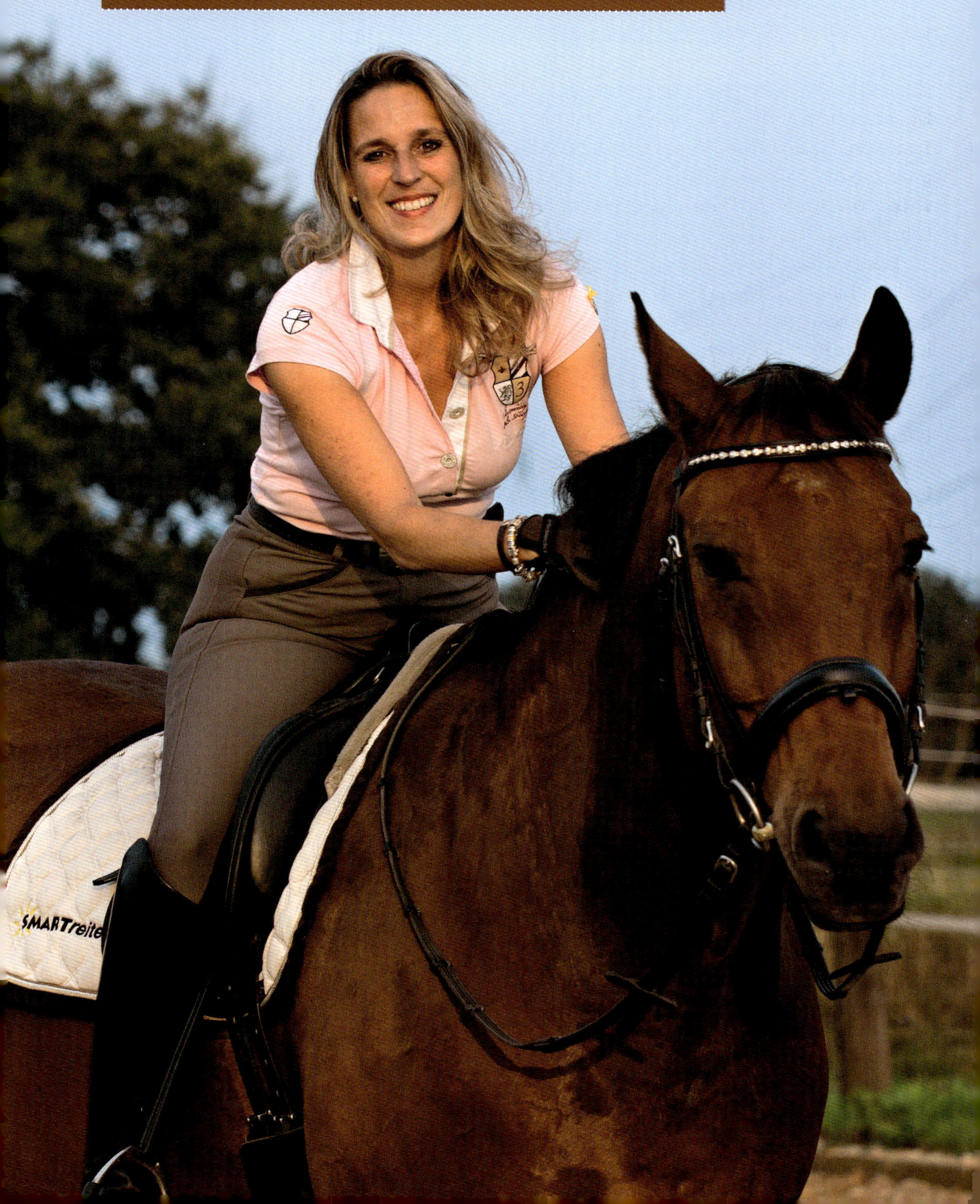

Über die Autorin

„Eins sein mit dem Pferd, dank Herz, System und Spaß!“
Dieses Motto lebt Dr. Tuuli Tietze, Deutschlands erste Mentale-Stärke-Trainerin, die selbst Pferde bis zum Grand-Prix-Niveau ausbildet. Die promovierte Hippologin ist international bekannt durch ihre Marken **SMART*reiten***® und **DressurCoach** sowie als Autorin zahlreicher Lehrseminare für Reiter.

Tuuli versteht beide Seiten der Reiterei: den ambitionierten Sport und das Tabuthema Angst. Durch einen Reitunfall wurde sie der Macht der Gedanken gewahr und bekam die Chance zu einem Reset: Indem sie lernte, ihre inneren Bilder bewusst zu wählen, hielt sie den Schlüssel zu wirklicher Einheit mit dem Pferd in der Hand. Heute schließen sich die Pferde ihr nur zu gern an. Tuulis Geheimnis: ein Mentor für das Pferd zu sein – zuverlässig, liebevoll konsequent und begeisternd!

Dankbar für dieses Glück, sieht sie es als ihre Lebensaufgabe, ihren Erfahrungsschatz zu teilen, um mehr Freude in die Pferdewelt zu bringen. Seither unterstützt sie Reiter, pferdegerecht und mit Köpfchen – eben **SMART** – zu reiten und persönliche Erfolge zu erreichen.

Ob live, auf DVD oder online, Tuulis Seminare sind voller verständlicher Erklärungen, einprägsamer Gedankenbilder und effektiver Übungen zum 1:1-Nachreiten. Ihre Trainings werden dafür geschätzt, neue Leichtigkeit ins Reiten zu bringen, und machen Pferd und Reiter einfach Spaß! Passend zu diesem Buch ist das **SMART*reiten***®-Videoseminar „Lektionen **SMART** (vorbe-)reiten“ zu empfehlen, das dir die Hilfen in den Lektionen im Detail vermittelt und dir zeigt, wie du sie deinem Pferd verständlich erklärst – am Boden und im Sattel. Triff Tuuli und erhalte kostenloses Expertentraining hier:
SMARTreiten.de

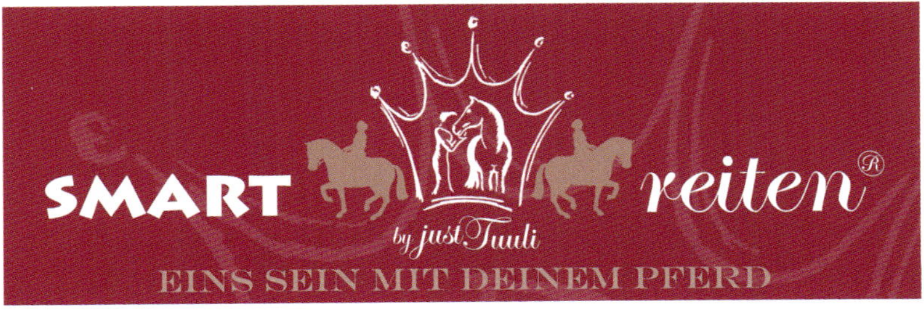

Danke

Dir, liebe Leserin, lieber Leser, danke ich für dein Vertrauen. Selbst wenn wir uns in der realen Welt noch nie persönlich begegnet sind, fühle ich mich dir verbunden. Unsere Sehnsucht, ein inniges Band mit unserem Pferd zu knüpfen, führt uns zusammen. Dein Ziel, im Einklang mit deinem Pferd zu sein, ist auch das meine.

Ob du es glaubst oder nicht, ich kenne beide Seiten, die der Sport mit dem Pferd mit sich bringen kann, aus eigener Erfahrung: Licht und Schatten, Freude und Angst.

Die Erkenntnisse und Strategien, die mir halfen, die Lichtseite nachhaltig für mich zu erschließen und seither stets in Harmonie mit meinen Pferden zu sein, gebe ich von Herzen gern weiter, damit auch du eine wunderbare Zeit mit deinem Pferd genießt.

Dass ich mich voll und ganz dieser Lebensaufgabe widmen kann, verdanke ich meinem großartigen Mann Markus. Du, mein Schatz, stehst zu 100 % hinter all meinen **SMART***reiten*®-Projekten, machst sie zu deinen eigenen und füllst sie gemeinsam mit mir mit Leben. Was wären sie ohne deine herrlichen Bilder und Filme, mit denen du stets das einzufangen verstehst, was ich ausdrücken möchte? Ich danke dir dafür und liebe dich von Herzen.

Ebenso großen Anteil am Erfolg unserer Projekte haben unsere beiden „Jungs", Fiete und Harry. Ich bin zutiefst dankbar für die Zeit, die ich mit euch verbringen durfte und darf. Für die Achtsamkeit und Geduld, mit der ihr mir begegnet, die stete Bereitschaft, alles für mich zu geben, und für die Freude, die ihr mir immer wieder bereitet.

Auch meinen Eltern möchte ich Dank aussprechen. Ihr Lieben habt mich von Anfang an in meinem Traum vom Pferd bestärkt, mir den Weg in die Reiterei geebnet, obgleich ihr selbst gar keine Berührungspunkte zum Pferdesport hattet und es euch einige Mühe gekostet hat, mir ein eigenes Pferd zu ermöglichen. Ohne euch wäre ich nicht da, wo ich heute stehe, dafür bin ich euch aus tiefstem Herzen dankbar.

Von so vielen Pferden wie Menschen, allen voran aber von meinem Mentor Eicke von Veltheim, durfte ich eine Menge lernen, sodass mein **SMART***reiten*® auf einem unerschütterlichen Fundament fußt. Dafür danke ich euch allen und gebe mir die größte Mühe, dieses Wissen weiterzugeben – zum Wohle möglichst vieler Reiter und Pferde.

Dieses Buch ist eines dieser Projekte, mit denen ich meine Lebensaufgabe erfülle. Dass es beim KOSMOS-Verlag erscheint, hat Inge Vogel von pferdia tv initiiert – danke, dass du mich als heißen Tipp empfohlen hast! Mein Dank gilt auch meiner Lektorin Gudrun Braun und meiner Produzentin Nina Renz beim KOSMOS-Verlag, für Ihre Bereitschaft, neue Wege zu beschreiten, und die damit verbundene Geduld.

Wir, Markus, unsere Jungs und ich, haben jedenfalls eine Menge Herzblut in dieses Werk investiert. Mit ihm hältst du einen wertvollen Schlüssel zur reiterlichen Harmonie in den Händen. Möge es dir in der täglichen Trainingsvorbereitung als hilfreicher Begleiter dienen und dir zum Einklang mit deinem Pferd verhelfen. Dann haben wir unser Ziel erreicht. Wir freuen uns, wenn du uns in Form von Erfahrungs- und Erfolgsberichten sowie eigenen inneren Bildern teilhaben lässt an deinem Weg mit deinem Pferd, gern per E-Mail an:

TT@SMARTreiten.de

Vielleicht auch persönlich … du und dein Pferd seid uns auf unserem Sonnenhof in Langelsheim / Harz jedenfalls herzlich willkommen!

Bis dahin alles Liebe für euch beide,

eure Tuuli, Markus und „die Jungs“ vom Sonnenhof

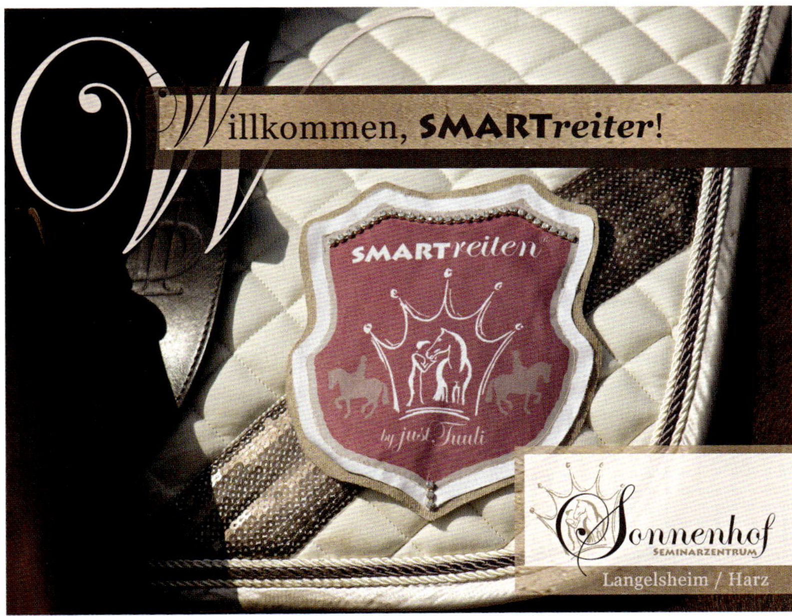

Empfehlenswerte Bücher

GaWaNi Pony Boy: Horse, Follow Closely, Indianisches Pferdetraining – Gedanken und Übungen; KOSMOS 2013
Ein Indianer und sein Pferd – das Symbol für Einheit und tiefe Verbundenheit. Auf den Spuren seiner Vorfahren beschreibt GaWaNi Pony Boy sein Leben, in dem das Pferd Reittier, unverzichtbarer Jagdhelfer und vor allem Kamerad, Geistesbruder und Lehrer war. Ausdrucksstarke Bilder, Legenden und Anekdoten führen den Leser in die traditionelle Welt der Indianer.

Gillian Higgins: Anantomie verstehen – besser reiten, Bewegungsabläufe sichtbar gemacht; KOSMOS 2010
Das gab es noch nie: Bewegungsabläufe aus anatomischer Sicht verständlich und nachvollziehbar direkt auf das Pferd gemalt. Endlich verstehen Reiter die biomechanischen Grundlagen der Pferdebewegung und können Veränderungen an Skelett und Muskelapparat sehen.

Richard Hinrichs: Pferde schulen an der Hand, Wege zum Lösen und Versammeln; KOSMOS 2013
In diesem Ratgeber beschreibt der Experte für klassische Reitkunst Richard Hinrichs die Ausbildung von Pferden an der Hand. Vom Longieren bis zur Schule über der Erde wird jede Stufe mit Fotos und Illustrationen sehr gut nachvollziehbar und in seiner Wirkung auf das Reiten erklärt.

Ingrid Klimke / Reiner Klimke: Cavaletti – Dressur und Springen; KOSMOS 2014
Cavaletti-Arbeit an der Longe, wertvollen neuen Anregungen für die Dressurarbeit sowie zahlreiche aktualisierte Aufbauskizzen für die Springgymnastik. Neben der Gymnastizierung des Pferdes und der damit verbundenen Verbesserung der Gangarten bringt Cavaletti-Arbeit Spaß und Abwechslung in den Trainingsalltag.

Nicole Künzel: Jeder Gedanke ist eine Kraft, Durch positive innere Bilder im Einklang mit dem Pferd; WuWei bei KOSMOS 2015
Pferde sind als Herden- und Fluchttiere darauf spezialisiert, auf feinste Schwingungen zu reagieren. Kein Wunder also, dass sie auch die Kraft der Gedanken des Menschen spüren können. Nicole Künzel beschreibt, warum man als Reiter lernen sollte, Pferden mit positivem Denken zu begegnen, und wie das gelingt.

Eckart Meyners: Bewegungsgefühl und Reitersitz, Reitfehler vermeiden – Sitzprobleme lösen; KOSMOS 2012
Flatternde Schenkel, hohe Absätze und unruhige Hände – damit plagen sich viele Reiter auf der Suche nach einem guten Bewegungsgefühl auf dem Pferd. Mit dem praktischen Übungsbuch zur erfolgreichen Meyners-Methode werden Sitzfehler und Reiterprobleme systematisch Schritt für Schritt in Wort und Bild analysiert und behoben. So macht jeder Reiter eine gute Figur im Sattel!

Karin Müller: HippoSophia, Warum Pferd und Mensch sich gut tun; KOSMOS 2016
Wirf deine Bedenken und Zweifel über Bord und lass dich anstecken von einem durch und durch positiven Buch. Mit Hilfe von mentalem Training, Motivationstechniken, Visualisierungsübungen und Konzentration stärkst du dein Selbstbewusstsein und deine reiterlichen Fähigkeiten.

Mark Rashid: Denn Pferde lügen nicht, Neue Wege zu einer vertrauten Mensch-Pferd-Beziehung; KOSMOS 2012
Der so oft propagierten „Dominanz“ gegenüber dem Pferd setzt Mark Rashid das Prinzip des „sanften Führers“ entgegen. Wie man diese erstrebenswerte Position einnehmen kann, zeigt er anhand vieler konkreter Fallbeispiele.

Dr. Britta Schöffmann: Lektionen richtig reiten; KOSMOS 2016
Von A wie Abwenden bis Z wie Zick-Zack-Traversale findet der Reiter in diesem Buch jede wichtige Lektion ausführlich erklärt.
Ein Nachschlagewerk von ganz einfach bis sehr anspruchsvoll.

Empfehlenswerte Audio- und Videoseminare

Dr. Tuuli Tietze: An Deinen HILFEN, 1 DVD + Merkkarten, Akademie für Mentale Stärke 2012
Steht dein Pferd an deinen Hilfen? Wirklich? Es hört sich so einfach an und doch kommen viele Reiter mit ihren Hilfen nicht immer durch. Oft sind es nur kleine Unachtsamkeiten und schon tun wir uns auf einmal schwer damit, am Sitz durchzuparieren oder eine Lektion exakt zu reiten. Tuuli zeigt dir, wie du dein Pferd so schulst, dass du dich zu 100% auf eins verlassen kannst: Dein Pferd nimmt deine Hilfen an und setzt sie 1:1 um! Immer! Mit dieser Verbindung wird feines, harmonisches Reiten erst möglich.

Dr. Tuuli Tietze: Eins denken. Eins sein. Sanftes Reiten beginnt im Kopf!, 4 Audio-CDs, Akademie für Mentale Stärke 2013
3,5 h Hörgenuss für eine innige Beziehung zu deinem Pferd: Stell dir vor, du brauchst nur zu denken und dein Pferd reagiert prompt, ihr seid eins … Allerdings gibt es drei große Kommunikationsfallen im Dialog mit deinem Pferd. In diesem Audioseminar gibt Tuuli dir mentale „Werkzeuge" an die Hand, mit denen du innerlich stark wirst und diese Fallen spielend leicht umgehst.

Dr. Tuuli Tietze: Lektionen SMART (vorbe-)reiten, Der große Lektionen-Komplettkurs, 5 DVDs, Akademie für Mentale Stärke 2012
Lektionen so vorbereiten, dass das Pferd sie automatisch richtig ausführt – eine Kunst für sich? So schwer ist es gar nicht, wenn du weißt, wie! In 5,5 h Videoanleitung zum 1:1-Nachreiten zeigt Tuuli dir mit zwei Pferden, dem „Professor" und dem „Meisterschüler", wie du Lektionen korrekt reitest und sie deinem Pferd Schritt für Schritt erklärst – erst an der Hand und dann im Sattel.

Dr. Tuuli Tietze: Reiterhilfen verstehen und erfühlen mit RESI (= REiten am SItz), der Reitnudel, 4 DVDs + 138 S. Begleitbuch, Akademie für Mentale Stärke 2014
Dieses 4-stündige Videoseminar revolutioniert die Lehrmethodik in der Reiterei! Reitnudel **RESI** ist ein genial einfaches Hilfsmittel, um dein Reiten zu verfeinern: Egal auf welcher Könnensstufe, mit ihr lernst du in kürzester Zeit, Sitzposition und Bewegungsrichtung optimal zu kombinieren, daraus die Dressurlektionen zu entwickeln und deine Aha!-Erlebnisse anschließend in den Sattel mitzunehmen.

Nützliche Adressen

Alle wichtigen Informationen zu Tuuli, sämtlichen **SMART***reiten*®-Seminaren und ihren Pferden stehen auf ihrer Webseite für dich bereit: **www.SMARTreiten.de**
Tuulis Online-Videotraining für feines Reiten mit monatlich neuen Reitstunden, Übungen, Problemlösungen und persönlicher Coachingmöglichkeit findest du hier: **www.DressurCoach.de**

Live mit Tuuli trainieren kannst du im
Sonnenhof Seminarzentrum
Dr. Tuuli Tietze und Markus Schendzielorz
Auf dem Kanstein 1
D-38685 Langelsheim
www.Sonnenhof-Seminare.de

Deutsche Reiterliche Vereinigung (FN)
Freiherr-von-Langen-Str. 13
D-48231 Warendorf
Tel. +49 - (0)2 581 - 63 620
E-Mail: fn@fn-dokr.de
www.pferd-aktuell.de

Vereinigung der Freizeitreiter und -fahrer in Deutschland (VFD)
Christiane Ferderer
Zur Poggenmühle 22
D-27239 Twistringen
Tel. +49 - (0)4 243 - 94 24 04
E-Mail: bundesgeschaeftsstelle@vfdnet.de
www.vfdnet.de

Register

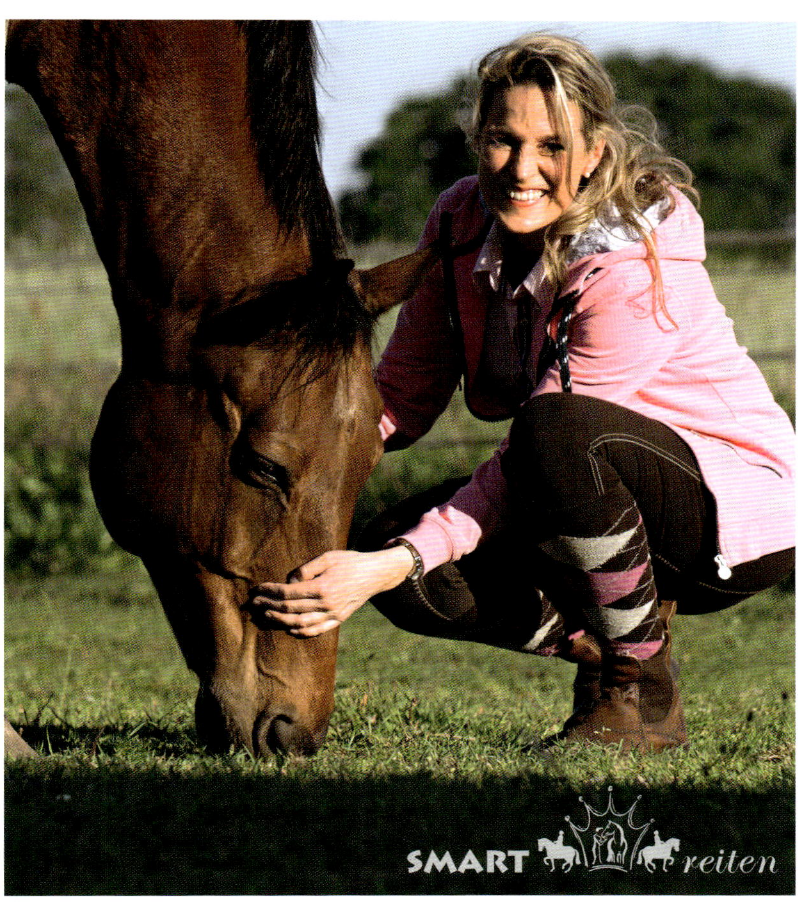
SMART reiten

Bildnachweis

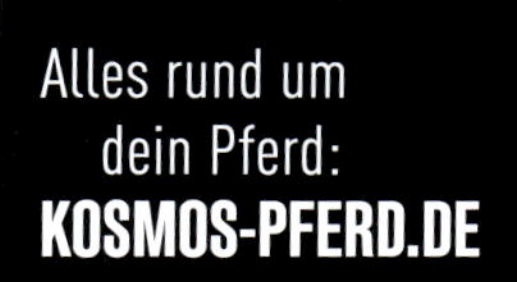

Mit 134 Fotos von Markus Schendzielorz / SMARTreiten und einem Foto von Felix Knaack (Seite 4).

Mit 45 Illustrationen und 8 Grafiken von Tuuli Tietze.

Impressum

Umschlaggestaltung von Peter Schmidt Group GmbH, Hamburg unter Verwendung von zwei Farbfotos von Dzozdowski / Shutterstock (Hintergrund) und Markus Schendzielorz / SMARTreiten (Vordergrund) und einer Zeichnung von Tuuli Tietze (Rückseite).

Mit 135 Farbfotos und 45 Illustrationen und 8 Grafiken.

Gedruckt auf chlorfrei gebleichtem Papier

ISBN 978-3-440-14481-7
Redaktion: Gudrun Braun
Gestaltungskonzept: eStudio Calamar
Satz: Atelier Tuuli Tietze, Langelsheim
Produktion: Nina Renz
Druck und Bindung: Finidr, s.r.o., Český Těšín
Printed in The Czech Republic / Imprimé en République Tchèque

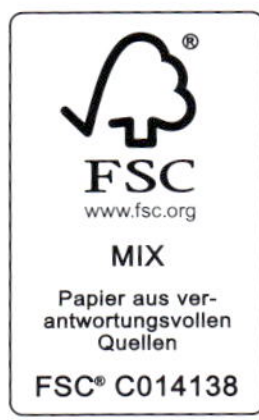